大学生军事理论

DAXUESHENG JUNSHI LILUN

主　编　严　薇
副主编　梁金玉　曾亚纯

·广州·

图书在版编目（CIP）数据

大学生军事理论/严薇主编．—广州：华南理工大学出版社，2012.8（2017.7 重印）
ISBN 978-7-5623-3707-2

Ⅰ.①大⋯ Ⅱ.①严⋯ Ⅲ.①军事理论-高等学校-教材 Ⅳ.①E0

中国版本图书馆 CIP 数据核字（2012）第 188062 号

书　名　大学生军事理论
主　编　严　薇
副主编　梁金玉　曾严纯

出 版 人：卢家明
出版发行：华南理工大学出版社
　　　　　（广州五山华南理工大学 17 号楼，邮编 510640）
　　　　　http://www.scutpress.com.cn　　E-mail: scutc13@scut.edu.cn
　　　　　营销部电话：020-87113487　87111048（传真）

策划编辑：潘宜玲　詹志青
责任编辑：詹志青
印 刷 者：佛山市浩文彩色印刷有限公司
开　本：787mm×960mm　1/16　印张：14.75　字数：305 千
版　次：2012 年 8 月第 1 版　2017 年 7 月第 6 次印刷
印　数：40 601~48 200 册
定　价：28.00 元

版权所有　盗版必究　印装差错　负责调换

编委会

主编　　严薇

副主编　　梁金玉　曾亚纯

编委　　严薇　梁金玉　曾亚纯
　　　　曹科岩　黄校

前 言
QIANYAN

一国的周边安全环境对一个国家的发展起着非常重要的作用。一个稳定的周边环境是我们寻求和平发展的重要基础。改革开放以来，我国创造了举世瞩目的经济奇迹，这在很大程度上得益于我国相对稳定的周边环境。然而不幸的是，近年来我国的周边环境逐渐恶化，领土、海洋争端不断凸显，周边国家政局动荡，恐怖势力蔓延，这些都促使我们必须重视周边安全形势。

中国陆上有10余个邻国，海上与6个国家隔海相望，中国是世界上邻国较多的国家之一。最为关键的是中国与这些国家都存在着领土和领海的争端，比较重要的有：与日本的东海大陆架和钓鱼岛争端、东海石油问题，南海问题，与印度的领土争议，以及来自其他国家的威胁。可以说中国的周边安全环境是世界上最复杂的。

作为新时代的大学生，作为一个国家的公民，不但要有对国家防务的责任感和义务感，还要有抵御外侮、捍卫祖国独立和主权的思想认识，更需要树立国防意识，它集中体现为对战争与国家防务问题的了解，对维护国家领土完整、坚决反对外来侵略和我国国防建设以及各种防务政策与措施的认同，增强国防观念，树立忧患意识、尚武意识、责任意识。

为更好地进行国防教育，贯彻我国《国防法》、《兵役法》、《国防教育法》的有关规定和要求，根据教育部、总参

前 言

QIANYAN

谋部、总政治部修订的《高等学校学生军事训练教学大纲》，我们编写了本教材，作为学生学习军事理论的基本教材。本教材以国防教育为主线，通过军事理论课教学，使学生掌握基本军事技能和军事理论，增强国防观念、国家安全意识，加强组织性、纪律性，弘扬爱国主义、集体主义和革命英雄主义精神。

由于我们水平有限，有关问题的研究和探讨还不够深入，还有不妥之处，欢迎同行和专家批评指正。

在本教材的编写过程中，自始至终得到了校领导及有关处室、各二级学院的亲切关怀和大力支持，并将其纳入教学和教材建设体系。在编写的过程中，我们有幸得到相关领域专家和学者的热心指导和大力帮助，采纳其中许多宝贵的意见和建议，同时还参阅了国内外大量的文献资料，引用了一些同志的研究成果，在此致以诚挚的感谢。

参加本教材编写的有：黄校，第一章；梁金玉，第二章；曹科岩，第三章；曾亚纯，第四章；严薇，第五章。

编者
2012 年秋于深圳

目录

第一章　中国国防 …………………………………………………………… 1

第一节　国防概述 ………………………………………………………… 1
　　一、国防的含义及其与国家的关系 ……………………………………… 1
　　二、国防的基本类型 ……………………………………………………… 3
　　三、国防的职能 …………………………………………………………… 3
　　四、国防精神 ……………………………………………………………… 5

第二节　中国国防历史 …………………………………………………… 8
　　一、中国国防历史 ………………………………………………………… 8
　　二、国防历史的启示 ……………………………………………………… 15

第三节　新中国国防建设 ………………………………………………… 16
　　一、国防领导管理体制 …………………………………………………… 16
　　二、国防建设成就 ………………………………………………………… 18
　　三、国防政策 ……………………………………………………………… 21

第四节　国防法规 ………………………………………………………… 22
　　一、我国国防法规概述 …………………………………………………… 23
　　二、我国主要国防法规 …………………………………………………… 25

第五节　武装力量 ………………………………………………………… 26
　　一、中国人民解放军 ……………………………………………………… 26
　　二、中国人民武装警察部队 ……………………………………………… 37
　　三、中国民兵 ……………………………………………………………… 39

第六节　国防动员 ………………………………………………………… 40
　　一、武装力量动员 ………………………………………………………… 42
　　二、国民经济动员 ………………………………………………………… 42
　　三、人民防空动员 ………………………………………………………… 43

四、交通战备动员 ……………………………………………… 43
五、国防教育 …………………………………………………… 44

第二章 军事思想 …………………………………………………… 45

第一节 军事思想概述 …………………………………………… 45
一、军事思想的概念及其基本特征 ……………………………… 45
二、军事思想发展基本规律概况 ………………………………… 46
三、军事思想发展简史 …………………………………………… 50
四、军事思想的指导作用 ………………………………………… 51

第二节 毛泽东军事思想 ………………………………………… 53
一、毛泽东军事思想的科学含义及其本质特征 ………………… 53
二、毛泽东军事思想的形成和发展 ……………………………… 54
三、毛泽东军事思想的主要内容 ………………………………… 55
四、毛泽东军事思想的历史地位 ………………………………… 63

第三节 邓小平新时期军队建设思想 …………………………… 63
一、邓小平新时期军队建设思想的科学含义 …………………… 64
二、邓小平新时期军队建设思想的主要内容 …………………… 64
三、邓小平新时期军事思想的历史地位和现实作用 …………… 73

第四节 江泽民国防和军队建设思想 …………………………… 76
一、江泽民国防和军队建设思想的含义与形成过程 …………… 76
二、江泽民国防和军队建设思想的主要内容 …………………… 77
三、江泽民国防和军队建设思想的历史意义和现实指导作用 … 82

第五节 胡锦涛关于国防和军队建设的重要论述 ……………… 83
一、胡锦涛关于国防和军队建设重要论述的科学含义 ………… 84
二、胡锦涛关于国防和军队建设重要论述的历史背景 ………… 84
三、胡锦涛关于国防和军队建设重要论述的主要内容 ………… 85
四、胡锦涛关于国防和军队建设重要论述的地位和作用 ……… 99

第六节 习近平关于国防和军队建设的重要论述 ……………… 102
一、国防和军队建设新征程的行动指南 ………………………… 102
二、牢记强军之魂、强军之要、强军之基 ……………………… 103
三、围绕强军目标推进国防和军队建设创新发展 ……………… 104

第三章 国际战略环境 ……………………………………………… 107

第一节 战略环境概述 …………………………………………… 107
一、战略 …………………………………………………………… 107
二、战略环境 ……………………………………………………… 110

三、战略环境与战略 …………………………………………… 113
第二节 国际战略格局 …………………………………………… 115
　一、国际战略格局的内涵和类型 ………………………………… 115
　二、国际战略格局的历史演变 …………………………………… 120
　三、国际战略格局的特点和发展趋势 …………………………… 122
　四、当前国际战略格局中的大国关系 …………………………… 133
第三节 我国周边安全环境 ……………………………………… 135
　一、我国周边概况 ………………………………………………… 135
　二、特殊地理环境对我国安全的影响 …………………………… 135
　三、稳定是周边安全环境的主流 ………………………………… 137
　四、影响周边安全的主要因素 …………………………………… 144
　五、国家安全政策 ………………………………………………… 151

第四章 军事高技术 …………………………………………… 154

第一节 军事高技术 ……………………………………………… 154
　一、军事高技术的概念 …………………………………………… 154
　二、军事高技术的分类 …………………………………………… 154
第二节 侦察与监视技术 ………………………………………… 156
　一、基本概念 ……………………………………………………… 156
　二、侦察与对抗侦察技术 ………………………………………… 157
第三节 伪装与隐身技术 ………………………………………… 158
　一、伪装技术概述 ………………………………………………… 159
　二、伪装技术的发展趋势 ………………………………………… 159
　三、隐身技术概述 ………………………………………………… 159
　四、隐身技术的发展趋势 ………………………………………… 160
　五、隐身技术原理 ………………………………………………… 160
　六、无人飞机 ……………………………………………………… 162
第四节 电子对抗 ………………………………………………… 163
　一、电子对抗概述 ………………………………………………… 163
　二、电子对抗技术 ………………………………………………… 164
　三、电子对抗技术的发展趋势 …………………………………… 166
第五节 航天技术 ………………………………………………… 166
　一、航天技术概述 ………………………………………………… 166
　二、中国航天 ……………………………………………………… 167
第六节 航空母舰及其技术 ……………………………………… 170
　一、航空母舰的诞生及发展 ……………………………………… 170

二、当代航母的构造及技术 …………………………………… 172
　　三、中国辽宁号航空母舰 ………………………………………… 176
第七节　精确制导武器 ……………………………………………… 177
　　一、精确制导武器概述 ………………………………………… 177
　　二、精确制导技术 ……………………………………………… 177
第八节　军队指挥自动化 …………………………………………… 184
　　一、军队指挥自动化概述 ……………………………………… 184
　　二、军队指挥自动化系统 ……………………………………… 186
第九节　新概念武器 ………………………………………………… 188
　　一、新概念武器概述 …………………………………………… 188
　　二、新概念武器的分类 ………………………………………… 189
第十节　新军事变革 ………………………………………………… 192
　　一、新军事变革的主要内容 …………………………………… 192
　　二、新军事变革的特征 ………………………………………… 193
　　三、新军事变革的影响 ………………………………………… 194

第五章　信息化战争 …………………………………………………… 196

第一节　信息化战争概述 …………………………………………… 196
　　一、信息化战争的内涵 ………………………………………… 196
　　二、信息化战争的产生与形成 ………………………………… 196
　　三、信息化战争的基本特点 …………………………………… 202
　　四、信息化战争的基本作战样式 ……………………………… 208
第二节　信息化武器装备 …………………………………………… 211
　　一、信息化武器装备的作战运用 ……………………………… 211
　　二、信息化武器装备的作战样式 ……………………………… 213
第三节　信息化战争与高素质人才 ………………………………… 215
　　一、信息化战争呼唤高素质新型军事人才 …………………… 216
　　二、信息化战争对人才素质的基本要求 ……………………… 216
　　三、大学生是打赢信息化战争的后备力量 …………………… 218
第四节　信息化战争的启示与思考 ………………………………… 218
　　一、信息化战争实例 …………………………………………… 218
　　二、信息化战争的启示与思考 ………………………………… 219

参考文献 ………………………………………………………………… 224

第一章 中国国防

第一节 国防概述

在中国和西方的战争史中,有两个历史事件是十分值得回味和思考的,那就是二战中中国持久抗战胜利和法国短期败降。中国,刚刚结束军阀割据,没有建立起可以与世界强国抗衡的民族工业,却在与已经完成了近代工业革命、军队装备精良的日本侵略者争战中坚持下来,并在世界正义力量的支持下,获得最终胜利,可算是军事史上的"奇迹"。法国,最早进行工业革命的国家之一,资本主义强国,武器装备并不比敌手德国逊色,然而却在德国的进攻之下短短六个星期内宣布投降,法兰西第三共和国就此亡国,法国维希政府甘当德国傀儡,这也堪称世界历史中的"奇闻"。究竟是什么造成了这种截然不同的战果?从这两国抗击敌人的不同结果,我们应该得出什么结论?

国无防不立,民无兵不安。作为一个国家、一个民族,最重要的无非两件大事:一个是发展问题,一个是安全问题。国防是国家发展与安全需要的产物。它是关系到国家和民族生死存亡的根本大计。

一、国防的含义及其与国家的关系

(一)国防的含义

国防,就是国家的防务,是指为捍卫国家主权和领土完整、防备外来侵略和颠覆所进行的军事及与军事有关的政治、外交、经济、文化等方面的建设和斗争。

国家与国防相辅相成。国家的主权、领土完整和安全,是国家的象征,靠国防维护。而国家性质和政策又决定着国防的建设和发展。由于强大的国防是国家兴盛、民族振兴、人民安康幸福的基础,因此,世界各国都十分重视加强国防建设。

现代国防又叫社会国防、大国防、全民国防,包括武装建设、国防体制、军事科技和工业、国防工程、军事交通通信、人力动员、国防教育、国防法规诸多方面,是一个庞大而复杂的系统。从国家元首到每个公民,从军事到政治、经济、文化、教育、科技和意识形态,都与之密切相关。

现代国防以军事力量为核心,还包括有关的非军事力量;它重视国家的战争潜力，特别是战时的动员效率；它还是以经济和科技为主的综合国力的竞争。现代军队是知识和科技密集的武装集团，强调质量建军胜过"人海战术"。和平时期国防的作用是威慑，要求不战而胜；战时国防的责任是实战，目标是胜利。

（二）国防与国家的关系

国防与国家的关系主要表现在以下几个方面。

1. 国防是伴随着国家的产生而产生的

国防产生于国家形成之后，是国家为抵御外来侵略与颠覆，捍卫国家主权、领土完整，维护国家安全、统一和发展而进行的军事及与军事有关的政治、经济、科技、文化、教育、外交等方面的建设和斗争。不同历史时期、不同社会制度、奉行不同政策的国家，其国防具有不同的特性。

国家的生存与发展，历来与国防息息相关。生存与发展构成国家的两大基本利益，二者互为条件，互相依存。生存是人类繁衍延续的第一需要，是发展的前提；发展是国家繁荣富强的根本途径，是生存的条件。中外历史反复证明，国家的生存与发展，离不开国家的主权独立、领土完整、完全统一和稳定。无论是确保国家的内政不被干涉、主权不被侵犯、领土不被分裂和占领，还是实现祖国统一、促进国家的长治久安和人民的安居乐业，都不能没有强大的国防。中华民族素有重视国防的传统。但是，自近代以来，主要由于清朝政府的腐败无能，国力日衰，铸成了近代百年"有国无防"的屈辱历史，使得炎黄子孙无不因此而感到切肤之痛。从1840年鸦片战争到1945年抗日战争结束，世界上大大小小的帝国主义国家几乎都侵略过中国，迫使中国先后签订了1000多个不平等条约或协定，致使中华民族国土沦丧、任人宰割，人民惨遭践踏、备受欺侮。国家不可一日无防，国防不可不强，这是历史发展的必然规律。

2. 国防是为国家的利益服务的

国防为国家和民族提供安全保障，并为国家和民族的利益服务。

从客体上看，一切能够满足国家生存发展等方面需要并且对国家具有好处的事物，都是国家利益；任何国家利益也都是能够满足国家生存发展需要并且对国家有好处的事物。从主体来看，国家利益只能是以国家为利益主体的利益。由此可见，国家利益是国家赖以存在的基础。如果国家的利益得不到保障，那么这个国家就不会有发展，国家就会陷入战乱之中，经济就会无法正常运行。而保障国家的根本利益就建立在强大的国防之上。如果没有了坚强的国防，维护国家的利益就无从谈起。举个例子来说，清王朝时期，由于政府的腐败，国防的荒废，导致西方殖民主义者将殖民主义根植在中国的土地上，进而与中国签订了一系列不平等条约，割地赔款，人民饱受折磨，苦不堪言。一个个事例表明，国不可一日无防，没有国防的国家必定挨打。从另一方面来说，国防对国家的发展具有重要的意义。

3. 国家的性质、制度、政策决定着国防建设

国防是为维护国家利益服务的，不同的国家有着不同的利益目标。这种不同的利益目标决定着不同的国防建设，而各种利益目标又是由国家的性质、制度和政策决定的，因此国防建设最终是由国家的性质、制度和政策决定的。就拿新中国的国防建设来说，我国是社会主义国家，在国家关系中一直奉行和强调和平共处、平等互利，因而，国防建设在积极防御的战略方针指导下，以反侵略和自卫为目的；再看那些奉行霸权主义的国家，由于受所谓的全球利益的影响，其国防政策具有扩张性和侵略性，因而其国防建设也相应地具有全球性。

总的来说，国防因国家性质、制度、国力及其推行的政策不同而具有不同的特征。所有国防的着眼点都是捍卫和扩大国家利益。

二、国防的基本类型

根据国家利益核心的不同，不同的国家的国防政策也有所不同。当代世界的国防类型归纳起来分为以下四种：

（1）扩张型。大国为了维护本国在世界各地的利益，奉行霸权主义，侵略、颠覆和渗透他国。

（2）自卫型。主要依靠本国力量，广泛争取国际支持，防止外敌入侵，维护本国安全。

（3）联盟型。以结盟形式，联合他国弥补自身力量的不足。可分为一元体系和多元体系。一元体系的联盟是由一个大国处于盟主地位，其他国家听令于盟主国家，处于从属地位。多元体系的联盟中的国家间基本是平等的伙伴关系。

（4）中立型。中小发达国家严守和平中立的国防政策，制定总体防御战略和寓兵于民的防御体系。

我国是社会主义国家，在对外关系方面一贯奉行"和平共处五项原则"。我国的政治制度和国家政策决定了我们采取自卫型国防。我国向世界公开承诺，永远不称霸，不做超级大国，不首先使用核武器或以核武器相威胁，不对无核国家和地区使用核武器，不侵略别国，永不扩张，但也不容别国侵犯我国一寸土地。以反对侵略、维护世界和平、保卫国家的安全与发展为我国国防的根本宗旨。

三、国防的职能

（一）国防是国家生存的首要条件

1. 国防的产生、发展与消亡

国防是国家的职能，当然要随着国家的产生而产生，并随着国家的发展而发展，最后随着国家的消亡而消亡。人类在原始社会时期，没有剥削，没有阶级，当然也就没有国家，更无需国防了。随着生产力的不断发展，私有制开始出现，

并且代表不同利益的阶级、政治集团和国家也开始形成。这时,人类那种本能的自卫意识也就转化成阶级或政治集团的防卫观念,最终也就有了国家的防务,即国防。人类社会自从有了阶级以来,不论是大国还是小国,也不论其实行何种制度,只要它是独立的主权国家,没有哪一个是没有自己的国防的,即使是没有常备军的宗教国家,也会有警察来防卫。

2. 国防是国家抵御外来入侵和保证国家安全的有力屏障

一个国家拥有完整的主权和领土,才称得上是独立的国家,而一个独立国家生存的首要条件就是要有一个和平的生存环境。古今中外的无数史实证明,强大的国防是抵御外敌入侵和保证国家安全的屏障,没有强大的国防,就谈不上国家的生存和发展。

3. 国防是遏制战争、维护世界和平的力量

抵御外敌入侵和保卫国家安全,是国防的战时职能,而在和平时期,国防的职能表现在对侵略者的威慑作用上。

(二)国防是国家发展的保障和动力

生存与发展是一个国家的基本问题。生存是发展的前提,一个国家如果没有一个良好的安全的生存环境,就谈不上发展。

1. 国家发展的良好环境离不开国防

国家发展的环境通常分为两种:一种是国际和平环境,一种是国内安定环境,而创造这两种环境都离不开国防。一个国家要发展,最根本的就是发展生产力,而发展生产力的前提必须是国家安定团结的局面。

2. 国防事业可以为经济发展助力

国防建设确实需要大量的人力、物力和财力,但它不是单纯的消费,更不与经济发展相对立,而是在许多方面都与经济发展有着广泛的一致性,甚至可以转化为经济实力,起到促进经济效益增长的作用。一方面,许多军事科技已经或即将转为民用;另一方面,我国的武装力量和国防设施,有相当一部分可直接参加经济建设。

3. 国防需要是驱动国民经济发展的重要力量

经济条件是战争得以进行的物质依靠,国防建设当然离不开雄厚的经济力量。大量事实告诉我们,现代战争对经济和科技的依赖程度越来越大,经济和科技在未来战争中的决定性作用会越来越明显。

(三)国防是维护国家权益和地位之必需

任何一个主权国家在世界上都有自己的权益、利益和地位。在帝国主义和霸权主义存在的条件下,谁都需要自己的国防加以保护。

总之,中国人受欺侮的历史已成过去,今天,中国人民真正站起来了,这一切都是与我国现代化国防分不开的。如果一个国家没有强大的国防,就没有能够

自卫的实战力量和威慑力量,当然也就不会有政治上的真正独立和经济上的稳定发展,更谈不上国际地位和声望了。

四、国防精神

高等院校国防教育的一项重要内容,就是培养以爱国主义为核心的国防精神。和平时期,国防精神建设更为重要,它与国防物质建设、武装力量建设构成完整的现代国防建设系统。当今世界并不安宁,我国既要重点搞经济建设,又要加强国防物质与武装力量建设,与此同时,还必须加强国防精神建设,这对于增强全民的凝聚力和向心力,具有极为重要的现实意义。

国防精神是一种社会意识,是人类在长期的国防实践和斗争中产生的。我们中华民族自古就有"御敌图存,尚武卫国"和"天下兴亡,匹夫有责"的传统美德,这也是我国早期的国防精神。在建立新中国的伟大斗争中,这一精神得到进一步发扬,并扎根于中国无产阶级斗争的实践中,渗透于中国共产党领导全国人民夺取政权和保卫政权的全过程。国防精神是一种群体意识,凝聚诸多情感、风气和心理等因素,它以维护民族和国家利益为标志,以爱国主义为核心内容,其他内容均围绕这一主旨而存在。爱国主义是一个国家和民族的精神支柱,是国防精神的精髓。这是因为它对于一个主权国家的公民来说,具有一种伟大的凝聚力和向心力,既可在军事上转化为强大的战斗力,又可在经济上转化为巨大的生产力。总之,国防精神是指适应国防建设和斗争需要而倡导和产生的,以维护民族和国家利益为标志的群体意识、思维活动和一般心理状态。

国防精神作为一种社会意识,除了具有一般的社会意识的反映性和相对独立性之外,还具有广泛性、长期性、稳定性的特性。国防精神所包含的内容是多方面的,其中主要有爱国主义精神、革命英雄主义精神、民族自强精神、爱军尚武精神等。

(一)爱国主义精神

爱国主义精神,是历史上形成的热爱和忠于自己祖国的思想、感情和行为,是对祖国的一种政治原则和道德原则的体现。

爱国主义精神是一个国家民族意识和觉悟的集中反映,尽管社会制度和意识形态不同,各国人民都具有对自己祖国的一种崇高感情——爱国主义精神。它主要包括以下方面:有强烈的民族自尊心和自信心,能为争取自己祖国独立、繁荣富强而英勇奋斗和献身;不畏艰险、世代相承地开发祖国的自然资源,改造和美化祖国的河山,不断丰富民族的物质和精神财富,为人类文明作贡献;有强烈的忧国忧民意识,追求富国富民的真理,敢于改革弊政,变法强国;反对民族分裂和国家分裂,维护民族团结和祖国统一,维护祖国的主权和独立,在外敌入侵面前,团结对敌,奋起抵抗,直至彻底战胜侵略者;同一切阻碍历史和社会进步的反动统治阶级、反动社会势力和反动制度进行英勇顽强的斗争，推动祖国朝着进步、文明和繁荣富强的方向前进。

爱国主义精神是动员和鼓舞中国人民团结奋斗的一面旗帜，是推动我国历史前进的巨大力量，是各族人民共同的精神支柱，是国防精神的核心内容。具有五千年文明史的中华民族，把爱国主义作为最可靠的国魂与民魂，形成了像长江、黄河一样源远流长的爱国主义传统。在爱国主义精神的激励下，中华民族不惧强权，不畏强暴，以巨大的凝聚力和生命力，昂然屹立在世界东方，铸就许许多多可歌可泣的英雄伟业。在改革开放、建设社会主义现代化的今天，爱国主义依然是动员和鼓舞中国人民团结奋斗的旗帜。

加强爱国主义教育，激发爱国主义精神，对于凝聚全民族力量，培养有理想、有道德、有文化、有纪律的社会主义新人，增强国防力量，鼓舞全国各族人民建设有中国特色社会主义国家，筑起坚不可摧的国防长城，具有十分重要的意义。

（二）革命英雄主义精神

革命英雄主义精神，就是为了祖国和人民的利益，勇于向社会上的反动、守旧势力和自然界进行顽强斗争的思想意识和风貌，是建立在集体主义思想基础上的不怕艰难困苦、不怕流血牺牲、坚忍不拔、一往无前的革命精神。它把国家和人民利益看得高于一切，在革命斗争中勇于冲锋陷阵，舍己为公，不怕牺牲，勇于献身。革命英雄主义和爱国主义有密切的联系，是国防精神的重要组成部分。它表现在不畏艰苦的顽强意志、压倒一切敌人的英雄气概、英勇顽强的战斗作风、宁死不屈的革命气节、精忠报国的崇高品德、朝气蓬勃不断向上的风貌、一往无前的必胜信念等。在为争取祖国的独立、民族的解放和捍卫国家领土完整的斗争中，中华民族、中国共产党领导下的人民军队，最突出地表现出了革命英雄主义的气概，涌现出了无数的历史名人，无数英雄集体和英雄模范人物，形成了革命英雄主义的优良传统。过去，我们靠这种精神，打败了国内外强大的敌人，战胜了各种艰难困苦，赢得了巨大胜利。今天，建设强大的正规化的革命军队和现代化的国防，仍然需要大力发扬革命英雄主义精神。

毛泽东同志曾经说过，我军"具有一往无前的精神，它要压倒一切敌人，而决不被敌人所屈服。不论在任何艰难困苦的场合，只要还有一个人，这个人就要继续战斗下去"。邓小平同志在新的历史时期也曾强调指出"五种革命精神"，即"发扬革命和拼命精神，严守纪律和自我牺牲精神，大公无私和先人后己精神，压倒一切敌人、压倒一切困难的精神，坚持革命乐观主义、排除万难去争取胜利的精神"。1998年夏季，中国大地上发生了百年不遇的特大洪水灾害，中国人民解放军广大官兵同全国人民一道与"洪魔"展开殊死搏斗，最终战胜了强大的"洪魔"，保住了人民的生命财产，再现了新时期的革命英雄主义精神——伟大的抗洪精神。革命英雄主义和爱国主义是密不可分的,都是国防精神的重要组成部分。热爱祖国,就会为之英勇奋斗,不畏艰难,敢于牺牲。革命英雄主义具有多方面的内涵,主要有:英勇顽强的战斗作风,高度的自我牺牲精神,坚贞不屈的革命气节,不畏艰难的坚强意志和朝气蓬勃的革命乐观主义等。

(三) 民族自强精神

民族自强精神(民族精神)有着丰富的内涵,我们这里所指的民族精神主要是民族的自尊心和自信心。它是一种稳固、长久、强烈的社会心理,对每个民族的进步与发展都具有强烈的影响。中华民族有史以来就崇尚民族自强精神,并为求得自身的生存和发展而历尽艰辛。千百年来,中华民族的这种精神集中表现在爱我中华、自强不息的民族自豪感,坚贞不屈、正气凛然的革命气节,贫贱不移、威武不屈的高风亮节,英勇战斗、宁死不屈的英雄气概,不畏强暴、勇于拼搏的自我牺牲等诸多方面。一个民族要想生存和发展,要走在世界的前列,就需要有这种民族精神。民族的自信心,是一个民族的积极的自我意识,即自我认识与评价。中华民族的过去有过辉煌也有过屈辱,今天,中国人民站起来了,靠的就是自强不息的民族精神。英国著名的军事家蒙哥马利曾经说过:"战争的规律之一,就是不能在陆地上进攻中国。"这是因为他清楚地看到,中华民族的这种精神是强大而无法摧毁的。民族的自尊心则是民族自信心在民族道德感情上的演化,它不仅具有强烈的道德意义,而且是推动人们产生爱国行为的巨大力量。中华民族有着悠久的历史和灿烂的文化,形成了本民族的自尊心,这种自尊心一旦受到伤害,就会爆发出巨大的能量,使这个民族团结一致来维护它和保卫它。改革开放的今天,我们一定要发扬民族自信心和自尊心,战胜民族的自卑感和民族虚无主义,把我国建设成为现代化的世界强国。

(四) 爱军尚武精神

爱军尚武精神,是指一个国家、一个民族自强不息,奋发向上的民族气质,支持国防强大与巩固、维护国家尊严及安全的爱军尚武意识和心理行为素质。它表现在卫国报国的志向、居安思危的国防观念、苦练军事技术的竞争意识、热爱支持军队的具体行动。爱军尚武不仅表现为关心国防,学习军事、掌握军事本领,尊重爱护人民军队,更是一种爱国精神和民族之魂。所谓爱军,就是热爱人民军队,学习人民军队的好思想和好作风,尊重军人职业,关心军队的革命化、现代化、正规化的建设,形成拥军优属、向人民军队学习的新风尚。所谓尚武,就是崇尚武事,增强国防观念,关心国防建设。自古以来,有国就有防。国无防不稳,民无防不安,而军队和士兵是国防的主角。爱军尚武是国防精神的重要组成部分。

中华民族自古就有爱军尚武的美德。从远古时代黄帝战蚩尤始建中华到大清皇朝一统天下,从"中华民国"创建到新中国诞生,从"东周尚武"、"富国强兵"、"有文事者必有武备"到"投笔从戎"、"闻鸡起舞"、"枕戈待旦",从孙中山"尚武精神"、"我同胞仍处于竞争激烈之时代,不知自卫之道,则不适于生"到毛泽东"枪杆子里面出政权",从历史上"无不箪食壶浆以迎师"到现在的"拥军爱民",古往今来,这些都充分说明,爱军尚武是中华民族的优良传统。

我国军队是由中国人民解放军、中国人民武装警察部队和民兵组成的,其成员是中华民族中最年轻、最强壮、最勇敢者,他们构筑起建设和保卫祖国的"血肉长城"。战争年代,年轻的军人为了祖国和人民的利益,放弃个人的一切而奔赴出生入死的战场,用鲜血和生命换取了祖国的安宁和人民的幸福。人民深深地感谢他们,热爱他们。

瑞士军事理论家约米尼曾经说过:"假使在一个国家里,那些牺牲生命、健康、幸福去保卫祖国的勇士们,其社会地位反而不如那些大腹便便的商贾,那么这个国家的灭亡就一点也不冤枉。"毛泽东也曾指出:"没有人民的军队,便没有人民的一切。"军人的价值是无法用金钱来计算的。军人永远是军人,不论是在战争年代还是在和平时期,中国军人始终保持着英雄本色。在边境进行自卫反击、唐山抗震救灾、大兴安岭扑救山火、抗洪救灾中,都闪动着中国军人的高大身影。

历史已经证明并将继续证明,对于一个国家来说,国富不等于国强,防疏不免灭亡。一般来说,在外敌入侵的情况下,容易唤起人们抵御外患的国防意识,形成爱军尚武的风气。而在和平年代,人们最容易滋长无敌国外患的麻痹思想和忽视军队的作用。当前,有些人对军人的作用和价值渐渐地淡忘了,似乎失去了衡量军人价值的标准,以至于抗美援朝时期被誉为"最可爱的人"的军人到了现代不得不向社会呼吁"理解万岁"。历史上,曾经横行天下的大清劲旅"八旗军",因贪图安逸、松懈武事,最终成了不堪一击的"老爷兵",使大清王朝覆灭。古罗马帝国的灭亡,二战中法国的沦陷,海湾战争中科威特王室的流亡,等等,无数史实告诫世人:没有尚武精神的民族,是走向灭亡的民族;国防观念淡薄的国家,是走向衰落的国家;不保护人民的军队,是走向失败的军队;不爱护军队的民族,是走向溃败的民族。因此,我们要发扬爱军尚武的优良传统,时刻不忘国防,关心、爱护、支持人民军队,保证我们国家的长治久安和持续发展。新时期的大学生是建设祖国和保卫祖国的生力军,既要学习文化知识,又要强健体魄,随时准备履行服兵役之责。

第二节 中国国防历史

一、中国国防历史

国防是历史的产物。它萌芽孕育于远古时代的部落冲突,又随国家的产生而发展和成熟。国防史是我国五千年历史的重要组成部分，是历史留给我们的宝贵遗产。五千年的文明史，培育了我国人民热爱祖国、维护统一的思想，勇于抵御外敌入侵、爱军尚武的国防精神。重温我国国防的历史，吸取前人的经验教训，对我们新时期的国防建设仍具有重要的启示意义。

（一）中国古代国防

中华民族历史悠久，在古史传说中就有阪泉之战、涿鹿之战等等著名的战役。自从约公元前21世纪起，中华文明在发展中逐渐由氏族部落制向国家转变。尧舜禹三王的禅让之后，"益代禹立，拘启禁之，启反起杀益，以承禹祀。"（王夫之《楚辞通释》引《竹书记年》）益继承了禹的领袖地位从而破坏了禅让制度（即氏族部落时代之军事民主制），自然地引起以有扈氏为代表的一些部落首领的不满，从而又引起了启讨伐有扈氏的甘之战，《尚书甘誓》就是启在这一战前发布的总动员令。我国历史上的第一个王朝夏朝，就这样在战争中建立起来了，以维护国家领土安全和统治者利益以及对外扩张夺取利益为目的的国防也就开始了它的发展历程。

夏商西周长达十几世纪的历史，是华夏文明立足中原、在交流与战争中逐渐扩张的历史，是国家不断发展和壮大的历史。在这段时间里，每一个王朝的治乱兴衰都与军事活动直接联系在一起：夏有太康失国和少康中兴，最终在鸣条之战中为已经强大起来的商所灭；商有武丁中兴四处征伐，最后为准备充分的周在牧野一战中打倒；而西周建国之初亦有周公东征平定叛乱开拓疆土，也有宣王的积极征战一度中兴，最后申侯联合戎狄攻破镐京，幽王也逃至骊山被杀。在多次的战争中，兵制获得了初步发展，三代均实行兵民合一的方法，到周朝时又发展出了虎贲（作为国王的卫队）和西六师、东八师两大直接听命于王的集团军，以及以乡遂制为基础的由各侯伯国的国民组成的武装力量。在此期间，人们对军事和国防的认识也在逐渐深入：战争不仅仅取决于兵士的勇猛好斗，也取决于战前的充分准备和周密部署；与战争相关要不断地发展先进的武器，充分地进行军事训练，建立有效的领导指挥系统；此外还需要社会经济的物质支持，以及政治修明带来的万众一心。在此期间，国防建设同时也发展起来：自国家产生之前就已出现的城池建得更多、更加坚固了，连接王畿与四方的道路也修建起来，使用了烽火作为快速传递信息的手段。随着战争及国防相关的事务的发展，我国的军事思想也经历了它的孕育阶段，到西周时出现了《军政》、《军志》两部最早的兵书，今天还能在《左传》和《孙子》中看到其中一些片段。

春秋战国时期是我国历史上一个大动荡大变化的时期。此时西周的礼乐等级制度已经被破坏，群雄并起，大国争霸，战争与兼并频繁，变革与动乱时发，旧的秩序被打破了，新的秩序有待建立起来。与此同时，各国又要与北方等地的少数民族进行旷日持久的斗争。这样的环境使得军事和国防获得了非常大的发展。

城濮之战、崤之战、马陵之战、长平之战等历史著名战役，不仅体现了当时用兵者的高超的谋略，也对每个国家日后的走势都起到了关键性的作用。与夏商西周相比，军队向更加正规化常备化的方向发展，临时征发大量民众参军的情况也很常见。在军队的领导方面，周天子作为天下共主的实际权力已经失去，贵族世袭采邑制也逐渐被破坏，军队更加严格地控制在每个国君的手中。另一方面，官员开始出现文武分家，由专门的"将"凭借国王授予的虎符来负责领兵作战，出现了廉颇、赵奢、李牧、白起、王翦等名将。在这个新旧秩序交替的年代，不少国家都开始实行变法以求图强，而加强军事力量和国防的实力总是其中重要的一环：李悝的改革志在富国强兵，终使魏国一时成为战国霸主；在楚国进行改革的吴起本身就是一位军事家；商鞅将战功作为评定爵级的标准；赵武灵王胡服骑射并采取了一系列改进的军事训练方法。在国防建设方面，除去坚固的城墙堡垒，北方各国如秦、赵、燕等还修筑了一系列的边墙长城，用来抵御游牧民族的入侵。频繁的战争使得军事及国防思想有了极大的发展，兵家成为诸子百家中重要的一支，产生了《孙子兵法》、《孙膑兵法》、《吴子兵法》、《司马法》等多部著作，是我国历史上军事思想群星闪耀的时代。

战国后期，凭借商鞅改革强大起来的秦国经过了充分的准备，终于在十年时间中横扫六国完成统一，建立起一个空间辽阔、高度统一的中央集权国家，自此，统一始终是中国历史上的主流。秦朝年间，蒙恬北击匈奴夺河套地区，又在战国长城基础上继续修建长城，在国内修建驰道。南下百越，置南海等四郡，开灵渠，从而第一次将今天的两广一带纳入中国的版图。经略西南夷，开五尺道，开启了与西南少数民族的沟通。

汉朝建立之后，经过初期的休养生息，至武帝时国力已渐雄厚，又采取了主动开疆拓土的政策，卫青夺取河套，霍去病封狼居胥，使匈奴之患一时消失。进击东瓯南越，进一步加强了对南部的控制。张骞两出西域，打通了河西走廊，沟通了中原与西域各国的联系，合作防御匈奴，将中国的势力发展到了西域。秦汉期间，主要实行的是征兵制，耕战结合，寓兵于农，根据国家和战争的需要按郡县行政组织统一征发居民入伍参战。至汉武帝时，又建设期门、羽林及八校尉，大大扩充了中央军的实力。在军队领导方面，皇帝加强对军队的绝对控制，不但中央有最高武将，地方郡县也分别设有专掌军事的郡尉、县尉等职务。除此之外，整顿财政，注重马政，改进装备，在多方面支持了国防的强大。

东汉末年混乱，三国鼎立之势渐成。三国纷争给我们留下了官渡、赤壁、夷陵等脍炙人口的战例。曹魏为应对生产凋零，采用军屯之法，将生产与国防结合在一起。诸葛亮平定南中，用当地民族首领治之，后世羁縻州县的建立仍可以看到这一办法的影子。及至西晋统一，却因政治混乱很快陷入内乱之中，内乱与民族矛盾之下，早已内迁的北方少数民族亦借机起事，终使北方陷入连年混战，人民大量逃往南方。东晋朝廷安于江南,虽曾有祖逖等将领致力北伐,也最终因为缺乏支援而前功尽弃。两晋的军队,由驻守京师直属中央的中军和分布于各地的外军构成,世兵制、募兵制和征兵制并行。

随着隋朝建立并灭陈,中国再次恢复统一。隋以及唐前期是我国历史上一个高度发展、国力强盛的时代。在统一的基础上,唐太宗时派李靖等出征突厥及其他游牧民族,扫除了北方边患,唐朝又先后建立了安西、北庭等都护府对边疆地区进行管辖,兼以设立羁縻州县施以怀柔政策,唐朝前期成为我国历史上疆域极其辽阔的时期。隋唐时期三省六部制确立,尚书省下专立兵部来管理军事国防相关事宜。此时的兵制是结合均田制实行的府兵制,府兵平时一面从事农业生产,一面参加军事训练,在有服役任务时则轮番宿卫京师和戍守边防。府兵在全国布置为外轻内重的局势,对加强中央集权有积极的作用。府兵选择严格,检点时根据资产、财力和丁口三项标准选择,"财均者取强,力均者取富,财力又均,先取多丁"。除了军队的建设,唐也在其他多方面加强国防建设:建立烽燧和军屯制度,增加边防屯田,改进军事装备,进行交通运输建设,并在武则天时期创立武举。正是由于以上种种,唐前期的实力达到了极盛。玄宗的开元盛世中隐藏着社会矛盾的激化,随着均田制的破坏,府兵制也难以为继,渐渐为招募兵所代替;而为了守卫边疆设立的方镇节度使日益手握重兵,军队分布转为外重内轻之势。安史之乱后,各藩镇凭借武装力量割据一方,政治混乱,国力日衰。

唐之后又经历了短暂的五代时代,五代初期契丹在北方建国并强盛起来,不断企图向南扩张。而后晋的石敬瑭为获得契丹的支持,竟将具有重要战略地位的幽云十六州拱手相让。继五代后统一中原的宋朝亦欲夺回而不得。宋朝领导军事国防的主要中央机构是枢密院,由于宋朝始终"重文轻武,以文制武",枢密院的正职长官往往由文臣来担任,又实行"枢密掌兵籍、虎符,三衙管诸军,率兵主兵柄,各有分守"的领导体制以及军情日报、急递传送等通信传令制度,有效地确保了中央对军队的集中领导。宋朝实行募兵制,其武装力量由禁军、厢兵、乡兵、番兵等组成,按"守内虚外"的原则进行军事部署,保证中央的军事优势。宋朝有冗官、冗兵、冗费的现象,直线上升的军队数量远超需求,而军事效能却日益低下,财政开支亦猛增,为我国史上著名积贫积弱的王朝。金兴起于北方之后,宋与其订立"海上之盟",企图与金夹击辽而得回部分土地,却被金发现了它的软弱可击,金在灭辽后继续南下攻宋,最终导致徽钦二宗被掳的靖康之难。

1279年,蒙古在灭南宋后重新统一了中国。元朝的军队分为宿卫系统和镇戍系统,实行军民异籍、军民分治的政策。元朝的统一仅仅维系不到一百年,在如火如荼的反元斗争中,朱元璋最终推翻元朝,建立明朝。明朝继承元朝,仍实行兵户民户分治的政策。明朝军队基层组织采用卫所制度,军队按照卫所进行编制,驻扎于全国各地,形成了卫所隶属于都司,都司又分隶于五军都督府的体制。五军都督府领兵，兵部奉旨调兵，从而起到互相牵制、大权集中于皇帝手中的作用。在边疆守卫方面，明初在长城沿线有多个封王防御蒙古，明成祖时又迁都北京并几次出击蒙古各部；在东北设立奴尔干都司；在西藏设立乌思藏和朵甘卫都司；在西南多地设立土司对当地人民进行管理。明朝国防的另一个重要方面是海上力量的发展。明早期郑和七下西洋，沟通了中国与亚非多国的联系，显示了我国当时处于世界领先的造船水平。自明初以来，倭寇时常在中国沿海骚扰掠劫，至嘉靖年间最为猖獗，戚继光和俞大猷等爱国将领率军奋战，最终得以荡平倭寇，保卫了我国沿海的安全。此外，明朝还曾派兵出征，帮助朝鲜打退了日本的侵略。

清崛起于东北，在1644年入主中原。清朝的武装力量主要为八旗兵和绿营兵。八旗兵有驻守京师的"禁卫兵"和驻防地方的"驻防兵"；绿营兵则为入关后改编的明朝军队或其他军队。八旗兵和绿营兵交错分布于全国重镇要地，构成清朝用来防御外敌、管理人民的军事网络。清朝在东北行军府制；在蒙古和新疆设盟旗和伯克制并另设将军及办事大臣等进行管理；在西藏，驻藏大臣实际上统管各项事务，加强了中央对西藏的控制；在西南沿袭元明土司制度，同时大规模"改土归流"，进一步巩固了国家的统一。清朝形成了幅员辽阔的统一国家，西到巴尔喀什湖和葱岭，北到唐努乌梁海，东北到外兴安岭、库页岛和鄂霍茨克海，东到沿海和台湾诸岛，南到南沙群岛，奠定了我国今日疆域的基础。

（二）中国近代国防

中国近代国防的历史，是一部衰弱和屈辱的历史。1840年，西方人凭借船坚炮利，轰开了清朝紧闭多年的大门，打破了清朝天朝上国的美梦。在资本主义对财富需求的推动下，西方国家以武力为工具，迫使中国接受了种种不平等条约，沦为半殖民地半封建国家，清政府的软弱、腐朽和黑暗，更是助长了侵略者的气焰，使中国人民的生活进一步陷入水深火热之中。

1. 清末

随着西方资本主义的发展和新航路的开辟，西方人迅速进入了海外扩张阶段。明朝年间，即有葡萄牙人以租借之名入据澳门，西班牙和荷兰殖民者也先后侵占我国台湾，后为郑成功收复。此后，耶稣会传教士也开始进入中国，从与士大夫阶层交往入手，在中国传播天主教。

清朝实行闭关锁国的政策，科技日渐落后于西方而不自知。鸦片战争前，中国在中英贸易中一直处于出超地位，英国因此采用了向中国大量输出鸦片的政策，造成了中国白银大量外流。1839年，林则徐主持了虎门销烟，次年英国即发动了鸦片战争，欲以武力强行打开中国的大门，把中国变为掠夺原料的基地和倾销商品的市场。此时的清朝，八旗兵和绿营兵战斗力已大为下降，长期的闭关锁国使得武器装备也极为落后，统治阶级昏庸无能无心抗战，战争最终失败，签下了《南京条约》，领土主权被严重侵犯，自然经济也开始瓦解。此后，第二次鸦片战争英法迫使中国签下《北京条约》，两次鸦片战争期间沙俄趁火打劫强占了我国东北西北的大片领土，19世纪80年代法国侵占越南之后，又爆发了中法战争，清政府的不作战备导致马尾海战惨败，老将冯子材身先士卒取得镇南关大捷，清政府却趁胜求和签订了《中法新约》。与此同时，边疆也屡现危机，在东南，美日均曾侵犯台湾；在西南，英国欲染指西藏；在西北，沙俄意图强占伊犁等新疆地方。

面对外来强敌，清政府设立了总理衙门以主管外交通商及开矿、制枪炮等洋务事宜，湘军淮军等地方武装也逐渐兴起。部分有识之士在"自强"、"求富"的口号下开展了洋务运动，创立了江南制造总局、福州船政局、金陵机器局、天津机器局、湖北枪炮厂等一批近代军事工业，建立了北洋、南洋、福建水师等新式海军并成立了海军衙门，开始用洋枪洋炮武装军队，聘请外国教练，并开办了马尾船政学堂、天津电报学堂、天津水师学堂、天津武备学堂等洋务学堂以提供近代军事工业所需的科学技术人才。

1894年日本在朝鲜挑起争端，并发动了中日甲午战争。清朝最为重视的北洋水师在甲午战争中全军覆没，日本控制了渤海湾，强迫清政府签订了《马关条约》。1900年英、美、德、法、俄、日、意、奥八国联军镇压义和团运动，扩大对中国的侵略，联合发动侵华战争，在京津一带烧杀抢掠，最终使清政府签订了《辛丑条约》，通过这一丧权辱国的不平等条约，帝国主义在政治、经济、军事各个方面对中国的控制又大大加深，中国完全沦为了半殖民地半封建国家。

从鸦片战争到清朝灭亡，清政府与列强签订大小数百条约，割让领土160多万平方千米，赔款2700多万元，白银7亿多两（不含利息）。中国的领土成为各大帝国主义的势力范围：俄国在东北，德国在山东，法国在云南和两广，英国在长江流域和威海卫，日本在福建和台湾，而美国亦提出"门户开放"政策，以求凭借经济优势与其他帝国主义争夺。中国的国土支离破碎，成为西方列强抢夺的对象。

2. 民国

辛亥革命一举推翻了清朝的统治，结束了中国两千年的封建制度。"中华民国"的建立，并没有使中国就此强大起来，内有军阀林立混战，外有帝国主义大肆掠夺，中国仍没有摆脱任人宰割的命运。

辛亥革命结束了清朝的统治，但是由于资产阶级的软弱性，革命进行得并不彻底，革命的成果也很快被篡夺：袁世凯公然恢复帝制，张勋又导演了复辟闹剧，全国各地陷入军阀割据的状态，北京政府也一直掌握在直皖奉系等大军阀手中。北洋政府期间国内割据分裂，国防孱弱，依然无力抵抗外敌侵略，维护主权完整。而握有大权的军阀也是帝国主义操纵中国、获取特权的工具：皖系和奉系为日本支持，直系则受到英美的扶植。一战结束后，中国以战胜国身份参加巴黎和会，和会却被帝国主义列强把持，绕过中国将德国在山东的特权转给日本。消息传到国内，爱国学生纷纷走上街头开展抗议宣传活动，运动迅速扩展至全国，主力亦由学生变为工人。在全国人民的强大呼声中，中国代表最终没有在和约上签字。"五四"运动体现了中国人民的觉醒，中国人民在外争国权、内除国贼的斗争中不屈不挠，表现出彻底不妥协的反帝反封建精神。

经过北伐战争以及"四一二"政变等，蒋介石为首的南京国民政府最终于东北军改旗易帜后"统一全国"。国民党政府对外依靠西方列强，对内镇压人民的革命活动，并进一步通过军阀混战来巩固自己的统治，中国的国防依然虚弱。1931年9月18日日军突然进攻沈阳城，制造了震惊中外的"九一八"事变，蒋介石多次指示不抵抗，致使1932年2月东三省全部沦陷，日本又于此建立伪满洲国傀儡政权。日本在侵占东三省后，继续积极向华北扩张，签订了《塘沽协定》、《何梅协定》、《秦土协定》，发动华北事变，策动华北自治。在日本帝国主义的紧逼和国民党政府的妥协之下，华北局势岌岌可危。1937年7月7日，日军发动卢沟桥事变，开始全面侵华。面对日本帝国主义的疯狂进攻，国共两党合作，形成抗日民族统一战线。抗战初期，采用持久消耗战的战略方针，粉碎了日本速战速决的梦想。1938年底到1941年底，抗战进入相持阶段，除继续执行持久消耗战略，又更加重视了游击战、运动战的作用。太平洋战争爆发后，中国的抗日战争成为全世界反法西斯战争的重要组成部分，不仅经过顽强的斗争最终将日本帝国主义赶出中国，也曾派出中国远征军入缅作战，打通国际交通线，配合了盟军的作战计划。八年抗日战争中，中国人民为了赶走侵略者进行了艰苦的斗争，付出了巨大的牺牲，不仅取得了鸦片战争以来第一次彻底的反侵略战争胜利，洗雪了百年来受到帝国主义压迫的耻辱，也为全世界的反法西斯战争胜利作出了不可磨灭的贡献，提高了中国的国际地位。

3. 中华人民共和国阶段

1949年10月1日，中华人民共和国成立。新中国成立之初，百废待举，但是为了帮助朝鲜抵抗美国的侵略和保卫中国自身的安全，中国共产党还是果断作出了抗美援朝的决定。1950年10月，中国人民志愿军在彭德怀的率领下跨过鸭绿江，揭开了抗美援朝战争的序幕。战争历时2年零9个月，经历了以运动战为主的第一阶段和以阵地战积极防御为主的第二阶段，最终双方于1953年7月27日在停战协议上签字，美国吞并整个朝鲜的企图宣告失败。这场战争的胜利，保卫了朝鲜民主主义人民共和国的独立，也保护了中国自身的安全，为维护世界和平作出了重大的贡献，打出了中国的军威和国威，提高了新中国的国际地位。

20世纪70年代，越南的反华排华活动愈演愈烈，对内大加迫害华侨华人，对外频频骚扰我边境，打死打伤我边民及边防军，入侵我国土拆毁我界碑，使我国边疆安定和人民生命财产安全受到严重威胁，中央军委作出了对越自卫还击作战的决定。1979年2月17日凌晨，中国军队从广西云南两个方向对越南发起进攻，本着集中优势兵力、迂回包围、速战速决、歼敌速回的原则，在28天的时间中连续作战，突入越南军队防御纵深20～30千米，在作战地区摧毁了针对我国的军事设施。

除此之外，我国坚决捍卫主权领土完整和人民生命财产安全，还进行过中印边境自卫反击战、珍宝岛战斗、西沙自卫反击战等军事行动。国防的涵义远不止战争和军事行动，军队、国防科技工业体系和后备力量等的建设，都是国防建设的重要组成部分，新中国在以上各方面都取得了令人瞩目的成就。

二、国防历史的启示

综观几千年的历史，中国曾有威名远播、强虏远循、四方归附的辉煌，也有过连年战乱、饿殍满地的混乱，还有过国力衰弱、任人宰割、列强瓜分的耻辱。重视历史的前车之鉴，对于我们在新的时代建设我国的国防，保卫国家的安全，维护社会的稳定，都有着十分重要的意义。从中国国防的历史我们可以得到以下几点启示：

（1）政治的昌明才能有巩固的国防。《淮南子·兵略训》有云"兵之胜败，本在于政"，《世要论》也曾说"政善于内，则兵强于外"。战争是政治的继续，国内政治的清明和黑暗，很大程度上决定着军事的成败。春秋战国时各国就注意变法图强，最终在多方面贯彻了商鞅新法的秦国从西方迅速发展起来，得以在短时内统一中国。而此后每一个兴盛强大的时代，都是建立在清明政治的基础上：西汉武帝时的显赫武功，有赖于西汉建立以来文景之治轻徭薄赋与民休息带来的国力富强，唐朝时的辽阔疆域四方归附，离不开贞观之治以下的注重民生选贤任能。而政治黑暗的时代，国防力量也总是随之衰败：秦末民不聊生，王朝被起义群众推翻；西晋八王之乱，北方陷入残酷战争；南宋苟且偷安，北方失地终不能得回，最终亦丧蒙古之手；明末皇帝昏庸宦官专权，起义军和清军迭起，王朝告终；清末统治者腐败无能，面对列强入侵更是屡战屡败，畏战求和，使中国渐渐沦为半殖民地半封建国家。

（2）经济的发展才能为国防强大提供物质基础。春秋时管仲就曾提出"粟多则国富，国富者兵强，兵强者战胜"，国防的强大有赖于经济发展的支撑。自春秋战国起，每一个意欲变法图强的国家，除了在军事上的直接政策外，都将大力发展农业生产放在了极其重要的位置上。如前所述，每一个国力强盛的时代，都有政治的清明以及对生产的重视带来的国家财力雄厚物资丰富，人民生活富足为强大的支持。而每当朝代末年，政治腐败，土地兼并愈演愈烈，经济秩序败坏，人民生活困苦不堪，国家的军事力量失去了经济的强有力支撑，面对外来强敌或起义人民，便难以避免政权倾覆的命运。可见，经济是否健康发展，也是直接关系到国防强大或衰败的重要因素。

（3）国家的统一和民族的团结对于国防的巩固也具有关键作用。分裂混乱的时代，混战连年，生产凋敝，国力衰退而无暇顾及外患，国防自然也就衰弱。历史上国力强盛的时期也正是政治经济欣欣向荣、国家统一团结的时期。及至国家陷入分裂割据或朝代更迭群雄并起之时，强大时所得的边疆地区即开始脱离统治。而全国人民一致对外团结一心时，正如在面对日本侵略者时，中国共产党倡导建立抗日民族统一战线，将全国各阶级各民族各行业的人民最大限度地团结在一起，最终成功将日本帝国主义赶出中国，获得了民族独立斗争的胜利。

（4）科学技术的发展状况也对国防力量的强大与否有很大影响。中国在科技方面也曾居于世界领先地位，四大发明曾对世界各国人民的生产生活有过巨大的影响。然而在清朝闭关锁国政策下，在西方正发生工业革命的巨大变革时，中国仍沉浸在天朝上国的美梦中，只将西方人的发明视作奇技淫巧，直到列强的先进武器强行打开了中国的国门，才渐渐意识到设备和技术的严重落后。我们应该始终牢记将发展科学技术放在非常重要的地位，借助科技的发展来增强国力，发展国防相关的高技术增强军队的战斗力，努力使得"落后就要挨打"的事情不要再次发生。

除此之外，中国国防的历史在其他许多方面也留给我们不少闪光的思想。比如，我国古人就已非常重视军事训练，《吴子·治兵》就有"用兵之法，教戒为先"，诸葛亮也曾说过"军无习练，百不当一；习而用之，一可当百"，无不认为对士兵进行有效的军事训练是取得胜利的前提条件之一；孔子说"以不教民战，是为弃之"，从另一角度说明了古人认为不进行充分训练，也是对士兵的不负责任。又如，古人也意识到国防的含义并非单纯的战争，而是军事与外交等多方面的有机结合，《孙子·谋攻》即有"上兵伐谋，其次伐交，其次伐兵，其下攻城"。再如，古人对战备的必要性也有着清醒的认识，"好战者亡，忘战者危"，"有备则制人，无备则制于人"，"国虽大，好战必亡；天下虽安，忘战必危"等等精辟论述，今天处于和平时代的我们读来，仍能得到深刻的启发。

第三节　新中国国防建设

一、国防领导管理体制

我国根据宪法、国防法及其他有关法律，建立和完善国防领导管理体制。国家对国防活动实行统一的领导。中国的武装力量受中国共产党领导。党的中央军事委员会和国家的中央军事委员会，组成人员和对军队的领导职能完全一致。中央军委实行主席负责制。

全国人民代表大会选举国家中央军委主席，根据中央军委主席的提名，决定中央军委其他组成人员的人选；决定战争和和平的问题，并行使宪法规定的国防方面的其他职权。全国人大常委会在全国人民代表大会闭会期间决定战争状态的宣布，决定全国总动员或者局部动员，并行使宪法规定的国防方面的其他职权。国家主席根据全国人大及其常委会的决定，宣布战争状态，发布动员令，并行使宪法规定的国防方面的其他职权。

国务院领导和管理国防建设事业，编制国防建设发展规划和计划，制定国防建设方面的方针、政策和行政法规，管理国防经费和国防资产，领导和管理国防科研生产，领导和管理国民经济动员工作和人民武装动员、人民防空、国防交通等方面的有关工作，领导和管理拥军优属和退役军人安置工作，领导国防教育工作，与中央军委共同领导人民武装警察部队、民兵的建设和征兵、预备役工作以及边防、海防、空防的管理工作，并行使法律规定的与国防建设事业有关的其他职权。国务院设有国防部以及其他与国防建设事业有关的部门。

中央军委领导和统一指挥全国武装力量，决定军事战略和武装力量的作战方针，领导和管理人民解放军的建设，向全国人大或者全国人大常委会提出议案，制定军事法规，发布决定和命令，决定人民解放军的体制和编制，任免、培训、考核和奖惩武装力量成员，批准武器装备体制和发展规划、计划，并行使法律规定的其他职权。

人民解放军总参谋部、总政治部、总后勤部、总装备部，是中央军委的军事、政治、后勤、装备工作机关。总参谋部组织领导全国武装力量军事建设和组织指挥全国武装力量军事行动，设有作战、情报、通信、军训和兵种、军务、动员、电子对抗、陆军航空兵、外事等部门，主要职权是提出军事建设和军事斗争重大问题的建议，组织实施战略指挥，拟制军事工作规划和法规，组织领导战备工作、军事训练和动员工作等。总政治部负责管理全军党的工作，组织进行政治工作，设有组织、干部、宣传、保卫、纪律检查、群众工作等部门，主要职责是保证党的路线方针政策和国家的宪法、法律在军队的贯彻执行，制定政治工作方针政策，拟制政治工作法规，部署、检查和指导全军政治工作等。总后勤部主管全军后勤工作，设有财务、军需物资油料、卫生、军事交通运输、基建营房、审计等部门，主要职责是拟制后勤建设规划和法规，部署后勤力量、组织后勤动员、实施后勤支援，负责军费的申请、分配和预决算，以及物资采购保障等。总装备部主管全军装备工作，设有综合计划、军兵种装备、陆军装备科研订购、通用装备保障、电子信息基础等部门，主要职责是拟制装备发展战略、规划计划和政策法规，组织装备科研、试验、采购、战勤和维修保障工作，掌管全军装备建设经费等。

二、国防建设成就

新中国成立以来，以毛泽东、邓小平、江泽民同志为核心的党的三代中央领导集体和以胡锦涛同志为总书记的党中央，准确把握国际国内全局和发展大势，科学确立国防战略，适时作出一系列重大决策部署，不断赋予军队新的职能使命，推动着我国国防建设事业阔步向前。人民军队已由过去单一军种的军队发展成为诸军兵种合成、具有一定现代化水平并开始向信息化迈进的强大军队，为捍卫国家主权、安全、领土完整，为我国社会主义建设和改革开放事业建立了卓著功勋。

（一）建立和完善了中国特色的武装力量领导体制

我国的武装力量领导体制，是在长期的革命战争中形成和发展起来的，并随着社会主义建设的不断深入而日渐完善。

1982年，党和国家共同设立中央军事委员会。同年通过的《中华人民共和国宪法》规定：中华人民共和国中央军事委员会统一领导全国的武装力量。党的中央军委和国家中央军委并存，同时向中央和全国人民代表大会及其常委会负责。这种体制，既贯彻了党对军队绝对领导的根本原则，又适应我军已成为国家主要成分的实际，进一步完善了国家武装力量的领导体制。

军委下设总参谋部、总政治部、总后勤部和总装备部作为军委的工作机关。在中央军委的领导下，还设有负责各军种组织建设、军事训练和战备作战的陆军、海军、空军和第二炮兵指挥机关。此外，直接隶属中央军委的还有军事科学院和国防大学等单位，以及负责指挥驻在各大战略区范围内的陆、海、空军部队和民兵的大军区领导机关。

（二）进一步发展和健全了"三结合"的武装力量体制

武装力量是国家的正规军和其他武装组织的总称。根据《中华人民共和国国防法》的规定，我国的武装力量，由中国人民解放军（包括现役部队和预备役部队）、中国人民武装警察部队和民兵组成，实行"三结合"的武装力量体制。

1. 中国人民解放军

中国人民解放军是中华人民共和国武装力量的骨干，是抵抗侵略、保卫祖国、打击恐怖主义、维护国家主权和安全的主要力量。它由现役部队和预备役部队组成。现役部队由中国人民解放军陆军、海军、空军和第二炮兵部队组成。

2. 中国人民武装警察部队

武警部队的基本任务是：维护国家安全和社会稳定，保卫国家重要目标，保卫人民生命财产安全，战时协助人民解放军进行防卫作战。

3. 中国民兵

民兵是不脱离生产的群众武装组织，是人民解放军的后备力量，是进行现代条件下人民战争的基础。

(三) 中国人民解放军的现代化、正规化和革命化建设有了突破性的进展

新中国成立后，人民解放军在毛泽东关于建设现代化革命武装力量的战略思想和邓小平关于新时期军队建设思想的指引下，不断向现代化、正规化和革命化迈进，并有了突破性的进展。

进入20世纪90年代以来，根据高技术战争的特点和影响，人民解放军开始把军事斗争准备的立足点放在打赢现代技术特别是高技术条件下的局部战争上面，军队建设正逐步实现由数量规模型向质量效能型、由人力密集型向科技密集型的转变；在发展武器装备方面，人民解放军努力发展高技术装备；在改革调整体制编制方面，人民解放军在进一步压缩军队规模，优化诸军兵种比例结构，完善合成体制，使军队体制编制更能适应现代合同作战和联合作战的需要；在改革教育训练方面，为培养掌握现代科技知识和战争知识，精通现代军事科学理论的高层次指挥人才，指挥院校增设了硕士、博士生教育，部队训练加大了实战力度。

新世纪新阶段，国际政治、经济、安全矛盾以及地缘、民族和宗教矛盾更加错综复杂，我国改革发展进入关键时期，不仅面临着传统安全威胁的挑战，而且面临着恐怖主义、跨国犯罪等非传统安全的威胁。这一切，迫切要求人民军队拓展保障国家安全的领域和范围，赋予军队建设新的时代内涵，军队改革发展任务更加艰巨。

胡锦涛指出，必须站在国家安全和发展战略全局的高度，统筹经济建设和国防建设，在全面建设小康社会进程中实现富国和强军的统一。党中央、中央军委把科学发展观作为国防和军队建设的重要指导方针，以增强打赢信息化条件下局部战争能力为核心，全面提高应对多种安全威胁、完成多样化军事任务的能力；按照革命化现代化正规化建设相统一的原则，全面落实"五句话"（即政治合格，军事过硬，作风优良，纪律严明，保障有力。）总要求，推动军事、政治、后勤、装备等各个领域的工作协调发展、共同进步；解决好思想政治建设的时代课题，从思想上政治上组织上确保我军始终成为党绝对领导下的人民军队，确保国防和军队建设科学发展，确保有效履行新世纪新阶段军队历史使命；按照建设信息化军队、打赢信息化战争的目标，把战斗力生成模式切实转到依靠科技进步特别是以信息技术为主要标志的高新技术进步上来；把以人为本作为重要的建军治军理念，始终坚持人民军队的根本性质，坚决维护人民群众的根本利益，尊重官兵的主体地位，发挥官兵在军队建设中的主体作用；建立和完善军民结合、寓军于民的武器装备科研生产体系、军队人才培养体系和军队保障体系，坚持勤俭建军，走出一条中国特色军民融合式发展路子。这一系列富有鲜明时代特征的治军方略，为在国际国内形势深刻变化的大趋势下推进国防和军队建设科学发展指

明了方向。

（四）形成了门类齐全、综合配套的国防科技工业体系

国防科技是衡量一个国家综合国力的重要标志之一，也是国防现代化建设的一个重要方面。经过几十年的发展，我国已形成了专业门类基本齐全、科研生产手段基本配套的国防科技工业体系，培养造就了一支具有较高技术水平和优良作风的国防科技工业人才队伍，为中国自主研制生产武器装备奠定了重要的物质和技术基础，取得了一大批具有国内或国际先进水平的科研成果，为我军现代化建设和切实增强我国的综合国力提供了有力保证。

在军事电子方面，逐步发展了具有相当规模、门类齐全的新兴工业部门，特别在指挥自动化、情报侦察、预警探测、电子对抗和通信等方面，为我军提供了各种新式装备和产品，进一步增强了部队的作战能力。

在船舶工业方面，先后自行研制和建造了核动力潜艇、常规动力潜艇、导弹驱逐舰、导弹护卫舰、导弹快艇及各种辅助船舶和新型鱼雷、水雷、反水雷等新装备。

在兵器工业方面，研制生产了一大批具有先进性能的坦克、装甲车辆、火炮、弹药、轻武器、军用光电器材和综合火控、指挥系统等新型武器装备，并拥有了地地、地空、海空和空空导弹等精确制导武器系统。

在航空工业方面，已能够生产歼击机、轰炸机、直升机、运输机、教练机等，基本满足了海空军作战和飞行训练的需要。

在航天科技工业方面，已具备运载火箭、各种应用卫星的研制能力及发射能力，在世界高技术领域占有自己的一席之地。

在核工业方面，我国不仅可以生产制造原子弹、氢弹，形成了我国的核威慑力量，在和平利用核能方面，我国也取得了突破性进展。

我国目前共有11个军工集团公司，即中国核工业集团公司、中国核工业建设集团公司、中国航天科技集团公司、中国航天科工集团公司、中国航空工业第一集团公司、中国航空工业第二集团公司、中国船舶工业集团公司、中国船舶重工集团公司、中国兵器工业集团公司、中国兵器装备集团公司和中国电子科技集团公司。各军工集团公司负责本集团内军品科研生产任务的组织和管理工作，同时作为国家授权的投资机构，对所属企业的国有资产行使出资人权利。

（五）国防后备力量建设取得了长足的进展

我国国防后备力量建设，经过几代人的努力，形成了一整套制度和优良作风，打下了坚实的基础。1985年，党中央、国务院、中央军委明确提出："精干的常备军和强大的后备力量相结合，是建设现代化国防的必由之路。"这一方针给国防后备力量建设指引了方向，确立了民兵和预备役相结合的制度，初步形成了具有中国特色的国防后备力量体系。为保证国家在发生战争的情况下，能很快由平时状态转入战时状态，我国于1995年成立了战争动员委员会，负责指导、协调全国的后备力量建设和动员工作。此外，加强了全民国防教育，特别是恢复并加强了对大学、中学在校学生的军训工作，使国防教育逐步纳入到整个国民教育体系中，走上了法制化、规范化的轨道。

三、国防政策

中国奉行防御性的国防政策。依照宪法和法律，中国武装力量肩负对外抵抗侵略、保卫祖国，对内维护社会大局稳定、保卫人民和平劳动的神圣职责。建设与国家安全和发展利益相适应的巩固的国防和强大的军队，是中国现代化建设的战略任务，是中国各族人民的共同事业。

中国的发展道路、根本任务、对外政策和历史文化传统，决定中国必然实行防御性的国防政策。中国坚定不移地走和平发展道路，对内努力构建社会主义和谐社会，对外推动建设持久和平、共同繁荣的和谐世界。中国坚定不移地推进改革开放和社会主义现代化建设，既利用和平的国际环境发展自己，又通过自己的发展维护世界和平。中国坚定不移地奉行独立自主的和平外交政策，在坚持和平共处五项原则的基础上同所有国家发展友好合作。中国坚定不移地秉承中华民族优秀文化传统和以和为贵的和平理念，主张用非军事手段解决争端、慎重对待战争和战略上后发制人。不论现在还是将来，不论发展到什么程度，中国都永远不称霸，永远不搞军事扩张。

两岸统一是中华民族走向伟大复兴的历史必然。海峡两岸中国人有责任共同终结两岸敌对的历史，竭力避免再出现骨肉同胞兵戎相见。两岸应积极面向未来，努力创造条件，通过平等协商，逐步解决历史遗留问题和两岸关系发展进程中的新问题。两岸可以就在国家尚未统一的特殊情况下的政治关系展开务实探讨，适时就军事问题进行接触交流，探讨建立军事安全互信机制问题，以利于共同采取进一步稳定台海局势、减轻军事安全顾虑的措施。两岸应在一个中国原则的基础上协商正式结束敌对状态，达成和平协议。

新时期中国国防的目标和任务，主要有以下内容：

（1）维护国家主权、安全、发展利益。防备和抵抗侵略，保卫领陆、内水、领海、领空的安全，维护国家海洋权益，维护国家在太空、电磁、网络空间的安全利益。反对和遏制"台独"，打击"东突"、"藏独"等分裂势力，捍卫国家主权和领土完整。服从服务于国家发展战略和安全战略，维护国家发展的重要战略机遇期。贯彻新时期积极防御的军事战略方针，坚持独立自主和全民自卫原则，加强武装力量建设和边防、海防、空防建设，加强国家战略能力建设。中国始终奉行不首先使用核武器的政策，坚持自卫防御的核战略，不与任何国家进行核军备竞赛。

（2）维护社会和谐稳定。中国武装力量忠实践行全心全意为人民服务的宗旨，积极参加和支援国家经济社会建设，依法维护国家安全和社会稳定。发挥人才、装备、技术、基础设施等方面的有利条件，为地方基础设施和重点工程建设、扶贫帮困和改善民生、生态环境建设贡献力量。科学组织非战争军事行动准备，针对面临的非传统安全威胁搞好战略预置，加强应急专业力量建设，提高遂行反恐维稳、应急救援、安全警戒任务的能力。坚决完成抢险救灾等急难险重任务，保护人民群众生命财产安全。把维护社会大局稳定作为重要任务，坚决打击敌对势力颠覆破坏活动，打击各种暴力恐怖活动。发扬拥政爱民光荣传统，严格遵守国家政策法规，巩固军政军民团结。

（3）推进国防和军队现代化。着眼2020年基本实现机械化并使信息化建设取得重大进展的目标，坚持以机械化为基础，以信息化为主导，广泛运用信息技术成果，推进机械化信息化复合发展和有机融合。拓展和深化军事斗争准备，牵引和带动现代化建设整体发展。深化信息化条件下联合作战理论研究，推进高新技术武器装备建设，发展新型作战力量，着力构建信息化条件下联合作战体系。深入推进机械化条件下军事训练向信息化条件下军事训练转变，加紧实施人才战略工程，加大全面建设现代后勤力度，提高以打赢信息化条件下局部战争能力为核心的完成多样化军事任务能力，全面履行新世纪新阶段军队历史使命。统筹经济建设和国防建设，实行军民融合式发展，建立完善军民结合、寓军于民的武器装备科研生产体系、军队人才培养体系和军队保障体系。积极稳妥地深化国防和军队改革，加强战略筹划和管理，努力推进国防和军队建设科学发展。

（4）维护世界和平稳定。坚持互信、互利、平等、协作的新安全观，主张用和平方式解决地区热点问题和国际争端，反对任意使用武力或以武力相威胁，反对侵略扩张，反对霸权主义和强权政治。按照和平共处五项原则开展对外军事交往，发展不结盟、不对抗、不针对第三方的军事合作关系，推动建立公平有效的集体安全机制和军事互信机制。坚持开放、务实、合作的理念，深化国际安全合作，加强与主要国家和周边国家的战略协作和磋商，加强与发展中国家的军事交流与合作，参加联合国维和行动、海上护航、国际反恐合作和救灾行动。支持按照公正、合理、全面、均衡的原则，实现有效裁军和军备控制，维护全球战略稳定。

第四节 国防法规

2005年3月14日，中华人民共和国第十届全国人民代表大会第三次会议表决通过《反分裂国家法》，为遏制台独，维护台湾和平，促进两岸统一提供了法律依据。《反分裂国家法》通过后，台湾民进党当局进行垂死挣扎，发动了反对立法游行，企图蛊惑岛内人心。但岛内有识之士清醒地认识到，《反分裂国家法》反映出中国政府对和平统一的最大诚意，对促进两岸和平具有巨大作用。

中国统一联盟、中华教授协会、民主团结联盟、海峡两岸和平统一促进会、新同盟会在《联合晚报》头版刊登声明，认为《反分裂国家法》根本是被台湾执政当局逼出来的，因为台湾善良百姓已无力制约"台独"运动，大陆只好以立法制约之。如果陈水扁信守承诺，又何《反分裂国家法》之有？不要"正名制宪"，又何惧《反分裂国家法》？

台湾政治大学、中国文化大学教授邵宗海说，《反分裂国家法》的出台，有三个方面的积极意义：一是让国际社会、台湾民众感到中国大陆对分裂势力有很强的法律约束力；二是代表了巨大民意；三是向国际社会昭示，台湾问题是中国的内政。

台湾著名企业人士、奇美集团创办人许文龙表示，台湾、大陆同属一个中国，胡锦涛主席关于两岸关系的重要谈话和大陆通过《反分裂国家法》，让他心里踏实许多。台湾的经济发展离不开大陆，搞"台独"只会把台湾引向战争。

台湾多个乐团在台北举行音乐会，支持《反分裂国家法》。他们用音乐表达他们爱中国、反分裂的心声："我们是台湾人，也是堂堂正正的中国人，更是骄傲的中国人。"

台湾《中国时报》发表社论说："《反分裂国家法》的十条条文，所谓不排除采取非和平方式只局限于第八条，北京当局甚至还在随后的第九条赶快补充说明即使最后不得不采用非和平手段，仍要尽可能控制伤害，保护一般人的权益，以期降低台湾人民的反感。而除此二条条文外，前列的条文，则是一方面期待与台湾之间深化交流合作关系，另一方面更表达愿与'中华民国'平等协商解决政治上的争议课题。解读这些条文，可以视为是胡萝卜，但何尝不是一次难得实惠的机遇。"

台湾《经济日报》发表社论说，这一个多月之间，台湾与两岸历史剧烈地翻动。我们眼前这跌宕起伏、波澜壮阔的新形势，其实是一个极高明的下棋者布下的一个极精妙的棋局。这一局棋的真正棋手，应该就是胡锦涛3月份的那一记重手——《反分裂国家法》。正是此一举措，开展了其后一连串电光石火般的变化。《反分裂国家法》向全球宣告要以非和平手段对付"台独"行动，包括台湾的基本教义派均深知大势已去，未来将全无再试踩红线、冒险推进边线的空间。但这正表示，翻腾扰攘了十余年的台湾海峡终于再度恢复平静，"台独"危险行径的雷管已被拔除，武力对抗的必要也降至最低。

一、我国国防法规概述

国防法规是由国家立法机关制定并以国家强制力保证其实施的，用于调整国防体制、武装力量建设、国防科技建设、战争动员体制、国防生产、全民防御和国防教育等方面社会关系的法律规范的总称。它是国家国防政策的法律体现，是指导国防活动的行为准则，又是国家法律体系的重要组成部分。根据国家的统一部署，中国武装力量从2001年开始进行第四个五年普法教育活动，主要内容包括学习宪法和国家的基本法律，以及与国防和武装力量建设、履行军队职能、发展社会主义市场经济、官兵切身利益相联系的法律法规等。军事法、战争与武装冲突法等内容已经纳入军事院校的法律课程，并列入部队的训练大纲。

近年来，中国国防法制建设取得积极进展。2000年3月15日第九届全国人民代表大会第三次会议通过的《中华人民共和国立法法》，首次以国家基本法律的形式，对中央军委以及各总部、军兵种、军区的立法权限作出明确规定：中央军委根据宪法和法律，制定军事法规；各总部、军兵种、军区，可以根据法律和中央军委的军事法规、决定、命令，在其权限范围内，制定军事规章；军事法规、军事规章在武装力量内部实施；军事法规、军事规章的制定、修改和废止办法，由中央军委依照该法规定的原则规定。这一规定，确立了军事立法在国家立法体制中的重要地位。

2008年以来，全国人大常委会审议通过《中华人民共和国人民武装警察法》、《中华人民共和国国防动员法》和新修订的《中华人民共和国预备役军官法》。中共中央、中央军委批准发布新修订的《中国人民解放军政治工作条例》。中央军委发布施行新修订的《中国人民解放军内务条令》、《中国人民解放军纪律条令》、《中国人民解放军队列条令》和新一代司令部工作条例。经中央军委批准，总参谋部、总政治部、总后勤部、总装备部发布施行新修订的《军队基层建设纲要》，总政治部发布施行《中国人民解放军思想政治教育大纲》。国务院、中央军委联合公布施行《军服管理条例》、《武器装备质量管理条例》及新修订的《中国人民解放军现役士兵服役条例》，各总部、军兵种、军区和武警部队发布施行一批军事规章。截至2010年12月，全国人大及其常务委员会制定的国防和军事方面的法律及有关法律问题的决定17件，国务院、中央军委联合制定的军事行政法规97件，中央军委制定的军事法规224件，各总部、军兵种、军区和武警部队制定的军事规章3000多件。

为了反对和遏制"台独"分裂势力分裂国家，促进祖国和平统一，维护台湾海峡地区和平稳定，维护国家主权和领土完整，维护中华民族的根本利益，根据宪法，制定《反分裂国家法》。《反分裂国家法》把全体中国人民维护国家统一和领土完整的意愿转化为国家意志，把我们党和国家对台方针政策转化为法律，把反对台独分裂活动的斗争纳入到法制的轨道，对台独分裂活动更具威慑力。

人民解放军和武警部队坚持依法用兵、依法行动。参加抢险救灾的部队，严格执行《中华人民共和国突发事件应对法》、《中华人民共和国防震减灾法》、

《军队参加抢险救灾条例》等法律法规。执行维稳处突任务的武警部队,严格执行《中华人民共和国人民武装警察法》等法律法规。赴亚丁湾、索马里海域执行护航任务和开展海上训练的海军舰艇编队,严格遵守《联合国海洋法公约》等国际条约和中国有关法律法规。参加中外联合军演的部队,坚持在双边或多边条约的法律框架内行动,依法解决演习中涉及的法律问题。

二、我国主要国防法规

(一)《中华人民共和国国防法》

《中华人民共和国国防法》(以下简称《国防法》)于1997年3月14日经第八届全国人民代表大会第五次会议通过,同日由中华人民共和国主席签署的第84号主席令公布,自公布之日起施行。这是中华人民共和国第一部国防方面的基本法,是指导、规范国防和军队建设的基本依据,在国家法律体系中占有重要地位。《国防法》是为建设和巩固国防、保障社会主义现代化建设的顺利进行、根据宪法而制定的,包括总则,国家机构的国防职权,武装力量,边防、海防、空防,国防科研生产与军事订货,国防经费和国防资产,国防教育,国防动员和战争状态,公民、组织的国防义务和权利,军人的义务和权益,对外军事关系,附则,共12章70条。

(二)《中华人民共和国国防教育法》

《中华人民共和国国防教育法》(以下简称《国防教育法》)于2001年4月28日经第九届全国人大常委会第21次会议表决通过,同日由中华人民共和国主席签署的第52号主席令公布施行。该法分为总则、学校国防教育、社会国防教育、国防教育的保障、法律责任、附则,共6章38条。其主要精神包括以下几点:一是指出普及和加强国防教育的重大意义;二是明确了国防教育的方针与原则;三是突出了学校国防教育的组织实施;四是规定了社会国防教育的方法、内容;五是强调了国防教育的保障与法律责任。

(三)《中华人民共和国兵役法》

《中华人民共和国兵役法》(以下简称《兵役法》)于1984年5月31日经第六届全国人民代表大会第2次会议通过,同日由中华人民共和国主席签署的第14号主席令公布;根据2011年10月29日第十一届全国人大常委会第23次会议《关于修改〈中华人民共和国兵役法〉的决定》第3次修正。《兵役法》是国家关于公民参加军队和其他武装组织或在军队外接受军事训练的法律。重新修改的现行《兵役法》共12章74条。它对我国现行的兵役制度,兵员的平时征集与战时动员,士兵与军官的现役和预备役,民兵、预备役人员的军事训练,高等院校和高级中学学生的军事训练,现役军人的优待和退出现役的安置以及对违反《兵役法》的惩处等,都作了明确规定。该法的颁布实施,对完善我国的兵役法规,增强全国人民的国防观念和依法服兵役的意识，加强国防现代化建设具有十分重要的现实意义。它是我国兵役制度的根本大法。

除上述《国防法》、《国防教育法》、《兵役法》之外，我国现行有效的有关国防法律和有关国防法律问题的决定还有：《中华人民共和国国防动员法》、《中华人民共和国军事设施保护法》、《中华人民共和国预备役军官法》、《中华人民共和国人民防空法》、《中华人民共和国香港特别行政区驻军法》、《民兵工作条例》、《中国人民解放军共同条例》、《中国人民解放军军官军衔条例》、《中国人民解放军现役军官服役条例》、《革命烈士褒扬条例》、《军人抚恤优待条例》等。

第五节　武装力量

中华人民共和国武装力量由中国人民解放军、中国人民武装警察部队、民兵组成，由中华人民共和国中央军事委员会领导并统一指挥。

中国人民解放军诞生于1927年8月1日，建立之初仅由陆军组成。它经历了中国工农革命军、中国工农红军、八路军和新四军等阶段，在1946年10月改称为中国人民解放军。经过十年土地革命战争以后，继续了八年抗日战争、四年解放战争，战胜强大的国内外敌人，夺取了中国革命的胜利，作出了巨大的历史贡献。

中国人民解放军是中国武装力量的主体，经过1985年以来的三次大规模裁军，目前的总员额保持在230万以内。解放军由现役部队和预备役部队组成。其中，现役部队是国家的常备军，包括陆军、海军、空军和第二炮兵，主要担负防卫作战任务，必要时可以依照法律规定协助维护社会秩序，中央军委通过总参谋部、总政治部、总后勤部、总装备部对全军实施作战指挥和建设领导。预备役部队是以现役军人为骨干、预备役人员为基础，按规定体制编制组成的部队。预备役部队列入人民解放军序列，平时归省军区（卫戍区、警备区）建制领导，战时动员后归指定的现役部队指挥或单独遂行作战任务。

中国人民武装警察部队组建于1982年，由内卫部队和黄金、森林、水电、交通部队组成，列入武警序列的还有公安边防、消防、警卫部队。武警部队担负着维护国家安全和社会稳定、保卫国家重要目标、保卫人民生命财产安全的任务，战时协助人民解放军进行防卫作战。武警部队属于国务院编制序列，由国务院和中央军委双重领导。

民兵是不脱离生产的群众武装组织。民兵工作在国务院、中央军委领导下，由总参谋部主管，平时担负战备执勤、抢险救灾任务。

一、中国人民解放军

中国人民解放军是中国共产党缔造和领导的人民军队，是中国武装力量的主体。人民解放军由现役部队和预备役部队组成。现役部队是国家的常备军，由陆军、海军、空军和第二炮兵、军队院校和国防科学技术研究机构组成，主要担负防卫作战任务，必要时可以依照法律规定协助维护社会秩序；预备役部队平时按照规定进行训练，必要时可以依照法律规定协助维护社会秩序，战时根据国家发布的动员令转为现役部队。中央军委通过总参谋部、总政治部、总后勤部、总装备部对全军实施作战指挥和建设领导。

（一）陆军

陆军是人民解放军的主要军种，是陆地作战的主力，是人民解放军各军兵种中历史最久、在新中国建立前后的历次作战中发挥最出色的，也是社会主义现代化建设和各种抢险救灾中的中坚力量。

陆军主要担负陆地作战任务，目前没有设置独立的领导机关，领导机关职能由四总部代行，沈阳、北京、兰州、济南、南京、广州、成都七个军区直接领导所属陆军部队。陆军按其担负的任务划分为野战机动部队、海防部队、边防部队、警卫警备部队等。野战机动部队的编制序列一般是：集团军、师（旅）、团、营、连、排、班。海防部队、边防部队和警卫警备部队，根据担负的作战任务和地理条件，确定编组方式。

陆军由步兵、装甲兵、炮兵、防空兵、陆军航空兵、工程兵、防化兵、通信兵等兵种及电子对抗兵、侦察兵、测绘兵等专业兵组成。步兵徒步或乘装甲输送车、步兵战车实施机动和作战，由山地步兵、摩托化步兵、机械化步兵（装甲步兵）组成。装甲兵（坦克兵）以坦克及其他装甲车、保障车辆为基本装备，遂行地面突击任务。炮兵以各种压制火炮、反坦克火炮、反坦克导弹和战役战术导弹为基本装备，遂行地面火力突击任务。

防空兵以高射炮、地空导弹武器系统为基本装备，遂行对空作战任务。

陆军航空兵装备攻击直升机、运输直升机和其他专用直升机及轻型固定翼飞机，遂行空中机动和支援地面作战任务。

工程兵担负工程保障任务，由工兵、舟桥、建筑、伪装、野战给水工程、工程维护等专业部（分）队组成。

防化兵担负防化保障任务，由防化、喷火、发烟等部（分）队组成。

通信兵担负军事通信任务，由通信、通信工程、通信技术保障、航空兵导航和军邮勤务等专业部（分）队组成。

测绘兵作为一个独立的兵种始于1950年，经中央军委决定，测绘兵领导机关在北京正式成立。经过几十年的艰苦奋斗，至20世纪末，人民解放军测绘部队已建立起了完整的军事测绘体系，拥有生产、科研、教育、训练、技术装备、测勤保障等方面雄厚的力量；建立了全国统一的坐标系与高程系；建立了国家天文大地控制网、重力控制网和高精度空间网。测绘部队广泛运用卫星定位、遥感

测量、数字地图和军事地理信息系统等高新技术,军事测绘整体水平和作战测绘保障能力显著提高。

抗洪抢险专业应急部队是我军承担抗洪抢险任务的重要突击力量,具有组织严密、技术过硬、反应迅速、突击力强的优势,在抢险救灾中发挥着打头阵、当骨干的特殊作用。自1998年30万解放军官兵和人民群众一起以血肉之躯战胜了特大洪水之后,总参谋部就决定,在工程兵部队的基础上,打造一支具备抗洪专业技能的力量,改变往日的人海战术。2000年,总参谋部确定一批工兵和舟桥专业部队为抗洪抢险专业应急部队。确定抗洪抢险专业应急部队在我军历史上尚属首次。这批抗洪抢险专业应急部队,是总部在不增加编制员额、不改变原有战备训练任务、不改变现行领导指挥关系的前提下确定的。这些部队在训练中增加了抗洪抢险专业技术训练内容和综合演练,已建设成为装备精良、技术先进、训练有素、专业娴熟、反应快速、抢险救灾能力强,既能进行各种作战工程保障,又能完成抗洪抢险任务的专业应急突击力量。作为人民解放军非战争行动训练的主要内容之一,抗洪抢险已正式列入自2002年起全面实施的我军新一代军事训练与考核大纲。

至2002年5月,沈阳军区某集团军工兵团等19支工程兵部队被解放军总参谋部确定为抗洪抢险专业应急部队,担负着全国长江、黄河、淮河、海河、珠江、闽江、松花江和辽河等七大流域、九条江河和两大湖泊的抗洪抢险任务。在抗洪抢险中,他们将主要运用专业技术和装备器材,完成危工险段堤防的险情探查、护坡抢险、封堵决口以及水上救护、爆破分洪等急、难、险、重任务。参加抗洪抢险时,他们将统一佩戴由"钩镐与船桨"和"KHYJ"字母组成的红色臂章。

（二）海军

海军是人民解放军中以舰艇部队和海军航空兵为主体的部队,其主要任务是独立或协同陆军、空军防御敌人从海上的入侵,保卫领海主权,维护海洋权益。海军是海上作战的主力,具有在水面、水中、空中作战的能力。几十年来,在党中央、中央军委的正确领导下,人民海军不断发展壮大。陆续组建了海军水面舰艇部队、海军潜艇部队、海军航空兵部队、海军岸防部队和海军陆战部队等五大兵种体系。此外,海军还陆续组建了各种专业勤务部队,包括观察、侦察、通信、工程、航海保障、水文气象、防险救生、防化、后勤供应和装备修理等部队,其任务是保障海军各兵力顺利进行战斗活动。

从1978年开始,人民海军进入现代化建设的新时期。以邓小平同志为核心的党的第二代领导集体,科学地分析了国际、国内形势及其发展趋势,领导我军建设完成了战略性的转变。邓小平同志指出要"建立一支强大的具有现代战斗能力的海军",进一步明确了人民海军建设的根本要求。以江泽民同志为核心的第三代领导集体对新形势下的海军建设与发展更予以高度重视，号召要"建设祖国的海上长城"。1995年10月，军委主席江泽民等军委领导集体视察海军部队、观看海上演习并作重要指示，进一步为新时期的海军建设指明了方向，使海军的现代化建设进入一个新的发展时期。2008年4月9日，军委主席胡锦涛在视察海军部队时，要求海军在新的起点上又好又快发展，为建设一支与履行新世纪新阶段我军历史使命要求相适应的强大的人民海军而努力奋斗。这个战略目标的提出，为人民海军的世纪远航，描绘了新的宏伟蓝图。胡锦涛指出，要锻造适应我军历史使命要求的强大人民海军。

首先，在武器装备建设方面有了长足发展。以新型驱逐舰、新型潜艇、新型战斗机为代表的新一代主战装备，以及与其相配套的新型导弹、鱼雷、舰炮，电子战装备等武器系统陆续交付使用。现在，人民海军已拥有导弹驱逐舰、导弹护卫舰、导弹护卫艇、导弹快艇、猎潜艇、常规潜艇和核潜艇等主战舰艇，质量不断提高。海军航空兵现已装备了轰炸机、巡逻机、电子干扰机、水上飞机、运输机等勤务飞机。海防导弹形成系列，不仅有岸对舰导弹、舰对舰导弹，还有舰对空导弹、空对舰导弹、空对空导弹等。

其次，在后勤保障方面已初步形成现代化保障体系。目前，已建成一批"军港城"、"机场网"、"仓库群"；完成了潜艇基地、水面舰艇基地和西沙群岛、南沙群岛、驻香港舰艇大队后方基地等一批重点建设工程。海军后勤部队拥有的大型油水船、测量船、打捞救生船、运输船、拖船、医院船等多种勤务舰船的吨位比20世纪70年代增加了2倍。

再次，科研成果大量应用于装备建设中。改革开放后，海军积极利用国内的先进科技成果和有选择地引进国外新技术，对现役装备加以改进，提高研制装备的起点，取得科研成果8000多项。这些科研成果被应用到装备建设当中，实现了直升机上舰、电子战上舰、新型舰炮上舰、战术软件上舰、深水炸弹反潜武器系统化、舰舰导弹超视距、鱼雷加装智能头、护卫舰全封闭等几十项关键技术的突破，海军装备的战斗力水平成倍增长。

同时，人民海军在支援国家经济建设和支持国家海洋事业发展中亦起到重要作用。为了国家经济建设的需要，海军先后出动舰船20多万艘次，完成了大量海上抢险救灾、护渔护航、保障海洋科研、支援海上运输和海洋工程建设、进行海洋测量和海洋大气观测、建设无线电导航系统和其他各种助航标志等任务，为国家海上交通、海洋开发建设事业创造了有利的条件。

海军下辖北海、东海、南海三个舰队和海军航空兵部。舰队下辖基地、水警区、舰艇支队、舰艇大队等。

1. 海军水面舰艇部队

海军水面舰艇部队兵力包括驱逐舰、护卫舰、导弹艇、鱼雷艇和各种勤务舰

船等。编有战斗舰艇部队和勤务舰船部队,具有在海上进行反舰、反潜、防空、水雷战和对岸攻击等作战能力。水面舰艇是海上重要作战力量。1949年11月,人民海军第一支护卫舰部队组建;1951年10月,人民海军第一支鱼雷快艇部队组建;1954年,人民海军第一支驱逐舰部队组建。经过60年的建设发展,人民海军水面舰艇部队综合作战能力得到大幅提升。改革开放以来,海军水面舰艇部队进入飞速发展阶段。第二、三代导弹驱逐舰、护卫舰、新型导弹快艇、大型登陆舰、扫雷舰、远洋综合补给舰相继装备部队。目前,海军三个舰队已拥有数十支驱护舰支队、快艇支队、登陆舰支队和作战支援舰支队。三级以上战斗舰艇达数百艘,吨位是20世纪80年代的5倍以上。

2. 海军潜艇部队

海军潜艇部队兵力包括常规动力潜艇、核潜艇等。编有常规动力潜艇部队和核动力潜艇部队,具有水下攻击和一定的核反击能力。担负战略核反击任务的核动力潜艇部队直接由中央军委指挥。潜艇是水下重要突击力量,也是人民海军重点发展建设兵种。1954年6月,人民海军第一支潜艇部队宣告诞生。经过60年的建设与发展,海军潜艇部队已发展成为包括常规动力潜艇和核动力潜艇在内的强大水下突击力量,数量和总吨位比初建时期增长了数十倍,并实现了由数量规模型向质量效能型转变。潜艇水下高速、长航、突防、大深度布雷等训法战法得到检验。海军潜艇部队水下突防能力明显增强。

1971年,我国自行设计研制的第一代常规潜艇下水。1974年,我国第一艘核潜艇服役。1983年,我国第一艘弹道导弹核潜艇服役。

3. 海军航空兵部队

海军航空兵部队编有轰炸航空兵,歼击轰炸航空兵,强击航空兵,歼击航空兵,反潜航空兵,侦察航空兵部队和警戒、电子对抗、运输、救护、空中加油等保障部(分)队,具有侦察、警戒、反舰、反潜、防空等作战能力。其编制序列为:航空兵部,舰队航空兵,航空兵师、团。作为现代化海军的重要组成部分,海军航空兵所有战斗团都能担负跨区机动作战任务。

1952年6月,航空兵第一师在上海成立。到1955年底,海军航空兵已拥有各型飞机515架,基本形成了以岸基航空兵为主的海空作战防御体系。1980年1月3日,随着海军舰载直升机首次着舰的成功,海军航空兵实现了由岸基向舰载的突破。20世纪90年代,"飞豹"歼击轰炸机、电子侦察机、反潜机、预警巡逻机、空中加油机陆续装备部队,拓展了海军航空兵的活动范围,并为海军水面舰艇部队夺取制海权奠定了全方位的支撑。随着第三代战机陆续装备部队,航空兵部队的应急机动、舰机协同、空中格斗、低空突防、远程攻击、精确打击能力显著提高,所有战斗团都能担负跨区机动作战任务,担负战备值班的飞行员全部进行过导弹实弹射击训练。

4. 海军岸防部队

海军岸防部队是部署在沿海重要地段、参加沿岸防御作战的兵种。编有岸舰导弹部队和海岸炮兵部队,具有海岸防御作战能力。1950年10月,第一个海岸炮兵营在青岛组建,至1951年底海军共组建了13个海岸炮兵团;20世纪60年代,海岸导弹部队诞生,岸防部队实现导弹化,导弹部队逐渐取代高炮部队。20世纪80年代初,各型岸舰导弹逐步更新为机动式岸舰导弹。随着突防能力更强、智能化程度更高、射程更远、抗干扰能力更强的新一代岸舰导弹全面装备部队,海军岸防部队逐步成为既具备要地防空、近海防空的能力,又能够有效支援其他军兵种实施进攻的新型兵种。海军岸防部队已全面实现导弹化。

5. 海军陆战队

海军陆战队是担负登陆作战任务的兵种,为海军第五个兵种。编有陆战步兵、炮兵、装甲兵、工程兵及侦察、防化、通信等部(分)队,是实施两栖作战的快速突击力量。

1954年12月,海军成立第一个陆战师。后因任务变动,于1957年撤销。1979年重新组建的海军陆战队,由装甲部队、潜水部队、防化部队、两栖特战队等组成。经过严格训练的海军陆战队员,不仅会操作各类步兵自动武器、水陆坦克、两栖装甲运输车、多种口径的自行火炮、反坦克导弹等装备,还成为多种特战武器的操作能手。随着新型两栖坦克、装甲车及特种装备全面列装,海军陆战队的战斗力得到全面提升,多次在全军、海军组织的大型演习和中外联合演习中展示锋芒,成为名副其实的"陆上猛虎、海上蛟龙"。2008年5月14日,海军陆战队某旅2750名官兵,43小时摩托化行军1853公里,赴四川地震灾区遂行抢险救灾任务。这是人民海军首次派特种作战部队依靠自我保障成建制实现千里机动。

(三)空军

中国人民解放军空军是同新中国一起诞生的。新中国成立前夕,解放军担负防空作战任务的部队只有1个飞行中队和8个野战高射炮团。1949年3月,为统一领导全国的航空工作,中共中央决定成立军委航空局,隶属于军委作战部。1949年7月,中共中央和毛泽东主席正式决定建立中国人民解放军空军。7月6日,中央军委决定设立中国人民解放军空军司令部。10月25日中央军委正式任命刘亚楼为空军司令员,肖华为空军政治委员兼政治部主任,王秉璋为空军参谋长。11月11日,中央军委致电各军区、各野战军:中国人民解放军空军司令部现已宣布成立,原军委航空局着即取消。以后把11月11日定为人民空军成立日。

空军领导机关组成后,随即从陆军调来整师整团的部队组成空军部队,首先开始创办航校。从1949年12月至1950年2月,以从陆军调来的建制部队、优

秀指挥员和原东北航校的人员为骨干，吸收了一批知识分子和原国民党航空技术人员参加，新办起了第一批共6所航校，加紧培训航空学员。1950年6月，以航校第一期速成班毕业学员为主，组建了由歼击、轰炸、强击、侦察、运输等航空兵师、团和新的航空院校，并以各大军区航空处为基础，成立了各军区空军领导机关。于是人民空军在短期内就成为一支组织严密、富有战斗力的新军种。

人民解放军空军的主要任务是组织国土防空，保卫国家领空和重要目标的空中安全；组织相对独立的空中进攻作战；在联合战役中，独立或协同陆军、海军和第二炮兵作战，抗击敌人从空中入侵，或从空中对敌实施打击。

人民空军经过几十年的建设，已发展成由航空兵、地空导弹兵、空降兵、雷达兵、通信兵等多兵种合成的战略军种。

1．航空兵

航空兵是人民空军的主体，包括歼击航空兵，强击航空兵，轰炸航空兵，运输航空兵，侦察航空兵和预警、加油、电子战、搜救等各种专业航空兵部队。

航空兵，长于进攻，出击准确，机动快速，反应迅即，是世界各国维护国家利益、彰显国家意志的首选利器，被誉为位于"战争食物链"最顶端的空中雄鹰。

1950年6月19日，人民空军第一支航空兵部队——空军第4混成旅在南京大校场成立。抗美援朝战争中，人民空军航空兵一步跨入喷气时代，部队规模迅速扩大，先后组建28个航空兵师、70个航空兵团、7所航空学校，配备各型飞机3000余架。

60年来，航空兵经历了抗美援朝、国土防空、解放沿江岛屿、入闽作战、南疆边境作战等一系列战斗的考验，完成了重大战备、演习、演练、支援国家和地方建设等行动任务。从抗美援朝建立"米格走廊"到抗震救灾锻造"空中生命线"；从一江山岛战役空中支援到"和平使命"系列军演联合作战……每逢执行重大任务，空军航空兵都全程使用，用之必胜，取得了辉煌的战绩。

历经60年的发展特别是改革开放30年以来，空军航空兵部队的兵力结构不断优化，一大批新型歼击机、强击机、轰炸机等主力作战飞机陆续列装，预警指挥机、空中加油机等作战支援飞机相继服役，人民空军航空兵武器装备从机械化向信息化快速转型，与世界发达国家空军装备技术水平的差距明显缩减。

进入新世纪新阶段，根据攻防兼备的战略要求，人民空军航空兵着力提升信息化条件下的空中进攻作战能力、远程精确打击能力和战略投送能力。2007年6月，空军航空兵首次组织大型运输机与歼轰机混合编队，长途奔袭5小时，航程4000多公里，在复杂背景下成功实施机动演练，标志着部队远程快速投送能力显著提高。2009年6月，100余架空军战机在多个机场同时升空，从不同方向奔袭南疆远海深处，歼击机、强击机等主战飞机实施战斗巡逻，干扰机、加油机等作战支援飞机进行策应掩护，新型战机经多次空中加油后首次巡航祖国最南端，标志着我空军航空兵大机群多机种远海空中作战能力取得了新的突破。

目前，除担负改装任务的部队外，空军航空兵战斗团全部达到甲类标准，具备了全疆域一体化打击能力。

2. 地空导弹兵

1958年10月6日，人民空军地空导弹兵第一营正式成立。第二年10月7日，担负战备仅半个月的人民空军地空导弹兵就打下了入侵我领空的敌RB-57D型高空战略侦察机，开创了世界防空史上首次使用地空导弹击落飞机的战例。1962年至1966年，人民空军地空导弹兵连续击落5架入侵我领空的敌U-2型高空战略侦察机，创世界各国击落U-2飞机的最高纪录。

20世纪60年代中期以来，国产地空导弹武器系统陆续装备部队，人民空军地空导弹兵数量规模不断发展壮大。近10年来，随着国外新型系列防空武器系统和指挥自动化系统的引进、国产新型防空兵器的研制成功，人民空军地空导弹兵已经发展成为一支具有高中低空、远中近程防空火力配系的现代化高技术兵种，信息化作战能力大幅提升，具备了一定的反导能力和抗击多目标能力，开始由防空型向空天防御型转变。

3. 空降兵

空降兵是现代化立体战争中的重要力量，是一支能超越地面障碍、实施远距离奔袭、全方位快速机动作战的部队。人民空军空降兵始建于1950年7月，开始称空军陆战旅，后改称空降兵师。1961年5月，中央军委决定将陆军第十五军改编为空降兵军。

空降兵是一个合成兵种，编有步兵、炮兵、航空兵、通信兵、侦察兵、工程兵、防化兵等27个专业兵种。2000年以来，空降兵正在实现由单一伞降作战力量向空地合成作战力量转型，陆续装备了伞兵突击车，伞兵战斗车，自行榴弹炮，自行火箭炮，反坦克导弹发射车，系列化伞降专用设备，大中型运输机，武装直升机，运输直升机，指挥自动化系统和卫星定位、导航、通信系统，初步实现了主战装备机械化、作战装备空降化、战场机动立体化，作战能力向空中机动作战、空中特种作战、地面突击能力拓展。2008年9月，内蒙古某训练场，在36个国家113名军事代表的注视下，近百名空降兵随战车火炮从天而降，首次实现人与重型装备"一体空降"，标志着空降兵彻底改变了"一人一伞一杆枪"、轻武器加迫击炮的轻装模式，远程快速机动突击能力跃上新的台阶。

目前，人民空军空降兵已经发展成为一支能够全方位快速机动、在多种复杂地形条件下成建制空降、远距离独立作战的突击力量。

4. 雷达兵

人民空军雷达兵是国家空中情报预警系统的主体，是守卫祖国蓝天的"千里眼"。从滴水成冰的北国到炎热潮湿的南疆，从号称"生命禁区"的雪域到人迹罕至的小岛，从飞沙走石的荒漠到虫蛇肆虐的丛林，处处都有人民空军雷达兵战斗的身影。他们特别能吃苦，特别能奉献，特别能战斗，用青春和生命为祖国筑起坚不可摧的"第四维屏障"。

自组建至今，人民空军雷达兵先后参加了国土防空、抗美援朝、抗美援越等重大作战任务，保障部队击落、击伤敌机上千架，为夺取空中作战和防空作战的胜利发挥了重大作用。在保障训练飞行、实兵演习、抢险救灾、奥运安保等日常战备任务方面，人民空军雷达兵也作出了重大贡献。2008年汶川地震救灾中，第一支在灾区展开救援的部队就是人民空军雷达兵。

经过60年的发展建设，人民空军雷达兵实现了"五大转变"：第一，组织体系由单一兵种保障向诸军兵种联合保障转变；第二，探测形式由单一探测手段向多种探测手段、由平面探测向立体探测转变；第三，兵力部署由要地防空向攻势防空、尽远保障转变；第四，情报保障由单一固定部署的静态保障向固定、机动、隐蔽部署相结合的动态保障转变；第五，雷达组网由树状结构向网状结构转变。

目前，人民空军雷达兵已经在全国范围内构建了比较严密的雷达网，建立了能够遂行多种任务的联合空情预警探测系统，基本具备了探测全域、全频、多维空间、多类目标的能力。

5．通信兵

人民空军通信兵是担负空军通信、保障空军指挥的一支重要兵种。无论是作战、演习、训练，还是处理日常工作和应对突发事件，都离不开昼夜值勤的通信兵。

20世纪90年代以来，人民空军通信兵地位和作用发生了巨大变化，逐渐由传统的保障力量发展成为高技术的信息作战兵种，成为空军部队信息化建设的"排头兵"和推进空军转型建设跨越式发展的重要力量。除基本形成以各级指挥所为中心、以机场为基点、各种通信导航手段相结合、稳定可靠的通信导航保障网络外，还相继建设完成战略、战役、战术三级指挥自动化系统，并实现三级联网、多兵种一体化综合集成；情报保障网、指挥控制网、武器交链网和通信基础网高度融合，指挥信息系统实现扁平化；通信装备向集约化、系统化、一体化发展，初步搭建起集作战值班、战役指挥、远程控制为一体的信息平台。

目前，人民空军通信兵拥有超短波、短波、微波、卫星通信等多种通信手段，实现了通信网络的全疆域覆盖，战机飞到哪里，语音信息和数字信息就能传递到哪里。

6．其他兵种

人民空军除以上传统五大兵种外，主要兵种还有电子对抗兵、防化兵等。

空军电子对抗兵是对敌实施电子对抗侦察、电子干扰和反辐射攻击的专业力量，包括航空电子对抗部队和地面电子对抗部队。20世纪70年代，人民空军组建第一支电子对抗部队，90年代形成空军电子对抗专业兵种。人民空军电子对抗兵装备电子干扰飞机、无人机和反辐射导弹，以及雷达对抗装备、通信对抗装备和光电对抗装备。未来战争，制信息权争夺激烈，信息战、电子战将贯穿作战全过程，电子对抗部队在空军的地位作用不断上升，在空军兵力结构中的比重将进一步增大，反辐射攻击手段和各类电子对抗装备将得到更快发展，成为一支举足轻重的作战力量。

空军防化兵担负着防化保障和喷火、发烟任务，以及核、化学事故应急救援任务。1951年人民空军开始在场站设立防化分队，之后逐步建立起各级防化部门和防化部队，以及防化科研、训练和装备修理机构。在我国进行的历次核试验中，人民空军防化兵担负了空中辐射测量、核试验烟云取样和飞机洗消等任务。目前，人民空军实行以指挥机构和航空兵机场为保障重点，以群众性防护为基础、专业兵保障为骨干、群专结合的防化保障模式。

（四）第二炮兵

中国人民解放军战略导弹部队（第二炮兵，简称"二炮"），由地地战略核导弹部队、战役战术常规导弹部队及相应保障部（分）队组成，是一支由中央军委直接领导指挥的战略性兵种。现已初步形成核常兼备、射程衔接、威力和效能明显增强的武器装备体系，具备精确、机动、全天候的战略反击本领。

第二炮兵是伴随着我国"两弹一星"成功的步伐而诞生的。1956年，中共中央做出了研制"两弹一星"的重大战略决策；1957年，负责培训战略导弹部队指挥干部和技术干部的"炮兵教导大队"在国防部第五研究所正式组建；1959年，中国第一支战略导弹部队"地地导弹营"成立，这是我国战略导弹部队的雏形，被周恩来总理称为"东风第一枝"，同时，"西安炮兵学校"开始为战略导弹部队培养高技术人才；1960年，我国仿制的第一种地地导弹"东风一号"试验发射成功，标志着战略导弹部队战斗力基本形成。

1966年7月1日，中央军委发布命令，宣告第二炮兵正式成立。第二炮兵的名字是由周恩来总理亲自命名的，后来它被世人称作中国战略导弹部队。同年7月4日，中央军委下达毛泽东主席签发的任命书——任命向守志为第二炮兵司令员，李天焕为政委。同年10月，战略导弹部队用我国自行研制的地地导弹"东风二号"，成功地完成了导弹与核武器结合试验，结束了我国"有枪无弹"的历史，我国导弹核力量由此形成。

20世纪70年代中期，中国战略导弹部队组织了规模宏大的导弹团远距离机动作战实弹发射演习。1978年以后，第二炮兵进入了以现代化建设为中心任务的新时期。1980年，我国在太平洋海域成功进行了洲际运载火箭的全程飞行试验；随后，第二炮兵使用导弹武器进行了首次战役合成训练演习；1984年，第二炮兵开始担负战备值班任务；同年10月1日，第二炮兵第一次公开接受检阅。进入20世纪90年代，根据世界战略形势的发展变化，中央军委果断决策在第二炮兵组建地地常规导弹部队。

1996年3月，第二炮兵接受了中央军委赋予的向东南海域进行导弹发射的训练任务。这是"二炮"首次公开展示其战斗力。

1999年8月2日，新华社向世界庄严宣布，中国在本国境内成功地进行了一次新型远程地地导弹发射试验。这是中国战略导弹部队迈向现代化、实现质量建设的重要标志。

1999年10月1日，当第二炮兵受阅方队再次走过国庆五十周年的天安门广场时，人们发现，中国的战略导弹家族变大了，导弹的个头变小了。这一变化，标志着中国战略导弹部队现代化建设实现了历史性的进展。

近年来，中国战略导弹部队取得了近千项科技成果。"导弹自动化测试系统"的研制成功，使部队测探技术一步跨入世界先进行列；"导弹控制系统"、"电子化指挥系统"、"通用文电处理系统"等重要系列成果，填补了不同型号导弹旅固定和机动作战电子化指挥的空白。在气象、测地、防化、后勤保障等方面也取得了一大批成果，这些成果有90%以上得到推广应用。经过20年的发展，中国战略导弹部队武器装备初步形成固体与液体并存，核导弹与常规导弹兼有，近程、中程、远程和洲际导弹齐备的武器系列。

伴随着现代化建设水平的不断提高，全部队初步形成了专业门类齐全、保障能力较强、发挥作用明显、具有相当规模、与现代化武器装备相适应的导弹专业人才队伍。据统计，"二炮"干部队伍大专以上学历占82%，科技干部占干部总数的一半以上。

在新的历史时期，胡锦涛主席着眼时代发展和国家战略全局，强调指出要努力建设一支与我国大国地位相称、与履行新世纪新阶段我军历史使命相适应的强大的战略导弹部队，为维护国家主权、安全和发展利益提供坚强有力的战略支撑和保障。

（五）预备役部队

预备役部队是以现役军人为骨干、预备役官兵为基础，按照军队统一的体制编制组成的武装力量，是中国人民解放军的组成部分，是国防后备力量建设的重点，实行军队与地方党委、政府双重领导制度。

预备役部队平时按照规定进行训练，必要时可以依照法律规定协助维护社会秩序，战时根据国家发布的动员令转为现役部队。

预备役部队组建于1983年，经过多年的改革、建设和发展，已成为一支由陆军、海军、空军和第二炮兵预备役部（分）队组成的重要后备力量。其中，陆军预备役部队主要由步兵、炮兵、高射炮兵、反坦克炮兵、坦克兵、工程兵、防化兵、通信兵、海防兵、电磁频谱管理兵等兵种、专业兵组成；海军预备役部队主要由侦察、扫雷布雷、雷达观通等专业兵组成；空军预备役部队主要由地空导弹兵、雷达兵、场站等专业兵组成；第二炮兵预备役部队主要由导弹专用装备保障和特种装备维修专业兵组成。

预备役部队根据军队建制实行统一的编制，编有预备役师、旅、团，并建有相应的领导机关，主要按地域进行编组，以省建师、以地（州、市）建旅（团）或跨地（州、市）建师（旅）、跨县（市、区）建团。现役军人主要编配各级军政主管、部门主要领导、部分机关人员和专业技术骨干。预备役军官主要从符合条件的退伍军人、地方干部、人民武装干部、民兵干部、地方与军事专业对口的技术人员中选配；预备役士兵主要从符合服士兵预备役条件的退伍士兵、经过训练的基干民兵和地方与军事专业对口的人员中选编。预备役官兵每年一般进行240小时的军政训练。此外，预备役官兵中还有部分预编到现役部队专业技术岗位，战时动员后跟随现役部队遂行军事任务。

中国最早于1955年开始建立预备役部队。按照国防部发布的《关于组织预备役师命令》，先后在成都、武汉、昆明、兰州等军区组建了一批预备役部队，接受预编了十几万预备役士兵。1957年预备役师被取消。党的十一届三中全会以后，为了加强国防现代化建设，提高战时快速动员能力，中央军委借鉴国外的先进经验，结合中国国情、军情，决定恢复预备役制度，在全国有计划地组建了一批预备役师、团。从1983年起，沈阳军区、北京军区等单位开始着手组建预备役部队。1983年5月，总参谋部发出通知，明确预备役部队实行统一编制，有关师、团均授予相应的军旗一面，并授予番号，按规定刻制印章。从此，中国预备役部队开始了全面建设时期。

进入20世纪90年代，预备役部队已由当初的单一步兵发展成为拥有步兵、炮兵、装甲兵、工程兵、通信兵、防化兵在内的诸兵种合成的一支强大的国防力量。1995年9月10日，第八届全国人大常委会通过了共和国第一部《预备役军官法》。这部法律的颁布实施，标志着中国预备役军官队伍建设已走上了法制轨道。1996年4月，根据《预备役军官法》的规定，中央军委发出《关于评定授予预备役军官军衔工作的指示》，决定于当年为全国预备役军官评授军衔。之后，第一批预备役军官授衔工作在全国陆续展开，数万名预备役军官被授予军衔。

二、中国人民武装警察部队

中国人民武装警察部队同中国人民解放军一样，都是中国共产党领导的国家武装力量。中国人民武装警察部队由内卫部队和黄金、森林、水电、交通部队组成，列入武警序列的还有公安边防、消防、警卫部队。内卫部队由各总队和机动师组成。武警部队根据人民解放军的建军思想、宗旨、原则，按照其条令、条例和有关规章制度，结合武警部队特点进行建设，执行《中华人民共和国兵役法》，享受人民解放军的同等待遇。

中国人民武装警察部队其前身为人民边防武装警察部队。建国初期，国家建立了全国统一的各级人民公安机关及公安武装，以后其名称和领导体制几经变化。1951年，中央军委曾决定将全国内卫边防、地方公安部队改编为中国人民解放军公安部队，由中央军委管辖。1957年，中共中央决定将"公安军"更名为"中国人民公安部队"。1958年，中共中央和中央军委决定，将中国人民公安部队改编为人民武装警察。1963年，中共中央批准罗瑞卿所作的《关于人民武装警察部队改名为公安部队问题的报告》。改名后，其建制属公安部，由中央军委和公安部双重领导。1979年7月31日，中共中央批准乌兰夫在全国边防工作会议上的报告。其中指出，要把现行的义务兵役制与地方职业民警制两种体制统一起来，一律实行义务兵和志愿兵相结合的体制，组成一支统一的边防武装警察队伍。此后，人民边防武装警察即按人民解放军的条令、条例进行建设。

1982年6月19日，根据《中共中央批转公安部党组〈关于人民武装警察管理体制问题的请示报告〉的通知》精神，中国人民解放军担负地方内卫任务及内卫值勤的部队移交公安部门，同公安部门原来实行义务兵役制的边防、消防等警种统一起来，重新组建中国人民武装警察部队（后来根据形势需要，将交通、水电、黄金三支基建部队一并编为武警系列）。1983年4月，中国人民武装警察部队总部在北京成立，李刚任中国人民武装警察部队首任司令员，公安部部长赵苍璧兼任首任政治委员。

武警部队由国务院、中央军事委员会双重领导，实行统一领导与分级指挥相结合的体制，设总部、总队（师）、支队（团）三级领导机关。武警总部是武警部队的领导指挥机关，领导管理武警内卫部队和黄金、森林、水电、交通部队。在中国各级行政区划内，省级设武警总队，地区级设武警支队，县级设武警中队。在执行公安任务和相关业务建设方面，武警部队接受同级公安部门的领导和指挥。中国人民武装警察部队总部设在北京，各省（市、区）设有武警总队（师级），各地（市、州、盟）设有武警支队（团级），各县（市）设有武警大队（营级）或中队（连级）。

2009年8月27日，全国人大表决通过了《中华人民共和国人民武装警察法》。首次对武装警察的任务、职责、义务和权利等，通过法律形式予以明确和规范。人民武装警察部队担负国家赋予的安全保卫任务以及防卫作战、抢险救灾、参加国家经济建设等任务。执行安全保卫任务，主要包括国家规定的警卫对象、目标和重大活动的武装警卫；关系国计民生的重要公共设施、企业、仓库、水源地、水利工程、电力设施、通信枢纽的重要部位的武装守卫；主要交通干线重要位置的桥梁、隧道的武装守护；监狱和看守所的外围武装警戒；直辖市、省、自治区人民政府所在地的市，以及其他重要城市的重点区域、特殊时期的武装巡逻；协助公安机关、国家安全机关、司法行政机关、检察机关、审判机关依法执行逮捕、追捕、押解、押运任务，协助其他有关机关执行重要的押运任务；参加处置暴乱、骚乱、严重暴力犯罪事件、恐怖袭击事件和其他社会安全事件；国家赋予的其他安全保卫任务。

三、中国民兵

民兵是中国共产党领导下的不脱离生产的群众武装组织，是人民解放军的后备力量，是中华人民共和国武装力量的组成部分，是进行现代条件下人民战争的基础。民兵工作在国务院、中央军委领导下，由总参谋部主管。民兵在军事机关的指挥下，战时担负配合常备军作战、独立作战、为常备军作战提供战斗勤务保障以及补充兵员等任务，平时担负战备执勤、抢险救灾和维护社会秩序等任务。

中国民兵产生于第一次国内革命战争时期，伴随着中国革命和建设进程不断发展壮大，始终是我党领导的"三结合"武装力量的重要组成部分。革命战争年代，民兵为人民解放、民族独立和新中国的建立作出了巨大的贡献。新中国成立后，民兵在建设祖国、保卫祖国中发挥了重大作用。中国国防法规定："中华人民共和国武装力量，由中国人民解放军现役部队和预备役部队、中国人民武装警察部队和民兵组成。"这就从法律上确立了中国民兵在武装力量体制中的战略地位。民兵的作用主要表现在三个方面：参加社会主义现代化建设，带头完成生产任务；担负战备勤务，保卫边疆，维护社会治安；随时准备参军参战和支前，抵抗侵略，保卫祖国。

按照《中华人民共和国兵役法》的规定，凡年满18岁至35岁符合服兵役条件的男性公民，除征集服现役者外，编入民兵组织服预备役。民兵分为基干民兵和普通民兵。28岁以下退出现役的士兵和经过军事训练的人员，以及选定参加军事训练的人员，编为基干民兵。其余18岁至35岁符合服预备役条件的男性公民，编为普通民兵。根据需要，也可吸收女性公民参加基干民兵。农村的乡镇、行政村，城市街道和具有一定规模的企业事业单位，是民兵的基本组建单位。基干民兵单独编组，在县级行政区内的民兵军事训练基地集中进行军事训练，目前编有应急分队和高炮、高机、便携式防空导弹、地炮、通信、防化、工兵、侦察等专业技术分队。

为使民兵在遇有情况时能够招之即来，中国政府建立了民兵战备制度，定期在民兵中开展以增强国防观念为目的的战备教育，有针对性地按战备预案进行演练，提高执行任务的能力。

民兵干部和基干民兵的训练原则上由县（市、区）人民武装部组织实施。根据训练大纲的要求，干部训练时间为30天，一般在一年内完成；民兵训练时间为15天，一次完成。通过训练，干部具备相应的军事技能和组织指挥能力，并提高开展本职工作的能力；民兵学会使用手中武器装备，掌握基本军事技能；分队能担负一般战斗任务。民兵干部主要进行本级指挥和教学法训练，基干民兵主要进行技术和战术基础训练。专业技术兵的训练时间根据需要适当延长，一般比步兵训练时间多一些。为适应训练发展的需要，全国目前已建设了许多县级民兵训练基地，民兵大部分基地实施集中训练。根据需要，还组建了一批专业技术训练中心。这些基地和中心都达到了能吃、能住、能训练的要求。在训练手段上，大力推广电化教学和模拟训练，实施形象、直观教学，训练质量有较大提高。在训练中注意突出重点，民兵干部、应急分队和专业技术分队的训练得到了进一步加强。

在新世纪、新阶段，坚持在积极推进中国特色军事变革中提高民兵建设的整体质量，是时代赋予民兵建设的一项新的任务。质量是民兵建设的核心和灵魂，提高质量是深化民兵改革的根本目的。近年来，中国民兵建设坚持在改革中提高质量、在创新中寻求发展，创造了许多成功经验。特别是党中央、国务院、中央军委下发的一系列文件指示，科学揭示了新形势下民兵质量建设的基本规律，系统提出了新世纪、新阶段深化民兵工作改革的对策措施，解决了民兵建设与发展中的一系列深层次问题。

第六节　国防动员

国防法第四十四条规定：中华人民共和国的主权、统一、领土完整和安全遭受威胁时，国家依照宪法和法律规定，进行全国总动员或者局部动员。战争动员，按规模可分为总动员和局部动员。总动员是在全国范围内所进行的全面动员；局部动员是在部分地区或部门进行的动员。

依照宪法和有关法律，全国人大常委会决定全国总动员或者局部动员。国家主席根据全国人大常委会的决定，发布动员令。国务院、中央军委共同领导全国的国防动员工作，制定国防动员的方针、政策和法规，根据全国人大常委会的决定和国家主席发布的动员令，组织国防动员的实施。国家的主权、统一、领土完整和安全遭受直接威胁必须立即采取应对措施时，国务院、中央军委可以根据应急处置的需要，采取必要的国防动员措施，同时向全国人大常委会报告。

地方人民政府贯彻和执行国防动员工作的方针、政策和法律、法规，组织本行政区域国防动员的实施。县级以上人民政府有关部门和军队有关部门在各自的职责范围内，负责有关的国防动员工作，按照职责落实国防动员计划和国防动员实施预案。

国家、军区和县级以上地方人民政府均设立国防动员委员会。国家国防动员委员会在国务院、中央军委的领导下，负责组织、指导、协调全国的国防动员工作，主任、副主任由国务院、中央军委领导兼任，委员由国务院有关部委和军队各总部有关领导组成。主要任务是贯彻积极防御军事战略方针，组织实施国家国防动员工作；协调国防动员工作中经济与军事、军队与政府、人力与物力之间的关系。各军区和县级以上地方人民政府国防动员委员会，负责组织、指导、协调本区域的国防动员工作。国防动员委员会设有办事机构，承担本级国防动员委员会的日常工作。目前，国家国防动员委员会设有人民武装动员、国民经济动员、人民防空、交通战备和国防教育等办事机构，军区和地方各级国防动员委员会设立相应办事机构。

2010年2月，全国人大常委会审议通过《中华人民共和国国防动员法》，规范了国防动员平时准备和战时实施的基本内容，规定了公民和组织在国防动员活动中的义务、权利，完善了国防动员的基本制度。

中国加强国防动员建设的根本目标，是建立健全与国防安全需要相适应、与经济社会发展相协调、与突发事件应急机制相衔接的国防动员体系，增强国防动员能力。近年来，国家遵循统一领导、全民参与、长期准备、重点建设、统筹兼顾、有序高效的原则，把国防动员建设纳入经济社会发展之中，快速动员、平战转换、持续保障、综合防护能力逐步提升。

武装力量动员建设取得新进展。完善战时部队动员计划和保障计划，落实现役部队预编满员工作，加强预备役部队建设。民兵依据战时可能担负的任务，结合完成非战争军事行动任务需要，加强快速动员机制建设。2010年8月新修订的《中华人民共和国预备役军官法》，对国家决定实施国防动员后预备役军官征召的权限、程序和方式作出新规定。

国民经济动员建设稳步推进。在重大基础设施建设中注重兼顾国防要求，重要技术与产品军民兼容程度不断提高。初步确立以重点行业和骨干企业为依托、以重要产品和技术为纽带的国民经济动员中心建设布局。重点地区、重点行业和重点技术产品的潜力调查取得重要进展，进一步优化了立足国防需要、服务经济建设、应急应战相结合的战略物资储备结构。

人民防空建设步伐加快。贯彻长期准备、重点建设、平战结合的方针，扎实做好信息化条件下防空袭斗争准备。完善军政联席会议和军地联合办公制度，优化县级以上各级人民政府人防机构设置，推行人防机关准军事化建设。按照联合防空、区域防空的要求，抓好各级人防指挥所建设。完善人防系统防灾功能，健全防空防灾相结合的工作机制。开展重要经济目标防护工作，研究确定重要经济防护目标，制订应急抢险抢修方案。将人防工程建设纳入城市总体规划，依法修建民用建筑防空地下室，在城市建设中落实人民防空防护要求，促进人民防空与城市建设协调发展。各省区市广泛开展防空防灾宣传教育和技能培训，普及防空防灾知识、自救互救技能和应急疏散方法。

国防交通动员建设扎实有序。将交通战备建设融入国家交通体系建设中，提高战略通道保障能力、战略投送保障能力和交通抢运抢修能力。重点推进一批军民融合发展项目，带动和促进国防交通战备工作整体水平提升。依托相关行业成建制、成系统组建交通专业保障队伍，在战略通道沿线加强保交护路队伍建设。编制修订交通重点目标保障方案和部队战备输送保障方案，努力实现军运设施与国家交通运输设施同步规划、同步建设。

国务院、中央军委于1995年2月颁布了《国防交通条例》，标志着我国国防交通工作从此走上了法制化轨道。1997年3月，第八届全国人大五次会议通过了《中华人民共和国国防法》，进一步确立了国防交通的法律地位。

一、武装力量动员

武装力量动员是将军队和其他武装组织由平时体制转为战时体制，迅速补充兵员和武器装备，扩大军队。通常包括现役部队、武装警察部队、预备役部队、民兵和预备役人员，以及相应的武器装备和物资等动员。

武装力量动员根据国家发布的动员令，按照动员计划组织实施，主要措施是：①扩编现役部队。临战前使军队迅速转入战时状态，现役军人一律停止转业和退伍，外出人员立即归队；迅速组建扩建新的作战部队和保障部队，实施战略展开。②征召预备役人员。重点是征召预备役军官和专业技术兵，按战时编制补充现役部队。③预备役部队调服现役。④改编和扩充其他武装组织。⑤动员和组织民兵参军参战。⑥征用急需物资。主要是运输工具和工程机械、医疗器械、修理设备等，以满足军队扩编的需要。⑦健全动员机构，加强组织领导。随着战争的发展，进行持续动员，以保证军队不断补充和扩大，直至战争结束。

二、国民经济动员

国民经济动员，是指国家将经济部门、经济活动和相应的体制从平时状态转入战时状态所采取的措施，是战争动员的基础。其目的是充分调动国家经济能力，提高生产水平，扩大军品生产，保障战争的需要。通常包括工业、农业、物资、交通运输、财政金融、邮电通信、卫生力量等方面的动员。

国民经济动员的主要做法是：①根据战争需要，调整军工生产在国民经济中所占的比例，重新分配人力、物力、财力，统筹安排军需民用。②动员生产线启封并投入军品生产，充分发挥军工厂的生产能力；改组民用工业结构和产品结构，扩大军工生产。③搬迁、疏散可能遭到战争破坏的重要工厂和战略物资，加强重要经济目标的保护。④调整科学技术研究机构及任务，加速研制新式武器装备。⑤加强交通运输管理，保障军队作战和军事运输的需要。⑥调动邮电通信、医疗卫生以及外贸、文教等各行各业的力量为战争服务。⑦改组农业，提高农业产量，加强粮食生产和储备，保障军民粮食的供给。⑧加强经济资源的开发利用和管理，扩大生产，厉行节约，保障战争的需要。

三、人民防空动员

人民防空动员（有的国家称为民防动员），是指国家战时发动和组织人民群众防备敌人空袭所采取的措施，是战争动员的重要组成部分。

依据国家有关法律法令，动员社会力量，进行防空设施建设，组建防空专业队伍，普及防空知识教育，组织隐蔽疏散，配合防空作战，消除空袭后果。保护居民、经济设施及其他重要目标安全，减少国家及人民群众生命财产的损失，保存战争潜力。

战时人民防空动员，根据国家发布的动员令，在统一部署、统一指挥下组织实施。按照防空动员计划，组织居民疏散隐蔽和对重要物资、工厂企业、科研单位、机关进行搬迁疏散；对重要经济目标实施防护，减少经济损失；扩大防空专业队伍，进行防空袭斗争，消除空袭后果，配合城市防卫和要地防空作战；组织和动员人民群众，协助各部门恢复生产和生活秩序。平时做好人民防空动员的准备，是战时实施快速动员的前提。

人民防空动员的主要做法是：①制定和完善人民防空动员法规，建立和健全各级领导机构。②拟制各项防空动员计划，如人口和物资疏散、工业搬迁计划，重要经济目标防护措施和抢修预案，以及各种保障方案。③组织实施人民防空工程、通信警报等设施的建设与管理。④按照专业对口、平战结合的原则，组织训练抢险抢修、医疗救护、消防、防化、通信、运输等防空专业队伍，提高专业技能。⑤对人民群众进行防空知识教育和训练，掌握防空的基本知识和技能，提高自救互救能力。⑥人民防空重点城市，根据战时需要，结合平时周转供应，做好粮食、医药、油料等必要物资的储备。

四、交通战备动员

国防交通是为国防服务的交通动员准备，通常称为"交通战备"。交通战备是构成国防动员实力的重要因素，对于捍卫国家主权、领土完整和维护社会安全稳定，具有十分重要的意义。

国防交通动员是指在全国或部分地区调集交通力量，全力保障战争需要的紧急行动。国防交通动员，通常在国家动员领导机构的统一领导下，由国防交通主管机构组织，协同政府、军队有关部门共同实施。国防交通动员准备包括：在平时制定完备的国防交通动员的法规和计划，健全国防交通机构和机制，建立国防交通保障队伍，储备必要的国防交通物资和器材等。

五、国防教育

国防教育是一个历史的范畴，是人类社会发展到一定的历史阶段，为适应社会的一定需要而产生的。它是从捍卫国家主权、安全和领土（领空、领海、领水）的完整，防御外来侵略和颠覆，维护世界和平的目的出发，以一定的战争观、国家安全观为指导，对全体公民的品德、智慧和体质等施加影响的一种系统的有计划的活动过程。综观我国历代王朝兴盛衰落的历史，我们可以说，只要注重国防建设和国防教育，崇尚武备，居安思危，民族就能团结和统一，人民安居乐业，国家安宁富强，经济蓬勃发展；反之，则民族分裂，外族侵扰，民不聊生以致最终国破家亡。

2001年4月28日《中华人民共和国国防教育法》正式颁布实施，标志着中国国防教育事业走上了法制化轨道。2001年8月31日，全国人大常委会决定，每年9月的第三个星期六为全民国防教育日。全民国防教育日为全民参与国防教育活动提供了一个大众化、社会化的载体，是推动全民国防教育深入持久开展的有效形式。

国防教育是维系国家安全的重要内容，开展国防教育有利于增强综合国力，接受国防教育是法律赋予每个公民的神圣义务和职责。开展国防教育是加速国防现代化和落实战时兵员动员的重要措施，也是全面培养人才的一种好形式。目前，全国各地利用重大节日、纪念日和征兵等时机，举办展览、演讲、文艺演出、知识竞赛、军事夏令营等国防教育活动。报刊、电台、电视、网络等媒体普遍开设国防教育专栏或专题节目。各地利用烈士陵园、革命遗址和具有国防教育功能的博物馆、纪念馆等场所开展国防教育，每年受教育人数近2亿。

思考题

1. 什么是国防？国防与国家有怎样的关系？
2. 什么是国防精神？当代大学生应该具有什么样的国防精神？
3. 中国国防历史的发展经过了哪几个阶段？各有什么特点？
4. 新中国建立以来，我国的国防建设取得了哪些成就？
5. 我国的武装力量包括哪几个组成部分，各负担哪些基本任务？
6. 什么是国防法规？
7. 简述我国主要的国防法规及其内容。
8. 什么是预备役？
9. 什么是国防动员？国防动员包括哪几方面内容？

第二章 军事思想

《孙子兵法》又称《孙武兵法》、《吴孙子兵法》、《孙子兵书》、《孙武兵书》等，英文名为《The Art of War》，产生于春秋末期，是我国春秋时期军事斗争实践的理论总结，也是一部集我国春秋和春秋以前兵学思想之大成的权威性著作。它着重阐述克敌制胜的战略战术问题，寓意精邃、论理精微，不仅是我们中华民族传统文化宝库中的瑰宝，在世界文化史上也占有重要地位，被日本学者誉为"东方兵学圣典"，被美国学者誉为"世界兵学之祖"，被英国学者称为"世界史上研究战略战术原理的第一部著作"。全书共十三篇。分为上卷、中卷、下卷，在深刻总结春秋时期各国相战的经验的同时，集中概括了战略战术的一般规律。《计》讲的是庙算，即出兵前在庙堂上比较敌我的各种条件，估算战事胜负的可能性，并制订作战计划。这是全书的纲领。《作战》主要是庙算后的战争动员。《谋攻》是以智谋攻城，即不专用武力，而是采用各种手段使守敌投降。《形》、《势》讲决定战争胜负的两种基本因素："形"指具有客观、稳定、易见等性质的因素，如战斗力的强弱、战争的物质准备；"势"指主观、易变、带有偶然性的因素，如兵力的配置、士气的勇怯。《虚实》讲的是如何通过分散集结、包围迂回，造成预定会战地点上的我强敌劣，最后以多胜少。《军争》讲的是如何"以迂为直"、"以患为利"，夺取会战的先机之利。《九变》讲的是将军根据不同情况采取不同的战略战术。《行军》讲的是如何在行军中宿营和观察敌情。《地形》讲的是六种不同的作战地形及相应的战术要求。《九地》讲的是依"主客"形势和深入敌方的程度等划分的九种作战环境及相应的战术要求。《火攻》讲的是以火助攻。《用间》讲的是五种间谍的配合使用。

第一节 军事思想概述

一、军事思想的概念及其基本特征

（一）军事思想的概念

军事是一切与战争或军队直接相关的事项的统称，是以准备和实施战争为中心的社会活动。思想亦称"观念"，即理性认识。人们在社会实践中对客观事物的认识，开始是感性认识。"这种感性认识的材料积累多了，就会产生一个飞跃，变成理性认识，这就是思想。"人们的社会存在决定人们的思想，一切根据和符合客观事实的思想是正确的思想，它对客观事物的发展起促进作用；不根据和不符合客观事实的思想是错误的思想，它对客观事物的发展起阻碍作用。

军事思想是关于战争、军队和国防的基本问题的理性认识，是人们长期从事军事实践的经验总结和理论概括。不同阶级、国家或政治集团有不同的军事思想。军事思想是一种社会意识形态，既受其他社会意识形态的制约和影响，也影响和作用于其他社会意识形态。

（二）军事思想的基本特征

1. 军事思想具有鲜明的阶级性

军事思想来源于社会实践，为了各阶级的利益，军事家站在不同的阶级立场上，反映各阶级对战争和军队建设的不同看法和认识，奉行和推崇的军事思想带有鲜明的阶级性。因为，资产阶级军事思想是维护他们自身利益的思想，无产阶级军事思想也是维护自身利益的思想。例如，战争从社会发展或政治角度看，有正义战争和非正义战争之分，无产阶级是拥护正义战争、反对非正义战争的，因为正义战争是符合广大人民群众利益的、推动人类社会进步的、革命的战争。

2. 军事思想具有强烈的时代性

军事思想来源于战争实践，不同历史时期的战争有着不同的形态和战略战术，有着不同的军队组织原则和编制。这种不同时代的特征往往最能反映当时的物质生产水平（生产力水平），军事思想所反映的这些特征代表着这一时代的特性。

3. 军事思想具有明显的继承性

战争的特点之一，是强制性地要求人们的主观认识同客观实际相一致。因此，在战争中，人们必须按事物的客观规律办事，古代大军事家孙武说："先知者，不可取于鬼神，不可象于事，不可验于度，必取于人。知敌之情者也。"因为只有这样，才能做到"知彼知己，百战不殆，知天知地，胜乃无穷"。所以，历史上所形成的具有规律性的军事原则、概念和范畴是人们对战争这一客观事件的总结，并在实践中不断地加以丰富和发展。

二、军事思想发展基本规律概况

（一）军事思想的发展以新的生产力和新的社会关系为前提

1. 社会生产力和科学技术水平是军事思想发展的物质技术基础

军事思想的发展史证明，社会生产力水平的提高，特别是科学技术的进步，为军事活动创造了新的物质技术基础，从而引起军事思想的变化。例如，冶金技术的成熟与广泛应用，使大规模冷兵器战争成为可能，从而促成了中国先秦军事思想和古希腊、古罗马时代军事思想的繁荣。发达的工场手工业是拿破仑作战思想的物质前提。第二次世界大战时期确立的机械化战争理论和战后形成的核战争理论，分别是现代大工业和核技术发展的产物。因此，研究和发展军事思想，必须密切关注生产力发展，特别是科学新发现和技术新成果的军事意义及在军事上的应用。

2. 社会制度的变革促进了一种新的军事思想代替旧的军事思想

在阶级社会中，社会关系主要表现为阶级关系，阶级关系的变化对军事思想的发展具有巨大的作用。中国春秋战国时期，奴隶主阶级统治日益衰败，新兴地主阶级成为政治舞台上的主导力量，他们为争夺和扩大统治权进行了长期的战争，以《孙子兵法》为代表的先秦军事思想就是这种社会条件的产物。自中世纪后期起，掌握国家财源的工商市民阶级和资产阶级化贵族在社会关系中的地位不断上升，他们能够靠金钱去购买职业雇佣兵为自己打仗。随着这种阶级关系的变化，买卖雇佣关系逐渐成为近代欧洲军事生活中的基本准则。阶级关系变化对军事思想发展的作用，在社会政治革命时期表现得格外突出。18世纪末法国大革命把广大农民从封建土地的依附关系中解放出来，从而激发了人民群众为保卫祖国而战的献身精神，使拿破仑作战体系的产生有了可能。马克思主义军事理论是在欧洲无产阶级作为一支独立的政治力量登上历史舞台的社会条件下产生的，毛泽东军事思想是在中国新民主主义革命的社会条件下产生的。在阶级社会中，各种军事思想具有鲜明的阶级属性。因此，研究军事思想必须特别注意研究社会关系，尤其是阶级关系的变化。

（二）军事思想的来源与发展依赖于军事实践特别是战争实践

军事思想来源于军事实践。一切真正反映军事规律的军事思想，都是军事实践经验的正确总结和升华。古今中外著名的军事家和军事理论家的军事思想，或者是自身的军事实践经验的总结概括，或者是从间接的军事实践经验中抽象提炼，或者兼而有之。克劳塞维茨的《战争论》和若米尼的《战争艺术概论》，虽然也融进了他们自身军事实践的经验，但主要是总结了拿破仑战争的经验。毛泽东军事思想，是毛泽东和中国共产党长期领导中国人民进行革命武装斗争经验的科学总结，同时也大量吸取了古今中外军事实践的有益经验。

军事实践对军事思想的需求推动着军事思想的发展。军事实践是不断发展的，新的实践需要新的思想去指导，从而推动军事思想的不断发展。每当军事领域发生重大变革，原有的军事思想难以完全适应新的军事实践时，军事实践对新的军事思想的呼唤就显得格外强烈，并往往成为军事思想发生重大变化的契机。

军事实践在军事思想的发展过程中，还具有检验作用。军事思想只有通过军事斗争或军事建设的实践，才能得到检验。接受军事实践检验的过程，也就是军事思想得以发展的过程，正确的得以丰富和深化，不完善的得以修正和补充，过时的必将被抛弃。科学意义上的实践检验不是个例的验证，一种军事思想是否反映了客观军事规律，必须经过军事实践的多次检验，仅凭某一次军事行动的结果就作结论,很容易陷入片面性。只有坚持实践、认识、再实践、再认识,如此循环往复,才能推动军事思想不断向前发展。在军事实践对军事思想的检验过程中,战争实践具有最高的权威性。一种军事思想科学与否,只有通过战争实践才能最终得到检验。

强调军事思想随军事实践特别是战争实践的发展而发展,并不意味着军事思想是在军事实践中自发产生的。军事思想的发展需要通过人们的总结加工,特别是杰出人物的总结加工。离开这个条件,军事思想也是难以向前发展的。

军事思想随着战争的产生、战争实践的发展以及人们对战争实践在认识上的飞跃而产生和发展,是人们对战争这一特殊社会现象在认识上不断深化的结果。古今中外的军事家和军事理论家的军事思想,或是自身军事实践经验的总结和概括,或是从间接的军事实践经验中抽象提炼,或兼而有之。

(三) 军事思想在激烈尖锐的相互对抗竞争中发展

为在战争中取得胜利,敌对双方总是竞相抢占军事思想的制高点,以便在军事实践的主观指导上高于对手。从这个意义上说,人类军事思想史就是一部在相互对抗竞争中不断发展的历史。中国春秋战国时期军事思想的高度繁荣,17—19世纪初期欧洲军事思想的近代化飞跃,20世纪两次世界大战期间各种新的军事思想大量涌现,都与当时激烈的军事斗争密切相关。敌对双方的对抗与竞争在和平时期也同样存在,有时还相当尖锐。20世纪50年代至80年代,美国、苏联两大军事集团在冷战中互为对手,不断推出各自新的军事思想。经验证明,在敌对双方的对抗竞争中,谁的军事思想落后,谁就会在军事斗争中处于被动的地位,甚至导致严重挫折或失败。因此,对于一切爱好和平的国家来说,在和平时期也应高度重视军事思想研究,善于随着情况的变化提出新的军事思想,为正确进行军事斗争提供理论指导。对于曾经在以往战争中赢得过许多重大胜利的军队和国家来说,只有充分认识和平时期军事思想发展中的对抗性和竞争性,防止和克服自满情绪和保守倾向,积极探索军事领域出现的新情况和新问题,努力使军事思想适应新的历史条件,才能在未来的战争中实施正确指导,立于不败之地。

军事思想源于战争实践,而战争是对抗双方大展各自军事思想的舞台。在战争中为了取得胜利,敌对双方总是竞相抢占军事思想的制高点,以便在军事实践的主观指导上高于对手,从这个意义上说,军事思想就是在激烈的相互对抗中发展起来的。如德国古德里安提出"闪击战"理论。

(四) 军事思想在继承和借鉴优秀成果中发展

各种军事思想都是在一定的历史条件下产生的,具有各自的时代特征;各种军事思想又都是在一定的民族土壤上形成与发展起来的,带有明显的民族色彩。一般存在于特殊之中。凡是具有较高科学价值的军事思想,除揭示本时代、本民族、本阶级军事活动的特殊规律外,还能反映军事领域的一些一般规律。这部分内容具有普遍性和稳定性的特点。知彼知己，集中兵力，目标与手段的一致，主动性、计划性和灵活性，突然性和机动性等，就是古今中外军事思想中具有一般意义的战争指导原则。这就使后人可以继承前人的军事思想财富，同一时代的不同民族和不同阶级之间也可以相互借鉴有益的军事思想成果。

　　战争绝不是疆场上的旅游、消遣娱乐，也不是赌场上的下注争个输赢，寻找刺激。当战争为某种特殊的目标而演变成暴力冲突时，无论打败仗还是打胜仗，面临的现实都是相当严峻的。战争作为国家之大事，它关系到军民的生死、国家的存亡，必须认真地加以考察和研究。孙武把战争与国家的命运紧密地联系起来，不仅指出了战争在国家事务中的地位与作用，而且也阐明了战争的政治目的在于确保国家的生存与发展。要对军队胜败的原因、国家存亡的规律加以认真考察研究。其要求在于重视战争，研究战争，并审慎地运用战争手段。由此说，《孙子兵法》是一部研究、反映古代战争规律的"兵学圣典"。

　　任何思想理论的产生或发展都具有历史的继承性，存在着一个由浅入深的认识过程。一个时期新的思想理论的出现，首先是社会发展变化的结果，同时也是吸收和改造前人思想资料并加以提高的结果。孙武关于战争观问题的论述也不是凭空产生的，而是在当时的历史条件下，在前人军事思想、家传兵法的基础上，经过自己的独立思考而提出的。春秋时代，是中国历史上大动乱、大变革和思想大解放的时代，诸侯列国变法图强，诸子百家应运而生，作为重大社会现象的战争问题，社会各阶层都有所体验和观察，尤其是活跃于社会舞台上的各方名士贤达纷纷发表言论，有许多观点已具有相当高的思想深度。如《左传》："国之大事，在祀与戎"（《左传》成公十三年），认为战争具有"禁暴、戢兵、保大、定功、安民、和众、丰财"（《左传》宣公十二年）等多项功能和意义。道家创始人老子则指出："祸莫大于轻敌，轻敌几丧吾宝"（《老子》第六十九章），并认为"兵者不祥之器，非君子之器，不得已而用之，恬淡为上"（《老子》第三十章）。孙武吸取了上述观点中的有益成分，通过对当时战争的实际观察，从而在对战争问题的认识方面提出了自己的深刻见解。

　　军事思想发展史表明，重视并善于继承前人优秀的军事思想成果，借鉴和汲取异域军事思想中的合理成分，对促进自身军事思想的发展具有重要作用。毛泽东军事思想的形成和发展，首先就是他继承了马克思列宁主义军事理论的基本观点和基本原则，并结合中国的实际情况加以创造性运用；同时也广泛借鉴了来自其他方面的军事思想精华。其他著名军事思想家，其军事思想的形成和发展，也都离不开继承和借鉴，只不过有范围大小和具体内容的不同。

　　正确地继承和借鉴，需要有科学的态度，要把反映军事领域一般规律的认识同现实条件联系起来，在坚持"以我为主"的原则下，吸收其精华，摒弃其糟粕。通过继承和借鉴，博采众长，创造和发展具有自己特色的军事思想。

要取得军事活动中最高斗争形式战争的胜利，其行动必须符合事物的客观规律，主观指导必须与客观实际保持一致，因此，军事思想不但揭示本时代、本民族、本阶级军事活动的特殊规律，还揭示军事领域中的一般规律和具有稳定性的普遍性矛盾。

（五）军事思想在与哲学思想的相互促进中发展

科学的军事思想从来都是与科学的世界观和方法论相联系的，哲学的进步往往是军事思想变革的先导。从14—16世纪前期文艺复兴到18世纪启蒙运动期间出现的人本主义哲学思潮，为欧洲军事思想的近代化提供了世界观和历史观基础。克劳塞维茨《战争论》产生，得益于德国古典哲学的辩证法。马克思列宁军事理论、毛泽东军事思想之所以成为革命人民以弱胜强的制胜科学，首先就在于它们是建立在辩证唯物主义和历史唯物主义这一科学的世界观和方法论的基础之上。

军事思想的发展对哲学思想的发展也有促进作用。古今中外许多著名的军事理论著作本身就具有巨大的哲学成就，有的甚至成为一个时代哲学思想的精华。《孙子兵法》既是中国古代著名的军事著作，也是中国古代著名的哲学著作。毛泽东的《中国革命战争的战略问题》等名篇，不仅是毛泽东军事思想的代表作，也是毛泽东哲学思想的代表作。不仅在现代军事思想的发展史上占有重要地位，而且在现代哲学思想的发展史上也占有重要地位。军事思想与哲学思想的这种密切联系，要求研究和发展军事思想必须时刻关注哲学领域的发展变化，从哲学思想的发展成果中汲取营养。自从人类社会出现军事活动以来，军事就是按照其自身固有的辩证规律发展的。由于战争的胜负直接关系着阶级、国家、民族和政治集团的生死存亡，因此人们远在军事辩证法这个概念之前就已经辩证地思考军事问题。孙中山解读《孙子兵法》后，认为"就中国历史来考究，二千多年的兵书，有十三篇。那十三篇兵书，便成为中国的军事哲学。"因此，军事家为了战争的胜利常常寻求哲学的指导。

三、军事思想发展简史

（一）古代军事思想

原始社会末期和奴隶社会初期，战争已开始频繁发生，促使了奴隶主阶级军事思想的萌芽和产生。人类进入奴隶社会后，战争的规模、样式、性质、作用等发生了根本性变化。战争具有鲜明的政治目的，成为政治斗争的工具，并有了专门的军队组织和相应的军事制度，战争的规模也越来越大。

其主要代表作有《希腊波斯战争史》（希罗多德）、《伯罗奔尼撒战争史》（修昔底德）、《军政》、《军志》、《周易》。

随着生产力的发展和社会制度的变革，战争的频繁发生和改朝换代的加剧，军事方面的许多因素发生了变化。铁制兵器替代了铜制兵器，实行了征兵制和募兵制，由单一兵种发展到了步、车、骑、水军并进。人们对战争和军队的认识有了更大的提高，其中又以我国古代军事思想更为突出。在对战争的认识、军队建设、作战指挥、后勤保障等方面有了新的发展。

其主要代表作有武经七书《孙子》、《吴子》、《尉缭子》、《司马法》、《六韬》、《黄石公三略》、《李卫公问对》等。

（二）近代军事思想

近代军事思想发展的总体特征：一是资产阶级军事思想体系得到确立；二是以马克思主义军事理论为代表的无产阶级军事思想宣告诞生。

（1）资产阶级军事思想产生于欧洲，并经过三个世纪的时间，随着资产阶级革命战争实践而逐步形成，并随着战争的发展而发展。

（2）无产阶级军事思想，作为一种崭新的军事思想体系，也是在近代确立。1848—1849年，无产阶级以特殊身份参加了欧洲资产阶级革命。马克思和恩格斯及时总结了无产阶级斗争的经验，发表文章和评论。在这些文章和评论中，对人民战争、战争与政治的关系、战略战术和武装起义的思想进行了阐述，体现了马克思和恩格斯早期的军事思想。

（三）现代军事思想

1917年俄国十月革命的成功，标志着人类文明跨入现代历史时期。

（1）19世纪中叶之后，世界列强竞相利用产业革命所提供的新型的技术、物质手段，在全球加剧争夺势力范围，相应的军事理论开始产生。

（2）从19世纪后期到20世纪40年代中期第二次世界大战结束，是资产阶级军事思想丰富和发展时期。

（3）二次大战后，以美国为首的资产阶级军事思想得到了进一步的发展。

（4）无产阶级军事思想在世界范围内蓬勃发展。①列宁在领导俄国十月革命和反对帝国主义武装干涉战争中，创立了无产阶级的军事理论和军事思想。②斯大林在反对法西斯侵略和指导国家现代化建设中，继承和发展了马列主义的军事理论，全面建立了苏联军事思想体系。③毛泽东把马列主义军事理论与中国革命实践相结合，创立了具有中国特色的毛泽东军事思想。

四、军事思想的指导作用

军事思想是各种军事理论、军事原则的理论基础，对军队建设、作战行动和国防建设起着根本性的指导作用。

1. 军事思想为认识军事问题提供基本观点

人们总是基于一定的思想观念，去评判军事问题的是非与价值，进而确定对其采取何种态度和行动。军事思想提供的正是这种思想观念。运用马克思列宁主义的理论去看待战争，就能全面认识战争在人类社会生活中的作用，正确判断正义战争与非正义战争，坚持以正义的、进步的、革命的战争去反对非正义的、反动的、反革命的战争。如果用否定一切战争暴力的和平主义，或"强存弱汰"的社会达尔文主义之类的观点看待战争，就不可能有正确的态度和行动。

2. 军事思想为进行军事预测提供思想方法

科学的军事思想揭示了军事领域矛盾运动的规律，为人们正确地认识战争，进行军事预测提供了科学的认识论和方法论工具。

恩格斯和列宁关于资本主义列强之间的争夺将导致世界大战的预见：人类确实爆发了两次世界大战，即第一次世界大战和第二次世界大战。

毛泽东关于中国人民抗日战争进程与结局的论断：毛泽东在《论持久战》一书中写了21个问题。前9个问题为第一部分，主要说明抗日战争为什么是持久战，为什么最后胜利是中国的，批判了亡国论和速胜论；后12个问题为第二部分，主要说明怎样进行持久战和怎样争取最后胜利，着重论述了人民战争和人民战争的战略战术。这是科学地进行宏观预测的范例。非科学的军事思想因不能揭示甚至歪曲了军事领域矛盾运动的规律，必然导致错误的预测结果。

3. 军事思想为从事各项军事实践活动提供全局性指导

人们从事军事实践活动，离不开军事思想的指导。军事实践的成败，与军事思想的科学与否关系甚大。以科学的军事思想作指导，军事实践就能保持正确的方向，并能达到预期的目的。否则，军事实践的方向就难免发生全局性的偏差，达不到预期的目的。军事思想之所以能对军事实践起指导作用，在于它是军事实践的能动的反映，是军事实践经验的理论概括，并揭示了军事领域的一般规律。军事思想对军事领域的规律反映得越深刻、越正确，它对军事实践的指导作用也就越大。在战争史上，每一次大规模的战争，都会产生出新的军事思想，而每一次取得伟大胜利的战争，都有正确的军事思想作指导。春秋时期，吴国用了孙武的军事思想，打败了强大的楚国。拿破仑的军事思想，成功地指导了法国的资产阶级革命战争。毛泽东军事思想，在中国半殖民地半封建社会性质的条件下，从敌强我弱的实际情况出发，充分发挥其能动的指导作用，取得了中国革命战争的伟大胜利。相反，欧洲一些国家在第二次世界大战初期战略防御的失败，与这些国家当时军事思想上存在的非科学性（特别是保守主义）有直接关系。战争实践证明，在客观物质条件许可的范围内，军事思想正确与否决定着军事实践的成效，决定着战争的胜败。

第二节　毛泽东军事思想

四渡赤水战役，是遵义会议之后，中央红军在长征途中处于国民党几十万重兵围追堵截的艰险条件下进行的一次决定性运动战战役。这次战役历时三个多月，在毛泽东、周恩来、王稼祥、朱德等指挥下，红军实行高度灵活机动的运动战方针，纵横驰骋于川、黔、滇边境广大地区，迂回穿插于敌人数十万重兵之间，积极寻求战机，有效地歼灭敌人。从而摆脱了敌人的围追堵截，粉碎了敌人妄图围歼红军于川、黔、滇边境的计划，使中央红军在长征的危急关头，从被动走向主动，从失败走向胜利。四渡赤水战役，是毛泽东根据情况的变化，吸取前几次战斗的教训，指挥中央红军巧妙地穿插于国民党军重兵集团之间，灵活地变换作战方向，为红军赢得了时机，创造战机，在运动中歼灭了大量国民党军，牢牢地掌握战场的主动权，取得了战略转移中具有决定意义的胜利，这是中国工农红军战争史上以少胜多变被动为主动的光辉战例。毛泽东曾说，四渡赤水是他一生中的"得意之笔"。而美国作家哈里森·索尔兹伯里在所著的《长征——前所未闻的故事》中写道：长征是独一无二的，长征是无与伦比的；而四渡赤水又是"长征史上最光彩神奇的篇章"。

一、毛泽东军事思想的科学含义及其本质特征

（一）毛泽东军事思想的科学含义

近代无产阶级军事思想代表作是毛泽东所著的《毛泽东军事思想》，它是当代中国革命战争和军队问题的科学理论体系，是马克思列宁主义军事理论宝库具有中国特色的最新篇章，它不仅指导中国革命战争取得胜利，而且指导第三世界许多国家进行民族和人民解放战争。"毛泽东作为军事战略家是一支开路先锋，他的人民战争学观，对亚洲和非洲的历史发展的影响是不可估量的。"（《巴基斯坦时报》）"在印度支那共产党越盟中，在菲律宾人民解放军中，毛泽东的著作就是圣经。"（美国小卡成白克）就连一些资本主义国家的有识之士，也都给予毛泽东军事思想以很高的评价。如美国前国务卿基辛格在《毛泽东的持久战理论》一书中曾经写道："值得注意的是，关于共产党军事思想的最好阐述，不见诸苏联的著作，而见诸中国的著作。"江泽民指出："毛泽东同志把马列主义基本原理同中国武装斗争和军队建设的实际相结合，集中全党全军的智慧，形成了具有中国特色的毛泽东军事思想，极大丰富了马列主义军事理论的宝库。"

毛泽东军事思想是以毛泽东为主要代表的中国共产党人关于中国革命战争和军队问题的科学理论体系。它的内容十分丰富，其主要内容包括无产阶级的战争

观、方法论，人民战争，人民军队，人民战争战略战术，国防建设五个部分。

（二）毛泽东军事思想的本质特征

毛泽东军事思想是毛泽东关于中国革命战争、人民军队和国防建设以及军事领域一般规律问题的科学理论体系，是毛泽东思想的重要组成部分。毛泽东军事思想是马克思列宁主义普遍原理与中国革命战争的实践和国防建设实际相结合的产物；毛泽东军事思想是中国共产党领导中国人民及其军队长期军事实践经验的科学总结；毛泽东军事思想植根于深厚的中华文化沃土，多方面汲取了古今中外军事思想的精华；毛泽东军事思想是中国共产党集体智慧的结晶和集中代表。

二、毛泽东军事思想的形成和发展

（一）毛泽东军事思想的初步形成

1927年第一次国内革命战争失败后，以"八一"南昌起义为开端，到土地革命战争中期，是毛泽东军事思想初步形成时期，也是奠定毛泽东军事思想基础的时期。

主要军事实践：领导发动了湘赣边界的秋收起义，在井冈山地区创建了第一个实行工农武装割据的农村革命根据地。从秋收起义至1929年底，毛泽东先后领导进行了工农红军的三湾改编；为红军规定了三大任务，制定了"三大纪律六项注意"；主持召开了中国共产党红军第四军第九次代表大会并草拟了大会决议案。

主要论著：在此期间，毛泽东先后写下了《中国的红色政权为什么能够存在?》、《井冈山的斗争》、《中国共产党红军第四军第九次代表大会决议案》、《星星之火，可以燎原》等著作。

毛泽东的上述实践与著作，为中国革命及其武装斗争指出了道路，成功地解决了中国革命走什么路、如何建军、如何作战等三个根本问题。这些标志着毛泽东军事思想已初步形成。

（二）毛泽东军事思想科学体系的建立

从1935年1月遵义会议至1945年8月抗日战争胜利，是毛泽东军事思想得到多方面的发展和系统的总结而达到成熟，形成比较完整系统的科学理论体系的时期。

主要论著与实践：1936—1938年秋，毛泽东先后发表了《中国革命战争的战略问题》、《抗日游击战争的战略问题》、《论持久战》、《战争和战略问题》等军事论著，以及具有重要军事内容的哲学名篇《实践论》、《矛盾论》。随着战争形势的发展，毛泽东又对抗日战争的诸多重大问题，提出了一系列方针、政策和指导原则。1945年4月，毛泽东在《论联合政府》中，对中国共产党长期领导军事斗争和军队建设的基本经验又做了进一步理论概括。

这些论著、报告以及在斗争实践中提出的一系列方针、政策和指导原则,全面、系统、深入地阐述了关于无产阶级的战争观和方法论;关于建设人民军队,进行人民战争及其战略战术的理论原则,形成了一整套完整的军事思想理论体系,也标志着毛泽东军事思想作为一个具有鲜明中国特色的军事理论科学体系已经建立起来了。

(三) 毛泽东军事思想的丰富和发展

抗日战争胜利后,我军又经历了人民解放战争、抗美援朝战争以及新中国成立以来的和平建设时期,毛泽东军事思想得到了全面的运用、丰富和发展。人民解放战争时期,毛泽东的战争指导艺术,特别是大规模战役指挥艺术,达到了炉火纯青的程度。

在抗美援朝战争中,毛泽东坚持从战争的实际出发,不断总结新经验,提出和阐述了在现代条件下进行反侵略战争和建军的一系列理论原则。这些理论和经验,为毛泽东军事思想增添了关于现代化战争指导的新内容。

从20世纪50年代起,毛泽东和中央军委领导指挥了和平解放西藏,解放沿海岛屿,边境自卫反击和保卫领海、领空的作战,明确提出了必须建设强大的现代化国防,以保卫国家安全和国内经济建设的历史任务;制定了反对外来侵略的积极防御战略方针;确定了为自卫而发展包括导弹核武器在内的高新技术装备,建立中国自己的国防科研和国防工业体系的指导思想和总体部署;提出了加强人民解放军的革命化、现代化、正规化建设,民兵建设和战略后方建设,以及发展中国的军事科学等一系列指导方针,从而形成了毛泽东国防建设思想,构成了毛泽东军事思想一个新的组成部分。

三、毛泽东军事思想的主要内容

(一) 无产阶级的战争观和方法论

以毛泽东为主要代表的中国共产党人,在指导中国革命战争的伟大实践中,创造性地运用马克思主义辩证唯物论和历史唯物论的立场、观点和方法,解决战争的基本问题,形成中国特色的无产阶级战争观和方法论,成为毛泽东军事思想的理论基础。

1. 无产阶级的战争观及其主要内容

无产阶级的战争观,就是马克思主义战争观,即站在无产阶级和人民大众的立场上,以辩证唯物主义和历史唯物主义为指导,分析研究战争问题的根本观点。由于它符合无产阶级和人民大众的利益,为无产阶级政治服务,是无产阶级自己认识和研究战争的基本观点,所以又称为无产阶级战争观。它由无产阶级伟大导师马克思、恩格斯创立,经列宁和斯大林充实和发展起来。以毛泽东为代表的老一辈无产阶级革命家把马克思主义的基本观点同中国革命战争的具体实践相结合，进一步发展了马克思主义战争观，成为全党全军认识和研究军事问题的理论基础。

无产阶级战争观是毛泽东军事思想的理论基础。其主要内容包括：

（1）战争是用以解决阶级与阶级、民族与民族、国家与国家、政治集团与政治集团之间矛盾的最高斗争形式。毛泽东认为战争是一个历史的范畴，同社会发展的一定历史阶段相联合。它不是偶然的现象，而是有其产生、发展和消亡的历史过程，即随着私有财产和阶级的产生而产生，随着阶级社会的发展而发展，也必将随着阶级的消灭而消灭。只要阶级和私有制存在，战争就不可避免。帝国主义、霸权主义是现代战争的根源。

（2）战争是政治的继续，战争本身就是政治性质的行动，从来没有不带政治性的战争。但战争有其特殊性，政治发展到一定阶段，再也不能照旧前进了，于是爆发了战争，用以扫除政治道路上的障碍，即战争是流血的政治。战争从属于政治，服务于政治，并且反作用于政治。

（3）战争的政治目的决定战争的性质。根据战争是否符合人民群众的根本利益，是否有利于促进社会进步而分为正义战争和非正义战争。无产阶级反对一切阻碍社会进步的非正义战争，拥护一切推动社会发展的正义战争。支持和参加正义战争的最终目的是为了消灭战争，为了不要枪杆子必须拿起枪杆子。

（4）战争是政治的继续，而政治则是经济的集中体现，任何战争总是和敌对双方的经济利益联系在一起的。经济是战争的物质基础，是战争胜负的决定因素之一，进行战争离不开经济。战争对经济的依赖性，随着战争的发展而不断增大。因此，任何一个国家，都力求发展自己的经济；战争打起来，都力求破坏和削弱对方的经济。总之，经济制约着战争，战争对经济又有反作用。此外，战争与和平、战争与革命、战争与科学技术以及战争胜负的决定因素等内容都属于战争观的范畴。

2. 研究和指导战争的方法论

毛泽东非常重视研究和指导战争的方法，并把它贯穿于整个军事理论研究和战争实践活动之中。毛泽东研究和指导战争的方法论其实质是一切从战争的实际出发，具体情况具体分析，实事求是地研究和指导战争，反对战争问题上的机械论。具体内容主要包括以下方面：

（1）遵循战争规律研究指导战争。战争和世间一切事物一样，是有规律的矛盾现象。战争规律是可以认识的。战争规律是战争产生和发展进程中各方面的本质联系及其必然趋势。要研究指导战争，必须把握战争规律。因为，只有把握战争规律，才能抓住战争的本质，找出战争同其他事物及其内部各方面的联系，正确认识和对待战争；只有把握战争的规律，才能制定正确的作战指导原则，驾驭战争的发展，夺取战争的胜利；只有把握战争的发展，才能增强战争的预见性，坚定必胜信念，并根据战争的发展，趋利避害，扬长去短，战胜敌人。离开了对战争规律的把握，认识战争和指导战争就失去了依据。所以，毛泽东指出："战争的规律这是任何指导战争的人不能不研究和不能不解决的问题，""不知道战争的规律，就不知道如何指导战争，就不能打胜仗。"

（2）运用阶级分析的方法研究指导战争。战争是阶级社会的一种必然现象，要研究指导战争，必须坚持阶级分析的方法。这是因为，战争的政治目的实质上反映的是阶级的政治目的；战争所代表的经济利益本质上也是阶级利益；战争的组织者都是一定阶级的代表人物；各种各样的战争理论无不打着阶级的烙印。正是由于战争与阶级有着内在的联系，因此研究指导战争必须进行阶级分析。这是唯物地看待战争的重要方法，只有坚持这一方法，才不会被形形色色的战争现象所迷惑，才能正确地认识战争和指导战争。

（3）按照历史的观点研究指导战争。战争是一种社会历史现象，今天的战争是昨天的发展。研究指导战争同样不能忽视历史的观点。按照历史的观点研究指导战争，了解历史可以更好地认识现实，借鉴历史可以更好地指导现实，发展历史可以防止照搬照套。正是遵循了这一方法，毛泽东和老一辈无产阶级革命家才能够把马克思主义的普遍原理，把我国古代丰富的军事历史遗产同中国革命战争的客观现实相结合，创造性地解决了中国革命战争的一系列重大理论和实践问题，发展了无产阶级的战争科学。

（4）坚持辩证的观点指导战争。战争是充满矛盾的领域，辩证法表现得十分活跃。这种特殊性决定了我们在研究和指导战争过程中，必须坚持辩证的观点。坚持辩证的观点，首先要着眼特点，着眼发展。因为战争和其他事物一样，永远处在不停的发展变化之中，不同时间、不同地域、不同性质的战争各有着不同的特点和规律，不能把千差万别的战争看成是没有区别的东西，那是形而上学的观点，必然要受到战争的惩罚。毛泽东十分强调在战争中要全面了解敌我双方的情况，做到知彼知己，既要研究战争的一般规律，更要研究战争的特殊规律。研究战争要着眼其特点：即要全力捕捉每一场战争的特殊本质或特殊根据。研究战争要着眼其发展：即对交战双方的政治、军事、经济等因素从时间、地域和性质三个条件的不同和发展来研究指导战争。

（二）毛泽东人民战争思想

毛泽东人民战争思想，是以毛泽东为代表的中国共产党人运用辩证唯物主义和历史唯物主义的基本观点和方法，分析和解决人民战争进行革命战争中的一系列重大问题的理性认识。人民战争思想是毛泽东军事思想的核心和基石。毛泽东的人民军队思想、战略战术思想和国防建设思想等，都是建立在人民战争思想基础之上的。中国革命战争的一系列问题，都是紧紧围绕着人民群众的根本利益进行的，所以，毛泽东人民战争思想是我们进行革命战争的最根本的指导路线。

毛泽东人民战争思想除具有一般人民战争的含义，还具有以下基本含义：以科学的世界观和方法论作指导；以先进阶级的政党为领导，代表最广大人民群众的根本利益；遵循战争一般规律并与中国革命的战争实践相结合；完全相信和依靠人民群众；调动一切积极因素，实行全面彻底的群众战争。它不仅具有战争正义性和广泛的群众性，而且具有高度的组织性和科学性，是当代最先进的军事科学理论。

毛泽东人民战争思想之所以成为无产阶级最先进的军事理论科学，成为我党进行革命战争的根本指导路线，就在于它有着坚实的理论基础：一是人民群众是创造历史的动力。主要表现在三个方面：第一，人民群众是社会物质财富的创造者；第二，人民群众是一切精神财富的创造者；第三，人民群众是社会变革的决定力量。二是战争的威力之最深厚的根源存在于民众之中。首先，民众是战争人力的源泉；其次，民众是战争物力的源泉；再次，民众是战争财力的源泉；另外，战争的威力还存在于民心的向背。三是兵民是胜利之本。军民结合，就能够使人民军队得到源源不断的补充，在战争中不断发展壮大；能够在战争中获得人力、物力和财力的可靠支援，使战争具有雄厚的物质基础；能够使我军在战争中获得人民群众直接或间接的支援，增强作战力量；能够发挥以武装斗争为主、与其他斗争紧密配合的整体威力。四是人是战争胜负的决定因素，武器是战争胜负的重要因素。这是因为：人是战争的筹划者；人是武器的制造者和使用者；人可以改变武器装备的优劣形势。而武器装备能帮助人们实现自身想达到而又无法达到的各种作战目的；能造成军队战斗力的自然优势；能对战争的进程，军队编制、体制和战略战术产生直接的影响。

中国共产党在几十年的战争实践中，积累了极其丰富的人民战争独创经验，这些经验经过以毛泽东为代表的中国共产党人的理论加工，成为指导我国进行革命战争的强大思想武器。一是党对革命战争的绝对领导，是实行人民战争的根本保证。这是因为，党的领导才能保证革命战争的正确方向；党的领导才能最广泛和深入地发动群众；党的领导才能发挥各条战线紧密配合的整体威力。二是革命根据地是实行人民战争的战略基地。其理由是：第一，建立巩固的战略后方是战争的客观要求；第二，战争组织保障工作极为复杂，需要以巩固的战略后方为依托。三是广泛深入地动员群众是进行人民战争的基本条件。这是因为：人民战争的威力，在于人民群众是进行人民战争的基本条件，而人民群众参加战争的广度和深度又取决于革命政党对人民群众发动的广度和深度。人民群众的发动，只有进行广泛深入的政治动员才能实现。四是"三结合、一配合"是进行人民战争有效的组织形式和斗争形式。它是以毛泽东为代表的中国共产党人的伟大创举，是实行人民战争最为有效的组织形式。它以主力兵团或主力部队为核心，把地方部队、游击队和这些群众武装，以及不配发武器的广大人民群众联结在一起，形成一个统一的整体，成为全体人民团结互助共同实行的总体战、群众战。这种科学的组织形式，使全体人民群众真正做到万众一心，在反动势力进攻面前成为真正打不破的铜墙铁壁，造成了冲决一切反动势力的势不可挡的洪流。正因为如此，我们对世界上所有的反动势力宣布：人民战争必胜。五是实行人民战争，必须有一套灵活机动的战略战术。

总之，毛泽东继承了马克思主义关于人民战争的思想，集古今中外人民战争之精华，把唯物史观更加自觉地运用于军事领域，通过艰苦的实践和理论创造，给人民战争赋予新的极其丰富的内容，使之成为具有中国特色的、指导中国革命战争取得彻底胜利的军事理论科学。其主要内容是：相信和依靠人民群众在中国共产党的领导下；以人民军队为骨干；充分动员、组织、武装人民群众；实行主力兵团和地方兵团，正规军与民兵、游击队，武装群众与非武装群众相结合，各种斗争形式相配合；依靠革命根据地，运用灵活机动的战略战术，夺取战争的胜利。基本精神就是：在马克思主义基本原理指导下，一切为了人民，坚决依靠人民，彻底动员组织人民，充分武装人民，实行全面彻底的群众战争。

（三）毛泽东人民军队思想

所谓毛泽东人民军队思想，一般是指它的理论概念，即毛泽东和老一辈无产阶级革命家，在创建、领导人民军队为中国革命和建设奋斗的过程中，坚持把马克思主义的普遍建军原则同我军建设的实际相结合，始终把中国人民命运和我军的命运相联系，通过创造性对我军建军实践进行总结，对建军本质和规律进行揭示，所形成的指导我军建设的理性认识。它是具有中国特色的、科学的、无产阶级的建军理论体系，是毛泽东军事思想的重要组成部分。毛泽东人民军队思想的内容，按照其内在的性质分类，是由对人民军队的根本认识和建设人民军队的基本方法两大部分构成的。

关于对人民军队的根本认识，即我党的无产阶级军队观。它是毛泽东根据马克思主义的军队学说，总结我军建设经验，所阐述的关于军队本质和价值的看法。内容包括：军队是阶级的产物，暴力的工具；军队是执行党的政治任务的武装集团；军队是国家政权的组成部分，枪杆子里面出政权；军队的根本职能是体现战斗力；人民军队是无产阶级进行武装斗争的主要组成形式；没有一个人民的军队，便没有人民的一切等。这些思想构成了我党为什么建立军队的基本思路，成为人民军队建设的基础理论。可见，关于对人民军队的根本认识，是毛泽东人民军队思想内容构成中不可缺少的主要组成部分。

关于建设人民军队的基本方法，即我党无产阶级建设军队的方法论。它是毛泽东遵循其对人民军队的根本认识，根据我国建设方面的基本关系为我军确立的具体建军原则。包括两个基本方法：一是按照无产阶级性质进行人民军队政治建设的原则，即"三个必须"。首先，必须坚持党对军队的绝对领导；中国共产党为什么能领导中国革命从胜利走向胜利,这是因为,在"中国的社会各阶层和各种政治集团中,只有无产阶级和共产党,才最没有狭隘性和自私自利性,最有远大的政治眼光和最有组织性,而且也最能虚心地接受世界上先进的无产阶级及其政党以及一切进步的经验而用之于自己的事业"。其次,必须坚持全心全意为人民服务的宗旨,实现全心全意为人民服务的宗旨,毛泽东为军队提出了战斗队、工作队、生产队为内容的三大任务。再次,必须坚持强有力的政治工作。毛泽东在《论持久战》中指出:"军队的基础在士兵,没有进步的政治精神贯注于军队之中,没有进步的政治工作去执行这种贯注,就不能达到真正的长官和士兵的一致,就不能激发官兵最大限度的抗战热情,一切技术和战术就不能得到最好的基础去发挥它们应有的效力。"二是按照战争要求进行人民军队军事建设的原则,即建立铁的纪律。邓小平认为:"三大纪律八项注意这部法典'绝不是一个简单的规定,它是一个战略、策略的大事,是否能取得战争胜利的大事'";严格教育训练;注重科学管理;改善武器装备;完善体制编制;加强司令部、后勤建设等。这些原则构成了我党怎样建设人民军队的操作性行为规范,成为人民军队建设的应用理论。因此,关于人民军队建设的基本方法,同样也是毛泽东人民军队思想内容构成不可缺少的另一重要组成部分。

(四)毛泽东人民战争的战略战术思想

进行人民战争,必须有一套与之相适应的战略战术。毛泽东及老一辈无产阶级革命家在长期的中国革命战争实践中,运用马克思主义的基本原理,广泛吸取古今中外有价值的军事理论,创造出具有中国特色的人民战争的战略战术思想,其主要内容包括战略防御思想、战略进攻思想和作战指导原则等。

1. 战略防御思想

战略防御问题是中国革命中最复杂和最重要的问题。毛泽东历来十分重视各个历史阶段中的战略防御问题,并围绕这一问题提出了适合中国革命战争特点的系统思想。主要包括:

(1)承认积极防御,反对消极防御。这是毛泽东战略防御思想的基本原则,并把这一思想提到了战略高度,用于指导战争的全过程。毛泽东积极防御战略思想的基本精神是,坚持自卫立场,后发制人;防中有攻,攻防结合;对待强敌,持久作战;实行人民战争,以弱胜强,以劣胜优。

(2)战略退却。这是劣势军队在敌进攻面前,为了保存军力,待机破敌而采取的一个有计划的战略步骤,是战略防御的第一个战略阶段,也是毛泽东积极防御战略思想的基本内容。实行战略退却的目的在于"保存军力",选择和造成有利于我不利于敌的条件,抓住战机,集中优势兵力,各个歼灭进犯的敌人。战略退却的全部作用,在于转入战略反攻,并取得反攻的胜利。

(3)防御中的进攻、内线中的外线、持久中的速决。它的基本精神就是在战略的内线持久的防御战中，实行战役战斗的外线速决的进攻战。这是毛泽东为我军实行战略防御作战提出的基本方针，是转换敌优我劣形势的基本手段，也是积极防御战略思想的具体运用。

（4）战略反攻。其任务是粉碎敌人的进攻，迫使敌人转入战略防御，并使自己转入战略进攻，这是战略防御的最后阶段。战略反攻可直接导致战略进攻。"所谓积极防御，主要也就是指的这种带决战性的战略的反攻。"

2．战略进攻思想

战略进攻是毛泽东人民战争战略战术的重要内容。它主要包括：

（1）独特的战略进攻样式。即在敌人实施重点进攻的情况下，使用主力直接指向敌人战略纵深；实行中间突破以千里跃进的方式，直插敌之腹心之战区；采取三军配合，两翼钳制的方法，保证战略进攻的顺利展开。

（2）实行战略决战，歼灭敌人重兵集团。这是毛泽东战略决战思想在战略进攻中的生动体现。通过辽沈、淮海、平津三大战役的胜利，消灭了国民党军的主力。这一思想主要表现在：抓住决战时机；选定决战方向；针对不同决战对象确定不同的战役指导方针；关照决战全局各战区行动。

（3）战略追击，夺取战争的最后胜利。主要思想包括：采取远距离包围迂回，尔后回打的方针；对负隅顽抗之敌，采取就地歼灭的方针；运用"北平方式"和"绥远方式"解除敌之武装；先占领大中城市，后占领农村。这些都充分体现了毛泽东的独特的战略进攻思想。

3．作战指导原则

毛泽东在长期的革命战争实践中，提出了一系列适用于人民战争的一整套作战指导原则。主要包括：

（1）保存自己，消灭敌人。它是战争指导的基本原则。这是因为，它是军事行动的直接目的，它规定并制约着战争的一切活动。保存自己消灭敌人两者之间的关系：就战争全程和全局而言，消灭敌人（进攻）是第一位的。

（2）战略上藐视敌人，战术上重视敌人。藐视就是在全体上、长远上、本质上看，帝国主义和反动派代表少数人的利益，政治上腐朽反动，迟早要被人民所打倒。而且敌强我弱的战争力量随着斗争的不断深入而转化为敌弱我强，帝国主义和反动派将被我们一口一口吃掉，胜利属于人民。重视就是在对敌斗争所采取的每一个步骤、每一个行动上都不能持轻率态度，应当具体地实事求是地计算敌我力量对比，集中全力作战。

（3）慎重初战。就是第一仗，它对尔后的发展影响很大。它是实现全局胜利的有机序幕，是通向最终目标的大门，初战不成，再战不利。

（4）力争主动，力避被动。毛泽东说："一切战争的敌对双方，都力争在战场、战阵、战区以至整个战争中的主动权，这种主动权即是军队的自由权。军队失掉了主动权,被逼处于被动地位,这个军队就不自由,就有被消灭或被打败的危险了。"因此,力争主动,力避被动,就成了一切军事原则中的首要原则。

(5) 不打无准备、无把握之仗。就是每战都应力求有准备,力求在敌我条件对比下有胜利的把握,这是保证速决全歼的又一重要原则。

(6) 运动战、阵地战、游击战紧密结合。游击战使敌十分疲劳和饥饿;运动战将敌拖得精疲力竭,然后将敌歼灭;而阵地战则在运动战创造了良好战机的条件下,以攻坚战取胜。

(7) 集中优势兵力,各个歼灭敌人。这是战胜敌人的根本法则。因为,集中兵力可以改变敌我双方的进退形势,可以改变敌我双方内外线的形势,可以改变敌我双方的攻守形势。正如毛泽东指出,每战集中绝对优势兵力(两倍、三倍,有时甚至是五倍或六倍于敌之兵力),四面包围敌人,力求全歼,不使漏网。

(8) 力求实行歼灭战。这是因为,歼灭战能有效地消灭敌人的有生力量,给敌人以决定性的打击,能够大量利用被战败的敌人的人力和物力资源补充自己,发展壮大自己的力量;能够极大地打击敌军的士气,鼓舞我军的士气;能够较明显地逐步改变敌我力量对比。

上述这些作战原则都是毛泽东人民战争战略战术的重要内容,也是我军以劣势装备战胜优势装备之敌的法宝。

(五) 毛泽东的国防建设思想

国防建设是指国家在军事、经济、政治、文化等方面所进行的保卫国家的建设。新中国成立后,毛泽东及老一辈无产阶级革命家运用马克思主义的基本理论,结合新中国成立后的实际情况,在社会主义革命和建设的实践中,提出并形成了一整套关于国防建设的理论。

1. 国无防不立

有国必有防。这是阶级社会历史发展的必然规律,是马克思主义军事理论的重要观点,是毛泽东确立国防建设思想的理论基础。我们要建设一个强大的社会主义国家就必须进一步加强国防建设,增强国防实力。这是因为:建立强大的国防是新中国独立存在的前提;建立强大的国防是进行社会主义建设的客观要求;建立强大的国防对维护世界和平具有重要作用。

2. 国防建设的方针原则

确立国防建设的方针原则:必须从国防形势和国情实际出发;必须以现代化为中心;必须与国家经济建设相适应;必须坚持独立自主;必须坚持改革的方针。以上国防建设的方针原则,是毛泽东及老一辈革命家在国防建设的实践中探索和总结出来的,是我国进行国防建设所必须遵循的。"从实际出发"是国防建设的思想基础;以现代化为中心是国防建设的方向和目标;与经济建设相适应是国防建设的客观规律;独立自主是国防建设的唯一途径;改革是建设中国特色社会主义国防的新鲜经验。这五个方面，相互补充，互为作用，缺一不可，形成了毛泽东国防建设思想的基本理论体系。当然，国防建设是随着历史的发展而发展的，其方针原则也必须随着国防建设的不断深入而注入新的内容，有新的发展。

四、毛泽东军事思想的历史地位

1. 毛泽东军事思想把中国军事思想发展到一个全新的阶段，是中国革命战争胜利和国防现代化建设的理论指南

毛泽东一方面以他精深的中国传统文化素养，广泛吸收中国古代军事思想的精华，另一方面把辩证唯物主义运用于研究和指导战争，形成了中国历史上最先进、最科学、最完整的军事理论，把中国军事思想推进到一个全新的历史阶段。

实践证明，以毛泽东军事思想为指导，革命战争就胜利，国防现代化建设就发展。毛泽东军事思想是中国革命胜利和国防现代化建设的指南。

2. 毛泽东军事思想创造性地丰富和发展了马克思主义军事理论宝库

毛泽东既遵循马列主义的基本原理，又灵活处理中国革命战争的具体问题，在一系列问题上发展了马克思主义军事理论。其中主要有：系统地阐明了关于研究和指导战争的战争观和方法论；开辟了农村包围城市、武装夺取政权的道路；创造性地解决了把以农民为主要成分的革命军队建设成为一支无产阶级性质的新型人民军队的问题；丰富和发展了马克思主义人民战争思想；系统制定了适合中国革命战争特点的战略战术以及国防现代化建设的理论和方针原则等。毛泽东军事思想丰富了马克思主义军事理论宝库。

3. 毛泽东军事思想在世界上有广泛而深远的影响

首先，毛泽东军事思想在第三世界广为传播，成了被压迫民族和人民争取民族独立和解放的强大思想武器。

其次，毛泽东军事思想对世界军事思想的发展作出了重大的贡献。毛泽东军事思想所揭示的军事规律达到了前所未有的深度和广度，是一座博大精深的军事理论大厦，在世界军事思想史上占有重要地位。

最后，毛泽东军事思想受到世界各方面人士的重视，许多人对它进行探索和学习，称颂毛泽东是当代最伟大的军事家、战略家和军事理论家。

第三节　邓小平新时期军队建设思想

对越自卫反击战，又称中越战争，狭义上是指1979年2月17日—1979年3月16日中国、越南两国在中越边境爆发的战争。广义的中越战争，是指从1979年到1989年近十年间的中越边境军事冲突。其中包括1979年中越边境中方自卫还击作战，1981年中国收复扣林山、法卡山之战，1984年中国收复老山、者阴

山、八里河东山之战，中国对越拔点作战、两山轮战、对越坚守防御作战等。

此战暴露出在历经十年"文革"后中国军队战力受到严重损毁的种种问题。邓小平借此机会，于此战后大刀阔斧改造军队。使军队建军思想得以拨乱反正，从政治运动时期一味强调人的精神力量第一，转到了人与武器装备并重的正常轨道，中越之战告诉中国军人，光不怕死并不能战胜敌人，精神原子弹炸不死人，正规化建设应当包括优秀的训练素质、出色的指挥艺术、精良的装备。

邓小平同志是杰出的马克思主义者，坚定的共产主义者，卓越的无产阶级革命家、政治家、军事家，我们党、国家和军队久经考验的领导人。邓小平新时期军队建设思想，是对新时期军事斗争和国防及军队现代化建设实践经验的科学总结，是党中央、中央军委集体智慧的结晶，是毛泽东军事思想发展的重要组成部分，是指导我军新时期军事斗争和现代化建设的思想武器。

一、邓小平新时期军队建设思想的科学含义

邓小平新时期军事思想是对毛泽东军事思想的继承，但这种继承绝不是对过去内容的简单重复，而是在毛泽东军事思想的基础上，结合新的实践，从广度和深度上都有创造性的发展。邓小平新时期军事思想的内涵是十分丰富的。

（1）邓小平新时期建军思想，是指导新时期中国军队建设和国防建设的系统理论。

（2）邓小平新时期建军思想，是马克思主义军事理论、毛泽东军事思想在新的历史条件下的继承和发展。

（3）邓小平新时期建军思想，是邓小平建设有中国特色社会主义理论的重要组成部分，是新时期我军建设和军事斗争的根本依据和指导思想。

邓小平同志及中央军委对毛泽东军事思想的继承和发展，特别是邓小平同志根据国内外的实际情况，对战争与和平问题作出了科学的判断，确立了以现代化为中心的我军建设的总任务，提出了精简整编、加强军队质量建设和把教育训练提高到战略地位等一系列重大决策，明确了我军新时期积极防御的战略方针，为加强我军在和平时期的建设指明了方向。所有这些，都是从理论与实践的结合上，进一步丰富和发展了毛泽东军事思想，把毛泽东军事思想推向了一个崭新的阶段，这是新时期的重要标志。

二、邓小平新时期军队建设思想的主要内容

邓小平新时期军事思想是建立在毛泽东军事思想科学体系基础之上的，但它绝不是对毛泽东军事思想体系简单的重复，而是根据新时期我们面临的新情况、新问题，结合我国和我军的实际情况，在广度和深度上对毛泽东军事思想都增添了新的内容。在研究邓小平新时期军事思想的过程中，不难发现邓小平同志新时

期对毛泽东军事思想的发展，几乎涵盖了毛泽东军事思想体系的各个组成部分和基本内容。邓小平同志在关于战争与和平、国防现代化建设与军队现代化建设、军事战略以及渗透在这些内容中的军事辩证法方面，都作了系统的论述，并有所创新，有所发展。

（一）战争与和平理论

无产阶级战争观的新拓展，及时地回答历史和时代所提出的问题，是马克思主义军事理论丰富和发展的重要契机。邓小平从世界全局出发，科学地回答了当代战争提出的新问题。

1. 霸权主义是当代战争的根源

早在20世纪80年代初期，邓小平就果断提出：当今世界的不安宁来源于霸权主义的争夺，霸权主义是战争的根源。经过多年的冷静观察与审慎思考，邓小平又进一步完善为：无论是世界性霸权主义，还是地区性霸权主义，都是当代战争的根源。邓小平这一新的论断，丰富了马克思主义的战争观。

邓小平关于"霸权主义是当代战争根源"的论断全面深刻地揭示了当代局部战争频繁，而世界大战虽迟迟未爆发但其危险却依然存在的现实。邓小平关于"霸权主义是当代战争根源"的思想，具有丰富的内涵，是对马克思主义战争根源理论的重大发展。第一，任何社会制度的国家只要推行霸权主义，都可以成为战争的根源；第二，霸权主义，既有世界霸权主义，又有地区霸权主义，两者侵略扩张的本质相同；第三，苏联解体，两霸相争消失，但决不意味着霸权主义消失。

2. 如果工作做得好，世界战争是可以避免的

中国的人口相当于美、俄、日加上整个欧洲的总和，而经济上则远远落后于发达国家，自20世纪70年代末期以来，中国正集中精力发展经济，但对战争问题不可能漠不关心。中国对世界形势的基本估计，在毛泽东年代是"战争迫在眉睫"。20世纪70年代末80年代初倾向于"战争不可避免，但可推迟"。

邓小平研究了军事活动的历史和现状，在世界大战问题上得出了一个新的结论：如果工作做得好，世界大战是可以避免的。20世纪80年代邓小平作出新的判断："虽然战争危险依然存在，但世界战争可以避免。"邓小平判断基于以下事实：第一，有资格打世界大战的只有美苏两个超级大国，别人没有资格。美苏两家原子弹多，双方的核武器当量已达1 300多亿吨，都有毁灭对手的力量，因此谁也不敢动手。进入20世纪90年代后随着苏联的解体，两个超级大国争夺与对抗结束，酿成世界大战的主要因素不存在了，世界向多极化格局发展，一时还形不成新的打世界大战的对立面。第二，世界和平力量的增长超过了战争力量的增长。和平力量主要是第三世界国家。20世纪70年代第三世界国家已发展到120个，占联合国会员国的80%以上，包括中国在内的第三世界虽然经济不发达，

但人口占世界总人口的 3/4，领土占世界总面积的 1/3。第三世界大都贫穷落后，要和平不要战争，迫切希望有个和平环境来发展经济。日本、西欧等第二世界国家也都不希望爆发世界战争，苏联和美国国内广大人民群众也都反对战争。因此邓小平认为，世界很大，复杂得很，但仔细分析起来，真正支持战争的没有多少。第三，国际竞争的重点已由军事竞争转向以经济科技为基础的综合国力的竞争。世界多极化力量格局的发展，几乎所有国家都在制定新的经济发展战略，推行新的科技发展计划，致力于提高综合国力，以求在未来世界中占有一席之地。这是邓小平对世界军事运动的新趋势的基本判断。近年来国际军事运动的新趋势在于：一是世界大战不再以少数几个大国的意志为转移，而是取决于战争力量与和平力量新的对比，目前的特点是和平力量的发展超过了战争力量的发展；二是无论局部战争还是武装冲突，越来越多地受到国际政治、经济、外交等多种因素的制约。

邓小平关于世界大战是可以避免的论断向我们指明：大战可以避免不是无条件的，而是有条件的，主要条件就是"如果我们搞得好"，就是要"争取"。一句话，就是要使和平力量不断发展，阻止霸权主义全球战略部署的完成。大战可以避免，绝不是说小战也不会发生。必须看到：在群雄四起的多极格局形成之后，国际关系更加错综复杂。邓小平讲战争可以避免，主要指的是世界大战可以避免。同时，他也强调了局部战争的不可避免性。

3. 和平与发展是时代主题

时代主题是世界发展过程中不同阶段带有战略性和关系全局的核心问题，它是一个时代特征的反映。

进入 20 世纪 80 年代，国际形势和国际社会基本矛盾发生了巨大变化，邓小平同志以政治家、战略家的敏锐眼光，洞察国际战略格局的发展变化，提出了和平与发展是当代世界两大战略问题的科学论断。

1985 年 3 月，他在会见外宾时指出："现在世界最大的问题，带全球性的战略问题，一个是和平问题，一个是经济问题或者说发展问题。和平问题是东西问题，发展问题是南北问题。概括起来，就是东西南北四个字。南北问题是核心问题。"党的十三大政治报告，把邓小平同志这一思想正式表述为"和平与发展是世界的主题"。

邓小平对国际战略形势的发展，特别是对时代主题、战争与和平形势以及我国安全环境进行科学分析，并作出正确的判断后，果断地决定军队和国防建设指导思想实行战略性转变，充分利用今后一个较长时间里大仗打不起来的和平环境，在服从国家经济建设大局的前提下，有计划、有步骤地加强以现代化为中心的建设。

4. 战争不是解决国家、民族、阶级间利益矛盾的唯一手段

邓小平针对新的现实指出：维护世界和平，应当放弃用暴力解决国家间冲突

和争端的方式，而代之以政治解决。冲突双方应互相克制，求同存异，灵活地通过协商、对话等一系列政治方式，加以和平解决。邓小平认为，国家间的利益冲突、领土争端和历史遗留的许多问题，都应当本着双方受益、合情合理的原则化解"热点"，同时还主张加强联合国调解和仲裁国际争端的功能。

总之，邓小平运用马克思主义、毛泽东军事思想的战争观和方法论，分析当今世界的政治、经济、军事形势，对当代战争与和平问题提出了一系列的新理论和新方法。主要有三大论断、一个方式。三大论断：一是指出新的世界大战可以推迟或避免，和平与发展是当今时代的主题；二是指出战争的危险依然存在，局部战争是主要形式；三是指出现代战争的根源是霸权主义，反对霸权主义和强权政治是维护和平的基本任务。一个方式：指出了用和平方式解决争端的新思路，倡导在和平共处原则上建立国际社会新秩序。

（二）国防建设理论

面对复杂多变的国际环境，邓小平多次指出："现在国际局势并不太平，我们必须巩固国防。"而国防建设指导思想直接关系着国防建设的成效。邓小平通过对国际形势的长期观察和深思熟虑，作出了国防建设包括军队建设的指导思想实行战略性转变的重大决定，从而揭开了我国国防建设和军队建设新的一页。

党的十一届三中全会以后，随着全党工作重点的战略转移，邓小平同志全面分析了当前的国际环境和我国建设所面临的矛盾和关系，逐步形成了一个建设有中国特色的社会主义现代化国防的思想。这一思想主要包括以下方面。

1. 国防建设指导思想从长期以来立足于"早打、大打、打核战争"的临战状态，转变到和平时期现代化建设的轨道上来

转变论——关于国防和军队建设的指导思想实行战略转变的论述。邓小平依据对当代战争与和平问题的科学分析，提出我们对国防形势的判断和我们的政策有两个转变：一是对战争与和平问题的认识有变化，改变了过去认为战争迫在眉睫，时刻准备早打的认识；二是我们的对外政策改变了过去的"一条线"战略，改变了准备大打、打核战争的认识。依据这一战略思想，1985年召开的军委扩大会议作出了我国国防和军队建设的指导思想从长期以来立足于"早打、大打、打核战争"的临战准备，转变到和平时期正常建设的轨道上来的战略决策，其实质是利用相对稳定的和平时期和有利的环境，有计划、有步骤地加强以现代化为中心的基本建设，从根本上增强我军的战斗力。国防建设指导思想实行战略性转变，是邓小平同志的英明决策，又是我国国防建设新的里程碑，对于促进我国经济建设，全面加强国防实力和战争潜力，提高我国的国际地位和威望，均具有现实意义和深远的历史意义。

2. 正确处理国防建设和经济建设的关系

国力论——关于国防与国家经济建设关系的论述。邓小平依据我国在新时期

以经济建设为中心,全面增强国家力量的总的发展战略,强调国防和军队建设要服从国家经济建设这个大局,要与国家经济建设协调发展。

在新的历史时期,邓小平把国防建设同经济建设的关系提到局部和全局的高度来认识,要求军队自觉地服从国家经济建设的大局。这一思想,是将政治观点、军事观点、经济观点综合指导国防建设,是要充分利用国际形势的相对和平环境,在服从国家经济建设的前提下,以经济建设的发展促进国防建设的进步,这是富国强兵、提高综合国力的战略性的重大决策。

历史的经验证明,我国的国防既不能走"穷国强兵"之路,也不能走"富国弱兵"之路,而是要走"富国强兵"之路。同时引进技术与自力更生相结合,发展国防科技。

邓小平强调,"过去也好,今天也好,将来也好,中国都必须发展自己的高科技,在世界高科技领域占有一席之地"。他主张"在国民经济不断发展的基础上,改善武器装备,加速国防现代化",并提出了一系列新时期发展国防科学技术的方针原则。

(三) 新时期人民军队建设理论

邓小平新时期军队建设思想,是邓小平新时期军事思想的核心和重点内容。它总结了党的十一届三中全会以来军队建设的新经验,创造性地回答了新形势下军队建设亟待解决的重大问题,成为和平时期我军现代化建设的纲领。邓小平新时期军队建设思想内容十分丰富,主要包括:关于以革命化为前提、现代化为中心、正规化为重点,全面建设军队的思想;关于适应国力、加速实现武器装备现代化的思想;关于把教育训练摆到战略地位,努力提高部队战斗力的思想;关于搞好体制改革和精简整编,建立科学的体制编制的思想;关于实现军队正规化,以法治军,科学化管理的思想;关于实现干部的革命化、年轻化、知识化、专业化的思想;关于加强和改进新时期政治工作,保证党对军队的绝对领导,保证军队的高度稳定和集中统一的思想等。邓小平新时期军队建设思想,是建设有中国特色的现代化正规化革命军队的理论。它以我军建设的丰富经验为基础,综合了世界发达国家军队建设的积极成果,系统地阐述了军队现代化建设的目标、道路和方针原则,揭示了和平时期军队建设的基本规律,成为我军现代化建设的指南。建设一支强大的现代化、正规化、革命化的军队,是邓小平通过对国际形势、我国现代化建设以及我军实际进行科学分析后提出的,是新时期我军建设的纲领和实际工作的指南。

1. 中心论——关于我军以现代化为中心的"三化"建设的论述

邓小平依据我军在新时期的根本职能和历史使命提出:"必须把我军建设成为一支强大的现代化、正规化的革命军队。"从而为我军在新时期的建设确定了总任务和总目标。其中主要有三层含义:一是明确了"三化"建设的地位和相互关系，以革命化为根本，确保在政治上永远合格；以现代化为中心，努力适应现代战争的要求；以正规化为保障，促进革命化、现代化的顺利进行。二是抓住新时期我军建设是我军现代化水平低和现代战争要求这一主要矛盾，确立了现代化建设的中心地位。三是明确了我军现代化建设的基本内容：武器装备现代化；官兵素质现代化；指挥管理现代化；军事学术现代化。

革命化是灵魂。军队的性质，就是指军队的阶级属性，通俗地说就是军队归哪个阶级领导，为哪个阶级服务。我军是中国共产党领导下的一支无产阶级性质的人民军队。军队革命化，从根本上反映的正是我军这一性质。革命化是现代化、正规化建设的灵魂。

现代化是中心。新时期我军建设面临的主要矛盾是现代化水平与现代战争不相适应的矛盾。邓小平指出："要承认我们军队打现代化战争的能力不够。要承认我们军队的人数虽多，但素质比较差。"以现代化为中心是解决我军建设主要矛盾的根本途径。邓小平提出军队现代化建设的主要精神是：

（1）在国民经济发展的基础上实现武器装备的现代化

早在20世纪50年代，毛泽东依据国际国内形势和当代世界军事的发展趋势，预见到当代世界军事舞台的"压轴戏"将是使用原子弹、氢弹一类尖端武器，不发展自己的尖端科技，在军事对抗中只能"俯首称臣"。

20世纪60年代，周恩来总理在我国原子弹爆炸成功后，深有感慨地说：没有这一声响，中国人在世界上说话就不算数，就没有人理你。1988年10月24日，邓小平在北京视察正负电子对撞机工程时的讲话明确指出，如果60年代以来中国没有原子弹、氢弹，没有发射卫星，中国就不能叫有重要影响的大国，就没有现在这样的国际地位。这些东西反映一个民族的能力，也是一个民族和国家兴旺发达的标志。学过历史的人都知道，一部中国近代史，就是中华民族的百年屈辱史。

邓小平曾指出，我们也要讲技术，我们要改善武器装备，缩小同军事大国的差距，尽量减少我们的损失和代价。我们要在国民经济发展的基础上实现武器装备的现代化。

（2）要有合理的编制体制

1975年邓小平指出："搞好军队的编制整顿、体制整顿，可以适当解决军队的其他问题。"1977年他又指出，军制建设"是整顿军队、准备打仗所必需的，有了这些章程，我们就有章可循，就能够统一认识，统一行动"。

人和武器是构成军队战斗力的两个基本要素，还包括把人与武器装备结合起来的体制编制。体制编制科学合理，就能最大限度地发挥人和武器的作用，提高诸军兵种的整体作战效能。

新中国成立后，中央军委根据形势和任务的变化，对军队体制先后进行了九次调整。在邓小平的领导下，1980年、1982年、1985年我军连续进行三次精简整编。特别是 1985 年军队员额裁减 100 万,并相应地改革了军队的体制编制。一是陆军全部整编为诸兵种合成的合成集团军,同时新组建了陆军航空兵、山地作战部队、电子对抗部队、伪装部队、海军陆战队等新兵种和快速反应部队;二是组建了预备役师、团,使我军形成了精干的常备军与强大的后备力量相结合的编制体制。

邓小平不仅反复强调编制体制改革的必要性、重要性,而且从提高战斗力的目的出发,提出了军队编制体制改革的基本原则。

(3) 大力培养现代化的军事人才

美国前国防部长切尼在总结海湾战争时讲过:灵巧的武器需要灵巧的人按照正确的理论操作,才能发挥最大的战斗效能。美军《作战纲要》中也指出,人的因素在未来战役战斗中起决定作用。

邓小平强调,人是现代化建设的关键,是建军之本。如果不造就一大批驾驭现代战争的军事人才,就谈不上军队现代化。

(4) 发展现代军事理论

军事科学,是研究战争的本质和规律。先进的军事理论,能够揭示战争的特点和规律,从而使我们正确认识和运用军事规律,把握军队发展的趋势,正确选择军队建设的目标和途径。因此,现代军事科学理论,是军队现代化建设的先导。现代化为革命化和正规化规定了具体的任务和落脚点,是军队建设的中心。

2. 改革论——关于新时期我军建设必须走改革之路的论述

邓小平认为,我军建设只有在改革中前进,才能达到"三化"的总目标。其基本思路是一条主线、三个层次、四条原则。一条主线:改革要始终围绕着提高战斗力,实现"三化"总目标来进行。三个层次:一是改变我军建设的指导思想和观念;二是改革部队的体制编制;三是改革完善法制制度。四条原则:一是要保证我军的根本制度和性质;二是保持部队的稳定;三是从我军的实际出发;四是要从整体效益出发。

3. 质量论——关于注重我军质量建设,走精兵之路的论述

邓小平为我军质量建设提出了一系列带有战略性的重大举措:一是"消肿"整编,走精兵之路;二是改进武器装备,行利器之举;三是实行干部队伍的革命化、年轻化、知识化、专业化;四是坚持战斗力标准,把教育训练提高到战略地位;五是加强部队管理,从严治军。

4. 合格论——关于加强、改进新时期军队政治工作,保证我军政治上永远合格的理论

邓小平指出:"对军队来说,由长期的战争环境转入和平环境,这是最大的不同。我们政治工作的根本的任务、根本的内容没有变,我们的优良传统也还是那一些,但是,时间不同了,条件不同了,对象不同了,因此解决问题的方法也

不同"，"要研究和解决在新的历史条件下，怎样恢复和发扬政治工作的优良传统，提高我军战斗力的问题。"

邓小平同志对我军的政治上是否合格非常重视，为使我军永远忠于党、忠于祖国、忠于人民，他对新时期如何加强我军政治工作做了一系列阐述。一是指出了在新的历史时期，必须研究新情况、新问题，加强并改进政治工作。二是确定了新时期我军政治工作"两个服务"、"四个保证"的指导思想。"新时期我军的政治工作，必须服务于国家的社会主义现代化建设，服务于军队的现代化建设，从政治上、思想上、组织上，保证党对军队的绝对领导和人民军队的性质，保证军队的精神文明建设，保证军队内部的团结和军政军民团结，保证军队战斗力的提高和各项任务的完成，动员和团结全体官兵把我军建设成为具有中国特色的现代化正规化的革命军队"。三是明确了新时期军队政治工作的根本任务，就是坚持和宣传"四项基本原则"，保证军队永远是"党的军队、人民的军队、社会主义国家的军队"的根本性质。四是强调军队要经得起反"和平演变"斗争、改革开放和和平环境的考验。坚持用马列主义毛泽东思想和新时期"一个中心和两个基本点"教育和统一全军的思想，把忠实维护国家建设和改革开放，反对资产阶级自由化和"和平演变"作为政治工作的重点。五是提出要培养"四有、三讲、两不怕"（有理想、有道德、有文化、有纪律，讲军容、讲礼貌、讲卫生，不怕艰难困苦、不怕流血牺牲）的新人，并将其列为政治工作的目标。六是坚持党对军队的绝对领导，发挥军队内党组织的战斗堡垒作用和党员的先锋模范作用，作为政治工作的核心内容。七是树立永远是战斗队的观念，加强精神文明建设，把发扬"五种革命精神"作为政治工作的着眼点。八是在实践中继承和创新，充分发挥政治工作的优势，作为政治工作的动力。要使我军政治合格，还必须在军队中坚决贯彻全心全意为人民服务的宗旨。紧紧地抓住了这个核心，一切问题也就迎刃而解了。

根据邓小平同志的一系列阐述，1987年，中央军委颁布《中央军委关于新时期军队政治工作的决定》。

（四）新时期军事战略理论

在军事战略的理论和实践上，邓小平根据国际战略格局的变化和对战争与和平新形势的判断，在继承毛泽东军事思想的基础上，提出了关于现代条件下人民战争的理论和新时期积极防御的军事战略方针，为我国新时期军队建设和军事斗争指明了方向。

1. 坚持现代条件下的人民战争

邓小平同志以战略家的胆识和洞察力明确指出："只要我们坚持人民战争，敌人就是现在来，我们以现有武器也可以打，最后也可以打胜。"因此，他号召我军要"在继承毛泽东军事思想上，研究现代条件下的人民战争"。

人民战争，是我们过去在历次革命战争中战胜国内外强大敌人的法宝，也是我们与任何强敌相比的最大优势。邓小平在继承毛泽东人民战争思想的同时，又结合新的历史条件，强调要坚持"现代条件下的人民战争"，丰富和发展了毛泽东人民战争的思想。在未来战争中，我们与来自发达的国家的强敌相比，虽然在武器上处于劣势，但也不是在所有方面都绝对处于劣势。从全局上看我们有许多战胜敌人的有利条件。

（1）我国综合国力居世界前列，有雄厚的战争潜力

新中国成立60多年来，特别是改革开放以来，我国国民经济有了较大的发展，钢铁、煤炭、石油、电力、粮食、油料等经济指标都已经跃居世界首位或前列，综合国力已跃进到世界第二位。在这样的现实面前，无论哪一个国家要对今天的中国发动一场战争，都不能不事先想想这将会给自己带来什么结果。

（2）有震慑敌人的"杀手锏"

我军武器装备从总体上落后于发达国家，但并不是所有的武器都落后。新中国成立后，我们依靠自己的力量，已经建立起门类比较齐全、具有相当规模和水平的国防工业体系。我国掌握和运用一系列新的科学技术，具有自行设计制造飞机、军舰、核潜艇、导弹、卫星、坦克、火炮、电子战设备等能力，有效地提高了军队的战斗力，提高了我国的国际地位。

（3）高技术武器有一定的局限性

近20多年来，世界发生几场带有高技术特点的局部战争，无可否认，高技术武器在战争中扮演了重要的角色。然而，任何武器装备都是有弱点的，高技术武器也不例外，只要找到其弱点，采取适当的对策，充分发挥一般武器装备的优点，就可以找到对付的办法。

目前，我军在尖端武器发展方面，如核武器技术、导弹技术、卫星技术、核潜艇技术、航天技术等，在常规武器发展方面，如防空武器、雷达、反坦克武器、地雷爆破器材、扫雷布雷器材、道桥器材、伪装器材等，都已达到或接近世界先进水平。

（4）有地利人和的优越条件

我国人口占世界总人口的1/5；国土陆地面积960万平方千米，相当于40个英国、320个比利时，接近整个欧洲的面积；全国面积2/3为山区，地形对防御作战十分有利。这些都是我们实行人民战争的有利条件。

（5）有先进的军事理论作指导

马列主义军事理论、毛泽东军事思想和邓小平新时期军队建设思想，是我们克敌制胜的法宝，而敌人不可能很好地掌握其精髓。用这些理论武装起来的军队和人民，在兵法、谋略和战略战术方面可以保证胜敌一筹。

总之，一是坚定无论条件发生什么变化，我们都不会丢掉人民战争这个传家

宝；二是必须树立以劣势装备战胜优势装备之敌的信心；三是要充分认识现代条件下实行人民战争的新特点；四是要努力探讨现代条件下人民战争的制胜之道。

2. 实行积极防御的军事战略方针

20世纪70年代和80年代初，面对新的国际国内形势，邓小平同志就明确指出："我们未来的反侵略战争，究竟采取什么方针？我赞成就是'积极防御'四个字。"

党中央确立积极防御的战略方针的基点：一是我国国家性质和对外政策。不同的国家，由于社会制度和国家奉行的对外政策不同，所确立的军事战略方针也有本质的区别。作为社会主义国家，中国永远不会欺负别人，永远不会称霸，永远不会向全球伸手。因此，我国的军事战略始终是防御性的，就是将来现代化了也还是战略防御。二是国家的发展情况。中国是一个发展中国家，考虑军事战略问题，要同国家的发展利益和实际发展状况联系起来。三是国家利益。中国是个独立主权国家，考虑军事战略问题，要以国家安全利益作为最高准则。我们必须坚持"人不犯我，我不犯人，人若犯我，我必犯人"的立场，坚持依靠自己拥有的军事力量来遏制战争和抵御侵略。四是新时期军事斗争准备的客观需要。坚持积极防御的军事战略方针，能更加突出军事斗争的正义性、积极性和防御性，进而取得和保持战略上的主动地位。因为只要我们的军事行动完全是自卫的，就能够在国际国内得到广泛的理解和支持，收到得道多助的效果。

采取有效的防御性措施，积极地做好战争准备，就能够防患于未然，始终立于不败之地。因此，新时期，我们仍然要实行积极防御的军事战略方针。

三、邓小平新时期军事思想的历史地位和现实作用

（一）邓小平新时期军事思想的历史地位

1. 邓小平新时期军队建设思想是当代的马列主义军事理论

邓小平新时期军队建设思想，是在以和平与发展作为时代的主题，在建设有中国特色社会主义的过程中形成的。它的形成和发展既是邓小平对当今国际形势冷静观察和正确判断的结果，又是他对新时期我国国情、军情进行实事求是的科学分析的产物。它具有鲜明的时代特征，是马列主义军事理论、毛泽东军事思想在新的历史条件下的创造性运用和发展。

2. 邓小平新时期军队建设思想是我军建设的科学指南

邓小平新时期军队建设思想符合我军的实际，具有鲜明的中国特色。它紧紧地抓住我军建设的主要矛盾，创造性地回答和解决了新时期我军建设亟待解决的一系列重大理论和实际问题，是新时期军队建设的科学指南。

3. 邓小平新时期军队建设思想是我军克敌制胜的锐利思想武器

邓小平新时期军队建设思想，揭示了现代战争的特点和规律，为现代条件下

的作战指导提供了理论武器。它为我军积极防御的战略方针，赋予了具有时代特点的新内涵，是我军赢得未来反侵略战争的锐利思想武器。

邓小平的军事理论贡献主要体现在：一是对战争与和平问题提出了新的论断；二是确定了国防建设的总目标是实现现代化；三是提出并实行国防与军队建设指导思想的战略性转变，使国防与军队建设真正走上和平时期建设的轨道；四是确定了国防建设、军队建设要服从国家建设大局的基本原则；五是提出了军队建设的一系列新观点、新原则；六是提出军事改革是国防现代化的根本出路，是社会主义国家制度自我完善的重要方面；七是重新明确了我军在新的历史时期要继续坚持积极防御的战略方针。

（二）邓小平新时期军事思想的现实意义

邓小平新时期军事思想代表了我军军事思想发展的一个新阶段，是先进军事思想的具体体现。因此，研究邓小平新时期军事思想不仅具有重大的现实意义，而且具有深远的历史意义。

1. 研究邓小平新时期军事思想以指导新的军事实践

邓小平新时期军事思想在继承和发展毛泽东军事思想的基础上，具有更加鲜明的时代特色，我们所以要研究邓小平新时期军事思想，目的就在于指导现代军事领域中的各个实践问题。一是指导国家和武装力量的国防发展战略和军事战略。邓小平新时期军事思想根据国际形势的发展趋势和特点、世界军事战略态势和军事战略格局，以及我国在国际军事战略格局中的地位和奉行的对外政策，科学地分析和论证了敌我双方的政治、经济和军事实力，可能面临的主要威胁，以及未来战争可能出现的新情况、新特点，作出了正确的判断和预测。这是我们认清国际形势，制定我国国防发展战略和军事战略的基本依据。研究邓小平新时期军事思想，就是为了科学预测国际形势的发展趋势，把握时代的基本特征，正确制定我国国防发展战略和军事战略，并对实施过程中可能出现的新情况、新问题，进行滚动跟踪研究和论证，以跟上时代的步伐，掌握战略上的主动权。二是指导国家军队建设。邓小平新时期军事思想是我军在新的历史时期进行现代化建设的指南。研究邓小平新时期军事思想就是根据国家战略方针，针对敌对国家武装力量和武器装备的发展以及建军方向、规模、编成、军事训练、诸军兵种发展比重等，进行科学论证和科学预测，提出适合本国军队建设特点的理论和原则，用以指导我军建设，使我军在新的历史条件下朝着正确的方向发展。三是指导我军武器技术装备的发展。研究邓小平新时期军事思想，就是要在其指导下，根据已经制定的国防发展战略、经济实力和科学技术水平，对敌国武器技术装备的现状和发展趋势进行研究、论证和预测；提出我国武器技术装备的发展方向和改进措施，发展适合于不同地形、不同天候条件下作战的武器技术装备，缩短与世界发达国家军队武器技术装备现代化水平的差距。四是指导我军的战争准备和战争实施。研究邓小平新时期军事思想，就是要以此为依据不断研究总结以往历次战争经验，尤其是研究总结现代高技术条件下局部战争的经验教训，揭示战争规律和战争指导规律，从中得到启迪，以正确预测未来战争可能出现的形式和样式，提出相适应的对策。同时，根据科学技术发展的现状和趋势，预测未来军事理论和作战方法可能发生的变化、提出对策和措施；还要根据邓小平新时期军事思想，及时掌握国际形势发展特点和军事战略动向，进行科学分析，作出正确的战略判断，为国家和军队做好战争准备，包括战争动员体制、民兵和预备役建设、战略物资储备、军事训练、武器装备的生产、战略后方建设等，提出一套行之有效的措施，以正确指导战争准备与实施，有把握地取得战争的胜利。

2. 研究邓小平新时期军事思想以指导我国武装力量的发展

在一个较长的时间内，至少在20世纪内不发生世界战争是可能的，这是邓小平同志在20世纪80年代中期对未来战争所作的科学预测。正是在这一科学预测的基础上，中央军委对我军的发展提出了总体构想，不失时机地实现我军建设指导思想的战略性转变，卓有成效地改变我军的规模、结构、素质以及我军建设的途径和方式。另一方面，由于局部战争一直在打，我们必须拥有一支精悍的、能够应变的，并在军事、经济、外交等方面获得最佳效益的军队。为此，必须按照邓小平新时期军事思想加强我国武装力量建设，按具体问题具体对待的要求，不同规模、不同强度、不同对象、不同地区的战争，应该由不同装备、不同编制的部队去对付，才能收到事半功倍的效果。而这些问题的解决，都是以邓小平新时期军事思想为理论依据的。

3. 研究邓小平新时期军事思想以解放思想，发展我国的军事科学

研究邓小平新时期军事思想，就是为了解放思想，按照新的思维方式，打破传统的僵化的旧观念，发展我国的军事科学。党的十二届六中全会的《决议》中指出："离开实践的观点，发展的观点，创造的观点，就谈不上坚持马克思主义。"在新的历史条件下，我国的国防现代化建设和军队改革的实践均是以邓小平新时期军事思想为先导的。当前，随着整个社会改革步伐的加快，特别需要我们发展军事理论，努力开拓创新，以敏锐的眼光，以科学的态度，认真研究国防现代化建设和军队现代化建设中出现的新情况、新问题，从理论上作出科学的回答。邓小平同志在新的历史时期，对军队建设作出了一系列战略决策，把建设的重点重新转到现代化上来，从而使我军建设回到了马克思主义、毛泽东思想的正确轨道。这是我军建设方向的拨乱反正，是具有重大现实意义和历史意义的。认真研究和贯彻执行邓小平新时期军事思想，是加快我军现代化建设进程的关键，这一点，已经被军队建设的实践所证明。邓小平新时期军事思想，是现代化的军事思想，它对我国国防建设和军队建设的指导作用，越来越重要和突出。因此，我们必须深入研究邓小平新时期军事思想，掌握它的基本理论，并用其来指导我

军面临的新的实践，这是时代的要求，也是历史的必然。

第四节 江泽民国防和军队建设思想

北约对南联盟的战争和对我驻南使馆的轰炸事件，以美国为首的北约组织于1999年3月24日发动的对南斯拉夫联盟的大规模空袭，是对国际法准则的公然践踏。这种恃强凌弱、蛮横无理的做法向国际社会表明，北约组织及其成员国认为使用武力仍然是解决争端的最有效方式，这使得自《海牙国际争端和平解决公约》（海牙第一公约）、《联合国宪章》、国际社会为全面禁止战争和非法使用武力行为所做出的不懈努力及取得的重要成果变得毫无意义。而以美国为首的北约组织于5月7日午夜使用导弹袭击中国驻南联盟使馆和伤害我驻外记者及使馆人员的罪恶行径，更是肆意践踏了保护外交使馆和外交人员以及战时平民保护的国际法规则。

《同仇敌忾，团结御侮》（1999年5月8日、9日、11日）。这是江泽民同志在中共中央政治局常务委员会会议上关于以美国为首的北约用导弹袭击我国驻南斯拉夫联盟共和国大使馆问题的三次讲话的要点，阐明了中央的原则立场和应对措施。文中指出：以美国为首的北约用导弹袭击我国驻南联盟大使馆，是世界外交史上一起空前严重的事件，必须采取严正态度，对这种野蛮暴行进行最严厉的谴责；斗争要有重点、分主次，坚持有理、有利、有节的原则；要十分注意保持社会稳定，坚持埋头苦干、卧薪尝胆，把我国的经济实力搞上去，把我们的国防实力搞上去，才能永远立于不败之地。

一、江泽民国防和军队建设思想的含义与形成过程

（一）江泽民国防和军队建设思想的含义

江泽民论国防与军队建设，是指江泽民根据新形势新情况，对新时期我军建设、国防建设和军事战略等基本问题提出的科学理论体系；是以江泽民为核心的党的第三代领导集体，继承和发展毛泽东军事思想、邓小平新时期军队建设思想的体现；是第三代领导集体根据时代发展的新要求、新任务创立的新时期我军建军学说；是第三代领导集体智慧的结晶。

（二）江泽民论国防与军队建设思想的形成过程

1989年11月9日，在党的十三届五中全会上，江泽民当选为中央军委主席并主持中央军委工作。

1989年，江泽民明确指出，经济建设、国防建设两头都要兼顾，军队应该吃"皇粮"，军队应该由国家养起来。

1990年，江泽民根据当时的形势，向全军发出号召：按照"政治合格、军

事过硬、作风优良、纪律严明、保障有力"的总要求。

1991年，海湾战争后，江泽民严肃地指出，军队现代化建设要重视和依靠科学技术进步。

1992年江泽民在"十四大"报告中指出：必须按照邓小平新时期军队建设思想，走有中国特色的精兵之路，把我军建设成为强大的现代化、正规化、革命化的军队。

1993年，在江泽民亲自主持下，军委制定了新时期军事战略方针。

1994年，江泽民特别强调指出："全军要重视学习现代科学技术知识。"

1995年，江泽民在十四届五中全会上指出，要正确处理国防建设与经济建设的关系。明确提出要科技强军，实现我军建设由数量规模型向质量效能型、由人力密集型向科技密集型的转变。

1997年，在党的十五次代表大会上，江泽民向全世界宣布在今后三年内再裁减军队员额50万。

1998年，江泽民先后就军队的体制编制调整改革，坚持党对军队的绝对领导，在军队政治教育和传统教育等一系列方向性、根本性的重大问题上做出了重要指示，采取了一系列重大决策。至此，江泽民新时期建军学说形成。

2001年"9·11"事件后，江泽民及时指出，全世界要联合起来打击恐怖主义，但是，打击恐怖主义不能使用双重标准。

以江泽民为核心的党的第三代领导集体，全面推进我国国防和军队建设思想的发展进程，与时俱进地制定了我国军事战略、军队建设和国防建设的方针原则，丰富了无产阶级军事思想的宝库。

二、江泽民国防和军队建设思想的主要内容

（一）军事战略理论

自20世纪90年代以来，以江泽民为核心的党的第三代领导集体，根据世界形势新的发展和变化，坚持毛泽东军事思想和邓小平新时期军队建设思想，为国家制定了新时期的军事战略方针。江泽民国防和军队建设思想中的军事战略理论主要包括以下几个方面的内容。

1. 和平与发展仍然是世界的主流

江泽民坚持马克思主义的思想路线，通过冷静的观察和科学的分析之后深刻指出，和平与发展仍然是当今世界局势的主流，这为我国全面推进社会主义现代化建设事业提供了难得的历史机遇。总体和平、局部战乱，总体缓和、局部紧张，总体稳定、局部动荡，成为当今国际局势的基本态势。多极化趋势在曲折中发展，称霸与反霸的斗争将长期存在；经济全球化不断加快，在推动生产力发展的同时，也加剧了世界发展不平衡的矛盾；世界新军事革命和全球性军事战略调整正在深入进行，西方军事干涉主义抬头，冷战后一度减弱的威胁世界和平的因素又出现了上升趋势；一些国家和地区的民族、宗教矛盾激化，由此引发的武装冲突、局部战争和恐怖袭击此起彼伏。这些因素将长期地对世界和平与安全产生深刻的影响。因此，江泽民进一步指出，我们当前是处在这样一个总的国际形势之下，世界大战一下子打不起来，有可能争取一段较长时间的和平环境。但是，世界和平问题并未根本解决，战争危险产生的根源仍然存在。我们要为促进世界和平力量的增长继续做出不懈努力，同时也要应付现代条件特别是高技术条件下的局部战争，以保卫我国的安全和发展，这是一个重要的战略方针。

以江泽民为核心的党的第三代领导集体，由于对世界形势做出了正确判断和科学分析，就为我国制定了新时期的正确的军事战略方针。这个正确战略方针的提出是对马克思列宁主义军事思想、毛泽东军事思想、邓小平新时期军队建设理论的运用和创造性的发展。

2. 立足于打赢一场高技术局部战争

把我国未来军事斗争准备的基点，置于打赢可能发生的高技术局部战争之上，是以江泽民为核心的党的第三代领导集体在邓小平国防建设思想的正确指导下，提出的我国新时期军事战略方针的基本精神。江泽民深刻指出："世界军事发展的强劲势头，对我军的质量建设和军事斗争准备提出了严峻挑战。海湾战争后，经过几年酝酿，我们制定了新时期军事战略方针，把军事斗争准备的基点放在打赢现代技术特别是高技术条件下的局部战争上。在这个战略方针指导下，全军的各项建设和一切工作，包括军事训练、政治工作、后勤保障、国防科研等，都要在新时期军事战略方针的指导和统揽下，立足于未来打赢现代技术特别是高技术条件下的局部战争，周密规划、全面部署和深入展开。也就是说，全军的各项建设和一切工作，都要服从和服务于这一战略方针的需要，都要为确保这一战略方针的顺利实现做好各方面的充分准备。"

江泽民强调，面对世界军事革命发展的新形势，我们必须更加自觉、更加坚定地贯彻科技强军战略，争取实现我军现代化建设的跨越式发展，尽快缩短同世界主要军事强国的差距。当前和今后一个时期，我国安全环境总体上是好的，但我们必须居安思危，清醒地看到新形势下所面临的威胁和挑战。以江泽民为核心的党的第三代领导集体提出的立足于打赢高技术局部战争的战略方针对我国当今的国防和军队建设提出了明确的要求，指明了发展的方向。

3. 坚持高技术条件下的人民战争

国家的国防和军队建设是全党、全国人民的共同事业，未来的反侵略战争也就必然是依靠和动员全体人民的人民战争。江泽民特别强调，人民战争是我们的真正力量所在。江泽民坚持毛泽东和邓小平的人民战争思想，特别是邓小平提出的在新形势下要继续坚持人民战争的思想，结合当今世界上高技术战争成了战争的主要形式的新形势，与时俱进地提出了坚持高技术条件下的人民战争的新的指导思想。他深刻地指出："紧紧依靠最广大的人民群众，是我军最深厚的力量源泉。无论武器装备如何发展，战争形态如何变化，人民战争都是我们克敌制胜的法宝。我们要结合新的历史条件和新的实践，坚持和创造性地发展人民战争的思想。"

（二）国防建设思想

1. 实现国防建设与经济建设的协调发展

江泽民认为，军队的强弱，关系一个国家的安危、一个民族的命运。要巩固社会主义制度，保证国家的长治久安，使经济建设有一个稳定的、和平的环境，就必须有一支强大的军队，有一个巩固的国防。他还多次指出，要维护国家的荣誉、尊严、利益，就必须有与我国的国际地位相适应的强大军队。一方面，军队建设必须以经济建设为依托，服从国家经济建设大局；另一方面，必须在集中力量进行经济建设的同时，努力加强国防和军队建设。

江泽民还强调，国防和军队建设必须与国家经济建设相协调，国防和军队发展战略必须与国家经济发展战略相配套，国防和军队现代化发展进程必须与国家现代化建设发展进程相一致。概括起来就是：两个建设相协调，两个战略相配套，两个进程相一致。我们今天的国防建设不但要与国家的发展同步，而且还应当与世界军事的发展保持同步。如果我们的经济建设搞上去了，但是国防建设却处于落后状态，那么，我们的社会主义现代化就是不完整的。

2. 走中国特色社会主义国防现代化建设的道路

江泽民明确地指出，由于受国家经济实力所限，我们不能同发达国家比国防投入，必须走出一条经费投入比较少而效益比较高、具有中国特色的国防和军队现代化的道路。因而以江泽民为核心的党的第三代领导集体就提出了军队建设跨越式发展的思想，这是我们继军队建设思想实现战略性转变后的又一重大的理论与实践创新。这个思想的提出解决了我军在机械化建设尚未完成而又面临信息化战争挑战的情况下怎样实现国防和军队现代化建设"级跳"式发展，迎头赶上世界军事强国的重大难题，从而在关键时刻为我们的国防现代化建设选择了正确的发展途径。江泽民指出，新的形势在给我们提出严峻挑战的同时，也给我们提供了难得的历史机遇。如果我们目光短浅，行动迟缓，就会被世界军事发展的潮流远远抛在后面；如果我们方针正确，措施得力，就可以实现国防和军队现代化建设的跨越式发展。跨越式发展对我们来说，是必要的、紧迫的，也是可能的，是我军建设发展的必由之路。

现代战争、高技术战争也就是大量运用信息化技术的信息化战争，先进的信息技术被全面地运用于战场侦察监视、武器和指挥，使战争向智能化方向发展，争夺信息优势已经成为战争中的重心。近年来的几次高技术战争，使人们认识到了实现军队信息化的必然性,信息化水平落后的军队在战争中只能陷于被动挨打的灾难之中。这就迫使我军必须进行信息化建设,而决不能在实现机械化之后再来进行信息化建设。所以,我军在今天也就面临着完成机械化建设和进行信息化建设的双重任务。

江泽民指出,我们要紧紧跟踪和瞄着国际科研前沿,千方百计把我军的武器装备搞上去,不断缩小同先进水平的差距。要突出重点,有所为有所不为,有所赶有所不赶,加快搞出几手使敌人害怕的"杀手锏"。要实现我国的国防现代化,我们的国防科技和国防工业的发展就必须适应世界军事科技发展的新形势,立足于自力更生,从我国的实际出发,尤其是从社会主义市场经济发展的实际出发,深化改革,走中国特色的发展道路,不断增强国防科技和国防工业的发展活力和自主创新能力,为我国的国防现代化提供坚实的物质技术基础。

3. 加强全面国防教育,增强全民国防意识

江泽民非常明确地指出,越是和平时期,越要宣传国防建设的意义,克服和平麻痹思想,增强人们的国防观念。我们应当从增强国家国防实力和提高全体国民的素质的战略高度上来加强新形势下的国防教育,要教育全体人民居安思危,正确认识国际国内形势,正确认识我国国防现代化水平与世界上的军事强国相比的差距,正确认识自己作为一个公民的国防义务,增强爱国主义精神,积极投身于国防现代化建设工作。要使全体人民必须认识到,虽然目前还不可能爆发世界大战,但战争的根源依然存在,局部战争正成为威胁世界和平的主要表现形式;虽然我国正在迅速走向强大,进入了长期的和平发展阶段,但我们却不能低估国内外敌对势力对我们的潜在威胁,要正视威胁我国实现统一、维护安全和稳定的因素的客观存在。因此,应当积极参加以爱国主义为核心的国防教育,不断增强国防意识,保持警惕,树立常备不懈的观念,为实现祖国的统一、维护国家的安全和稳定作出积极的贡献。

(三) 人民军队建设思想

1. 新时期人民军队建设的指导思想

在江泽民国防和军队建设思想的理论中,关于在新时期人民军队建设的指导思想中的鲜明主题,就是在当今复杂多变的国际环境中,我军能不能跟上世界军事革命发展的潮流,打赢未来可能发生的高技术战争;在社会主义市场经济和对外开放的条件下,我军能不能始终保持人民军队的性质、本色和作风,始终成为党绝对领导下的革命军队。所以,"打得赢"和"不变质"也就是江泽民主持军委工作以来始终关注的"两个最重要的问题",这也就是今天我军建设的主要任务、奋斗目标和指导方针。围绕解决这两大历史性课题,江泽民全面、系统地阐明了新形势下我国国防和军队建设的地位、目标、任务、指导方针、实现途径、战略步骤和政治保障等一系列基本问题。

建设一支强大的现代化、正规化革命军队,是邓小平提出的新时期我军建设的总目标,因而也就是我军建设的指导方针。江泽民根据我军建设的经验和规律提出了对人民军队建设的新要求——"政治合格、军事过硬、作风优良、纪律严明、保障有力。"这与建设现代化、正规化的革命军队的总目标和实现"打得赢"、"不变质"的奋斗目标是完全一致的,所以也同样是今天人民军队建设的奋斗目标。

2. 坚持和加强党对军队的绝对领导

江泽民指出,一个军队要有军魂,我们的军魂就是党的绝对领导。坚持党对军队的绝对领导是毛泽东、邓小平始终强调的我军建军的根本原则。江泽民把这一原则提到了"军魂"的高度,就进一步揭示了这一原则的科学性、重要性和必要性,是对毛泽东、邓小平的无产阶级革命建军思想的继承、丰富和发展。

江泽民指出,坚持党对军队的绝对领导,是我们建军的根本原则,是我军特有的政治优势,也是我军保持人民军队的性质和全心全意为人民服务宗旨的根本保证。党对军队的绝对领导,不仅是我军革命化的保证,而且是我军战斗力的源泉,是我军战无不胜的根本保证。

党对军队的绝对领导,关系到党的执政地位,关系到国家的长治久安和社会主义制度的前途和命运,关系到亿万人民群众的根本利益。马克思在总结巴黎公社的经验教训时,提出了无产阶级专政的首要条件就是无产阶级的军队这一科学论断,明确指出了无产阶级政党建立军队和领导军队的必然性,深刻揭示了军权与政权的直接统一性,"执政"就必须"执军"。因而作为社会主义国家就必须坚持无产阶级政党对军队这一国家政权的主要组成部分的绝对领导,我们的军队必须在思想上、组织上、行动上绝对听从党的指挥。只有这样,我们的军队才能够成为代表人民根本利益的真正的社会主义军队,才能够为国家的稳定、人民的幸福、中华民族伟大复兴的实现提供可靠的根本保证。

3. 加强和改进新时期的思想政治工作

江泽民高度重视军队的思想政治工作,他不仅创造性地提出了"思想政治建设"这一新的概念,而且要求要把思想政治建设摆在全军各项建设的首位。这是对毛泽东、邓小平的人民军队建军思想的继承和创造性的发展,具有鲜明的时代性。

江泽民指出,我军是人民民主专政的坚强柱石,是社会主义祖国的钢铁长城,也是体现我们党和国家政治优势的重要力量,因此,我军在任何时候都必须把思想政治建设摆在全军各项建设的首位,任何时候在讲政治的问题上都要有更高的要求和更高的自觉性。讲政治的核心内容就是要使我军始终成为忠于党、忠于人民的革命军队。江泽民把思想政治建设摆在军队建设首位的思想,抓住了新形势下保持我军性质和根本宗旨的关键。因而我们只有把思想政治建设摆在军队建设的首位，才能够始终保持我军的性质和根本宗旨。

江泽民指出："我军是党绝对领导下的执行革命政治任务的武装集团，我军的性质不同于任何资本主义国家的军队，我军的现代化也不同于资本主义国家军队的现代化。必须把革命化放在第一位，这决定着我军现代化的性质和方向，同时也为实现我军现代化提供强大的精神动力。""搞好军队的思想政治建设，是搞好军事训练、后勤保障以至整个现代化建设的重要基础。"我军的现代化建设与革命化是直接的统一，离开革命化，军队的现代化就没有任何意义。如果军队的性质和宗旨变了，不能保卫人民的根本利益，现代化还有什么意义呢？所以，要毫不动摇地坚持加强我军的思想政治工作。另一方面，我们只有通过强有力的思想政治工作才能够使我军官兵树立报效祖国和人民的理想信念，具有坚强的意志、忘我的奋斗精神，从而形成实现我军现代化的强大的不竭动力，并且从根本上来增强我军的战斗力。

4. 坚持质量建军、科技强军

坚持质量建军、科技强军，是以江泽民为核心的党的第三代领导集体制定的在新形势下我军建设的重要指导方针。军队建设的质量，决定军队的战斗力，是军队的生命，因而加强质量建设也是军队现代化的主要要求，正如江泽民所指出的那样："在现代战争中，兵仍然不在多而在精。"在今天，大量高技术武器在战争中的广泛使用，使现代战争形态发生了革命性的变化，争夺质量建设的优势就成为当今世界各主要国家军队建设的主要发展趋势。江泽民从世界军事革命的发展和我军建设的实际出发深刻地指出，我军现代化建设相对落后，质量建军对我们具有特殊的意义，因此，必须把加强质量建军作为实现我军现代化的基本指导方针，放在更加突出的位置。

三、江泽民国防和军队建设思想的历史意义和现实指导作用

江泽民国防与军队建设思想，坚持、丰富和发展了毛泽东军事思想、邓小平新时期军队建设思想，是新时期我军建设、国防建设的理论和行动指南，具有深远的历史意义和现实指导作用。

江泽民作为党的第三代领导集体的核心，坚定不移的贯彻执行毛泽东思想和邓小平理论，并把邓小平关于新时期军队建设的一系列论述概括为邓小平新时期军队建设思想，要求全军下工夫学好它、用好它。江泽民说："毛泽东同志把马列主义基本原理同中国武装斗争和军队建设的实际相结合，集中全党、全军的智慧，形成了具有中国特点的毛泽东军事思想，极大地丰富了马克思主义军事理论宝库。邓小平同志创造性地运用马列主义、毛泽东思想的军事学说，提出了新时期军队建设的一系列方针原则，为军队现代化建设指明了前进的方向。这些都是我们宝贵的财富，是军队建设的指南，一定要始终坚持，世代相传。"

经济全球化的发展，世界战略格局的变化，高科技的迅猛发展，军事领域革命性的变化，对我军建设提出了新的挑战，面对国内外形势的深刻变化和军队建设面临的挑战，江泽民从历史的高度和时代的要求出发，正确地回答了新世纪我国国防建设和军队建设的历史性课题，提出了一系列关于国防建设、军队建设和军事战略的思想、方针、原则，形成了新世纪把我军建设成为一支现代化、正规化革命军队的指导思想。

一是高举邓小平理论旗帜，坚持用毛泽东军事思想和邓小平新时期军队建设思想指导军队的全面建设。

二是始终坚持党对军队的绝对领导，永远保持我军不变质。

三是强调把思想政治建设摆在全军各项建设的首位，保证我军政治上永远合格。

四是提出"五句话"的总要求，全面加强我军革命化、现代化、正规化建设。

五是科学论述现代战争形态，适时制定新时期军事战略方针。

六是实施科技强军战略，加强军队质量建设，实行两个"根本性转变"。"军队建设逐步由数量规模型向质量效能型、人力密集型向科技密集型转变"的重大决定，使我军建设从此走上了一条健康发展的道路。

七是坚持国防建设与经济建设协调发展。

江泽民通过自己创造性的实践，坚持、继承和发展了毛泽东军事思想和邓小平新时期军队建设思想，极大地丰富了无产阶级军事思想宝库。在军事领域提出了与国家现代化建设进程相适应的发展目标和步骤；提出了新时期军队建设以政治为主要内容的具有崭新时代特征的重要论述。江泽民新时期国防与军队建设思想是我军新时期军队建设的指导思想和行动指南，是我军走有中国特色精兵之路的强大的理论武器。

第五节　胡锦涛关于国防和军队建设的重要论述

在人类历史上，战争是一种极端手段。随着和平发展观念深入人心，这种手段的作用越来越弱。新世纪发生的两场主要战争——阿富汗战争和伊拉克战争就证明了这一点。

阿富汗战争大规模打的时间并不长，塔利班政权很快被赶出权力中心，美英联军好像在战场上赢得了胜利，但塔利班现又卷土重来，清剿塔利班势力的难度远远超出联军预期。美国人自己都承认阿富汗战争是美国历史上打得最长的战争，已经超过越南战争的时间。这场战争到底何时结束，现在还看不到尽头。

伊拉克战争打了不到两个月，美国就宣称胜利了，萨达姆最终也被送上绞刑架。但伊拉克政局依然不稳，恐怖事件不断。甚至连发动战争的理由最后也被证明是一个"误解"。

这两场战争加剧了基督教文明和伊斯兰文明的冲突。如果到伊斯兰世界去问普通老百姓如何看待这两场战争，他们会义愤填膺，认为这是西方在欺负伊斯兰世界。伊斯兰世界的反美情绪不能低估，美国人自己对此也十分担心。

在最近中东地区的动荡中，失业青年、特别是失业知识青年往往是主力军。说到底，这是社会矛盾积累的结果，经济是根本原因之一。

中东地区人口增长很快。就埃及而言，在 8000 万左右的人口中，近 70% 是 30 岁以下的青年。失业大军中 90% 是青年，受过高等教育的人口失业率达到了 18%。中东地区过去 50 年创造了 5000 万个就业机会。人们预测，今后 10 年需要创造 1 亿个就业机会，才能满足就业需求，这要求中东地区经济每年保持 8% 的增长率。而目前中东地区经济发展远远达不到这个速度，所以就业成为十分严峻的问题。这样的问题只有靠稳定发展来解决。通过战争的办法，特别是外国人动用军事手段来干预，不仅解决不了问题，反而还会越弄越糟。

越是面对难以解决的复杂问题，越应该倾听理智的声音、智慧的声音。这是中东形势的需要，也是世界和平、稳定与发展的需要。（来源：《人民日报》）

21 世纪，中国的发展跨入了一个重要的战略机遇期，胡锦涛主席以政治家和战略家的远见卓识与战略智慧，着眼时代特点，立足维护国家安全和发展利益的大局，依据国际国内环境的发展变化和新世纪新阶段国防与军队建设的客观实际，提出了关于加强国防和军队建设的一系列重要论述。

一、胡锦涛关于国防和军队建设重要论述的科学含义

胡锦涛国防和军队建设的重要论述，是新世纪新阶段用科学发展观统筹国防和军队现代化建设，打赢信息化战争的军事指导理论，是毛泽东、邓小平和江泽民国防与军队建设思想的丰富和发展，是科学发展观在国防和军事领域的展开和延伸，是当代中国马克思主义的创新军事理论。

二、胡锦涛关于国防和军队建设重要论述的历史背景

（1）世界多极化和经济全球化的趋势进一步凸显，影响国家可持续发展的外部制约因素增加。新世纪新阶段，国际形势呈现总体和平、缓和、稳定的基本态势，和平、发展、合作是时代的主流；各国利益相互依存、相互交织，对话合作意愿不断增强。但是，随着国际形势的发展变化，我国可持续发展面临的外部制约因素也在增加。表现在：西方敌对势力加紧对中国实施西化、分化和遏制政策，千方百计对中国加以牵制；我国周边安全环境存在诸多隐患，围绕海洋权益的斗争加剧；随着国家利益的拓展，保护海外利益的任务更加艰巨。

（2）国家社会和经济发展形势总体良好，影响国家安全和稳定的不确定因素增多。我国经济社会、国防和军队建设进入新世纪新阶段以后，给国家的安全和发展形势带来了有利的机遇。表现在：我国政治安定、民族团结、经济发展、社会和谐的局面得到进一步巩固；我国对世界的影响力在增长；国家社会和经济发展形势总体良好。但影响国家安全和发展的不稳定、不确定因素增多。表现在："台独"等民族分裂势力猖獗；恐怖势力、宗教极端势力等邪恶势力加紧勾连聚合，不断组织策划渗透、瓦解和破坏活动；我国人口、就业和"三农"等问题凸显，社会矛盾和犯罪问题增多；国内安全与国际安全的互动性增强，一些国内问题如果处理不当可能会演变为国际问题，一些国际问题也可能影响我国诱发社会稳定问题；国家传统安全威胁和非传统安全威胁因素相互交织。

（3）我军所处环境和面临的任务发生了重大变化，国防和军队建设面临时代性的挑战。由于我军所处环境和面临的任务发生了重大变化，国防和军队建设需要解决诸多具有时代性的课题。如何在国际上单边主义和强权政治仍然存在，多极化趋势日渐呈现，区域化和全球化经济机遇与挑战并存，竞争大于合作的复杂形势下，坚决有效地维护国家的战略利益；如何在我国改革发展进入关键时刻，特别是"台独"分裂势力严重威胁祖国和平统一大业的背景下，更好地履行党和人民赋予军队的神圣使命，有效维护国家主权、统一和稳定；如何在世界新军事变革加速推进，战略主动权竞争日趋激烈的形势下，大力推进国防和军队现代化建设，不断增强应对危机、维护和平、遏制战争、打赢信息化战争的能力；如何在我国经济实力、科技实力、国防实力和民族凝聚力不断增强，国防和军队建设取得巨大成就的基础上，继续抓住机遇、乘势而上，推动国防和军队建设迈上新的台阶。这些都给我国国防和军队现代化建设带来了时代性的挑战。

三、胡锦涛关于国防和军队建设重要论述的主要内容

（一）加强军队思想政治建设，强化部队战斗精神

1. 军队要大力加强思想政治建设

（1）军队要始终坚持正确的政治方向。胡锦涛主席在视察部队时指出，思想政治建设是军队的根本性、基础性建设。要积极适应新的形势和任务，把部队思想政治建设抓得更加有力、更加扎实、更加富有成效。还强调：要坚持把思想政治建设摆在全军各项建设的首位，始终不渝地坚持党对军队绝对领导的根本原则和制度。要按照党中央和中央军委的部署，把全军的意志和力量凝聚到履行新使命、完成新任务的具体实践中。大力加强思想政治建设，坚持不懈地用党的创新理论武装官兵，紧密结合形势任务，深入开展我军历史使命教育、理想信念教育、战斗精神教育和社会主义荣辱观教育，始终保持部队正确的政治方向。要在全军大力开展"以热爱祖国为荣、以危害祖国为耻，以服务人民为荣、以背离人

民为耻，以崇尚科学为荣、以愚昧无知为耻，以辛勤劳动为荣、以好逸恶劳为耻，以团结互助为荣、以损人利己为耻，以诚实守信为荣、以见利忘义为耻，以遵纪守法为荣、以违法乱纪为耻，以艰苦奋斗为荣、以骄奢淫逸为耻"的"八荣八耻"教育，引导官兵树立社会主义荣辱观，坚定理想、信念，树立正确的世界观、人生观和价值观，做到听党指挥，服务人民，英勇善战。

（2）增强思想政治工作的针对性和时效性。胡锦涛主席强调指出，要紧密联系部队建设的新形势和新特点，切实加强和改进思想政治工作。这是确保党对军队绝对领导的必然要求，是确保部队"打得赢、不变质"的必然要求，也是确保广大官兵健康成长的必然要求。要着眼于时代发展和任务变化对思想政治工作提出的新要求，根据部队官兵的成分变化和思想实际，有的放矢地做工作，增强思想政治工作的针对性、实效性。要紧密联系部队建设的新形势和新特点，努力改进思想政治工作，不断增强思想政治工作的针对性、实效性、主动性。要始终把革命化建设放在第一位，更加有力、更加扎实、更加富有成效地推进思想政治建设。

（3）积极创新和改进思想政治教育的内容、形式和手段。我军建设进入新世纪新阶段之后，部队官兵的思想出现了许多新情况新问题，思想政治教育的内容必须随之而变化。胡锦涛主席指出，要持久地开展以坚定理想信念和树立正确的世界观、人生观、价值观为核心的思想政治教育，使广大官兵始终保持政治上的坚定和思想道德上的纯洁，始终保持坚强的革命意志和旺盛的战斗精神。要深入扎实地搞好保持共产党员先进性教育活动，确保在取得实实在在的成果下，使其成为官兵满意工程。

2. 加强军队各级党委和部队党的先进性建设

（1）要大力加强军队各级党组织的能力建设。为了履行我军新世纪新阶段的历史使命，胡锦涛要求军队各级党委和领导干部要准确理解和把握党的路线方针政策，准确理解和把握军委的决策指示、军事战略方针和各项战略原则，要在军队建设中全面贯彻落实科学发展观。胡锦涛主席强调，要大力加强军队各级党组织的能力建设，不断提高加强部队思想政治建设、把握部队建设正确方向的本领，不断提高领导军事斗争准备、带领部队完成信息化作战任务的本领，不断提高推进中国特色军事变革、推进部队机械化信息化建设的本领，不断提高依法从严治军、加强部队正规化建设的本领。各级党组织的能力建设，体现在党的思想、组织、作风、制度建设各个方面，要充分发挥党委的核心领导作用、党支部的战斗堡垒作用和共产党员的先锋模范作用，确保部队在任何时候任何情况下都坚定地听党的话、跟党走。要教育引导广大党员加强理论学习，加强实践锻炼，全面提高自身素质，积极投身中国特色军事变革，在推进军事斗争准备中当先锋、做模范。

（2）要重视提高军队领导干部的综合素质。军队领导干部特别是中高级干部是建军治军的中坚力量。军队建设能不能搞好，各项工作能不能真正落到实处，我军能不能履行好肩负的历史使命，中高级干部是关键。要突出抓好中高级干部的思想教育，使他们始终保持共产党人的先进性。要重视提高中高级干部的综合素质，进一步增强政治意识、大局意识和战略意识，积极探索信息化条件下和社会主义市场经济环境中治军带兵的特点规律，努力提高领导部队全面建设和驾驭信息化战争的能力。要坚持党管干部原则，贯彻干部队伍"四化"方针，坚持正确的政绩观，严格实行干部选拔任用的标准和程序。各级领导干部都要向杨业功同志学习，忠于职守，勤奋工作，敢于开拓，严以自律，模范地执行党的路线方针政策，带头遵章守纪，以自身良好的形象影响和带领部队。胡锦涛要求军队领导干部要坚持"三学"，即学习马克思主义理论特别是重大理论创新成果、现代科学技术知识和现代管理知识。提高"三个素质"，即政治素质、战略素质和科学文化素质。并要求军队各级党委和领导干部要树立现代决策理念，掌握和运用现代决策方法，努力提高科学决策、民主决策、依法决策的水平，建立健全科学决策机制，完善决策规则和程序，重视发挥专家和咨询机构的作用，实行领导决策与专家辅助决策相结合。建立决策监督机制和纠错机制，尽量防止决策失误和降低决策失误带来的损失。要善于利用科学的决策技术、方法和手段，把定性分析和定量分析结合起来，使决策工作建立在科学分析的基础上，克服决策的随意性和片面性。

（3）要转变领导作风，树立良好形象。胡锦涛还提出了转变领导作风和工作作风的"四个大力倡导"，即"大力倡导求真务实、真抓实干，坚决反对做表面文章、搞所谓的政绩工程；大力倡导讲真话、报实情，坚决反对说假话、报虚情；大力倡导用好的作风选人、选作风好的人，坚决反对用人上的不正之风；大力倡导严于律己、以身作则，依靠真理的力量、人格的力量，树立良好形象，为部队和基层做好表率"。胡锦涛要求军队各级党委和领导干部要坚持衡量和检验部队各项工作的"三个有利于标准"，即是否有利于部队建设的发展进步，是否有利于部队战斗力的提高，是否有利于解决官兵的实际问题。认真贯彻落实科学发展观，科学统筹、科学组织、科学实施军队建设，转变发展观念，创新发展模式，提高发展质量，加快发展步伐，努力把我军现代化建设推进到一个新阶段。

3．强化战斗精神，树立敢打必胜的信心

（1）强化战斗精神是对我军优良传统的继承和发扬。胡锦涛在 2004 年 12 月的一次重要会议上强调：要在全军深入进行强化战斗精神、提高打赢能力的教育，真正搞清楚为什么要准备打仗、准备打什么样的仗、怎样准备打仗这个重大问题，引导广大官兵牢固树立敢打必胜的坚定信心。我军历来具有英勇顽强的战斗意志和战斗作风，依靠一不怕苦二不怕死的革命精神、压倒一切敌人的英雄气概和决不为强大敌人所屈服的必胜信念，依靠胜敌一筹的战争指挥艺术，依靠灵活机动的战略战术，依靠人民战争的法宝，创造了许多以劣势装备打败优势装备的国内外强大敌人的奇迹，在威武雄壮的战争舞台上导演了一幕幕有声有色的战争活剧。这是我军的优良传统和宝贵精神财富，要在新世纪新阶段继续发扬光大。在战略上要敢于藐视和战胜对手，牢固树立敢打必胜的信心；在战术上要重视对手，深入研究和探讨克敌制胜的有效战法。

（2）强化战斗精神是以劣胜优的要求。目前，我军武器装备的现代化水平有了很大改善和提高，但与西方主要发达国家军队武器装备的发展水平相比还有很大差距。对我军来说，还是要以劣抗优、以劣胜优，立足现有装备打仗。要充分发挥我军的优长，充分发挥人的主观能动性，把现有装备的潜力和效能最大限度地发挥出来。全靠新装备打仗是不现实的，要坚持有什么装备打什么仗。其中，强化战斗精神是非常重要的内容。

（3）强化战斗精神是谋求战斗力优势的重要途径。人和武器是构成战斗力的两个基本要素，其中人是最活跃、最有决定意义的因素。人的思想觉悟、战斗意志、牺牲精神以及综合素质，直接决定着武器装备效能的发挥，影响着战争的胜负。而人各方面作用的发挥首先依赖于敢打必胜的过硬战斗精神。战斗中，如果畏敌如虎、贪生怕死，不想打仗，不敢打仗，缺乏必胜的信念，那么就不能发挥武器装备的最佳效能，就不会积极主动地采取灵活的战法打击敌人，就会在敌人心理威慑面前丧失抵抗意志。仗未打，"气"先失，是注定要失败的。所以，为了打赢未来的信息化战争，捍卫国家利益，我军要在努力改善和发展武器装备的同时，继承和发扬不怕牺牲、不怕疲劳、连续作战、英勇顽强和敢打必胜的光荣传统，进一步强化战斗精神，保持我军在战斗力上的特有优势。

（二）认真履行使命，统筹军队全面建设，打赢信息化战争

1. 认真履行新世纪新阶段军队的历史使命

一个国家、一个民族，要想在激烈的国际竞争中立于不败之地并有所作为，既要拥有强大的经济实力，也要拥有强大的军事实力。着眼于国家利益和军队建设与发展的战略全局，根据军队所处的国际国内环境发生的重大变化，2004年底，胡锦涛从维护国家的发展利益和安全利益出发，以战略家的远见卓识，确立了新世纪新阶段军队的历史使命："军队要为党巩固执政地位提供重要的力量保证，为维护国家发展的重要战略机遇期提供坚强的安全保障，为维护国家利益的拓展提供有力的战略支撑，为维护世界和平和促进共同发展发挥重要作用。"

我国要实现和平发展，要维护国家安全和利益，要维护世界和平与促进共同发展，必须有强大的军事实力作后盾。我们要在国家经济不断发展的基础上，努力建设一支同我国安全和发展利益相适应的军事力量，提高应对危机、维护和平、遏制战争、打赢战争的能力，以更好地履行维护国家安全、捍卫国家主权和

领土完整的职责，发挥维护世界和平的积极作用。胡锦涛提出的新世纪新阶段我军"三个提供、一个发挥"的历史使命，意味着我军的职能和作用进一步拓展，即由维护传统领土、领海和领空安全延伸到维护海洋、太空、电磁空间等领域的安全，由应对传统安全威胁延伸到应对非传统安全威胁，由维护国家生存利益延伸到维护国家发展利益，由维护国家改革发展稳定大局延伸到在维护世界和平中发挥积极作用；赋予了我军历史使命新的内涵，开阔了国家安全战略和军事战略的视野，进一步拓展了我军的职能使命，明确了国防和军队建设的发展目标，提高了军事斗争准备的标准，充实了军事力量运用的指导原则，科学回答了新世纪新阶段国防和军队建设朝什么方向发展、如何科学发展、如何科学运用军事力量的时代课题，实现了人民军队历史使命的与时俱进。

2. 坚持"五个统筹"，实现国防和军队建设可持续发展

胡锦涛指出，坚持在国防和军队建设中贯彻落实科学发展观，首要问题是坚持国防建设和军队建设全面协调可持续发展的方针，坚持"五个统筹"，即"统筹中国特色军事变革与军事斗争准备，统筹机械化建设与信息化建设，统筹诸军兵种作战能力建设，统筹当前建设与长远发展，统筹主要战略方向与其他战略方向"。军队要进一步实施科技强军战略，着力推动军事创新，加快转变战斗力生成模式，充分发挥广大官兵的主体作用，推进军队革命化、现代化和正规化的整体发展和全面进步，实现国防和军队建设可持续发展。

（1）国防和军队建设必须统筹中国特色军事变革与军事斗争准备

推进中国特色军事变革与做好军事斗争准备是新世纪新阶段我军面临的两大战略任务。中国特色军事变革，就是适应世界新军事变革发展趋势，从我国的国情和军情出发，走以信息化带动机械化、以机械化促进信息化的跨越式发展道路。通过深化改革，实现军队建设的整体转型，建设一支能够打得赢未来信息化战争的强大的现代化正规化革命军队。

胡锦涛指出：要进一步增强使命感和紧迫感，扎扎实实抓好军事斗争准备。军事斗争准备，是指为了赢得未来战争的胜利而在相对和平时期进行的组织、物质和精神各方面的准备。军事斗争准备作为军事战略方针的一个重要内容，目标更加全面，任务也更加艰巨，客观上要求我们必须把军事斗争准备作为贯彻新时期军事战略方针的一项重要的战略任务来抓。统筹中国特色军事变革与军事斗争准备，两者既相互统一，又相互区别，要注意正确处理好推进中国特色军事变革与做好军事斗争准备的关系。一是要以军事斗争准备来促进中国特色军事变革，以中国特色军事变革来带动军事斗争准备；二是要紧紧围绕军事斗争准备的现实需要推进中国特色军事变革；三是要把军事斗争准备纳入中国特色军事变革的全局之中；四是要以变革的精神指导军事斗争准备。

（2）国防和军队建设必须统筹机械化建设与信息化建设

机械化与信息化是两个不同的概念和不同的军事形态。从发展和建设的角度来看，机械化和信息化是军队现代化的两个不同的发展阶段。信息化是建立在机械化基础之上的，两者既有各自的规律性，又密切联系。军队机械化，是指建立在工业技术基础之上的工业时代或工业社会军队的基本形态。军队信息化，是信息时代或信息社会军队的基本形态，是在机械化的基础上发展起来的。

目前，我军机械化与信息化建设的基本现状：一是武器装备仍处在机械化半机械化状态，信息化武器装备建设刚刚起步。二是体制编制仍滞留在机械化时代，走向信息化时代的改革尚处于论证和试验阶段。三是具有我军特色的机械化作战理论体系尚不完善，信息化作战理论还处在探索阶段。四是人才队伍的状况还不适应机械化和信息化建设的需要。

面对我军目前机械化尚未完成，同时又要努力向信息化过渡的现实，我们必须从国情和军情的实际出发，正确处理好机械化和信息化的关系，努力完成机械化和信息化建设的双重历史任务，实现我军现代化的跨越式发展。在实践中必须坚持以下几点：一是要以机械化为基础，加快信息化建设步伐。二是要以信息化为牵引，提高机械化建设水平。三是要将机械化建设与信息化建设有机结合、融为一体。四是要突出建设重点，既要始终把信息化建设放在首位，又要用信息化建设来牵引和带动机械化建设。

（3）国防和军队建设必须统筹诸军兵种作战能力建设

精干够用的诸军兵种作战力量，既是国家强大的象征，也是维护国家安全、捍卫国家利益、保卫国家稳定与发展的重要保证，同时还是我国维护和促进世界和平与发展的重要物质基础。

在新世纪新阶段，建设中国特色的作战力量，必须着眼于胡主席提出的建设信息化军队、打赢信息化战争的战略目标，全面贯彻落实科学发展观，调整我军作战力量建设思路，坚持以提高战斗力为核心，统筹诸军兵种作战能力建设。

胡锦涛指出，必须下工夫解决军队内部存在的各种问题，进一步优化结构，理顺关系，加强体制建设，提高整体效能，使军队建设与发展在系统筹划、协调发展中前进。统筹诸军兵种作战能力建设，牵动整个国防和军队建设全局，涉及军事领域的诸多方面和各军兵种众多的利益关系。优化结构体现在两个方面：一是要进一步优化军兵种总体结构。适应信息化战争的特点和各军兵种的任务要求，按照精兵、合成、高效的原则，在精简陆军与加快陆军转型的同时，加强海空军和第二炮兵建设，加强信息作战和航天力量建设，加强应急机动部队建设，形成体系完整、结构合理、比例适当，构建起一体化、立体化、远中近相互衔接、攻防兼备的力量体系，全面提高军队的威慑和实战能力。二是要进一步优化各军种内部结构。优化军种内部的编成和规模结构，提高各军种高新技术兵种和部队的比例。兵种的数量可适当增加，兵种的规模可根据需要缩小。

（4）国防和军队建设必须统筹当前建设与长远发展

实现国防和军队建设的可持续发展，就是要把国防和军队建设作为一个承前启后的发展过程，统筹当前建设与长远发展，既注重当前建设和做好眼前工作，又要着眼未来，谋求长远发展，避免时断时续或大起大落，以确保国防和军队建设与发展的连续性与持久性。当前建设是指国防和军队建设应对近期可能面临的军事冲突和战争威胁而进行的以军事斗争准备为主要内容的建设活动，具有明显的指向性、目标性和应急性。当前建设的指向，就是对我国安全构成现实威胁的作战对象；当前建设目标由一个完整的指标体系构成，是根据作战对象的特点及其作战能力，通过针对性极强的建设和准备，具备战胜对手的战略能力；当前建设的应急性，主要表现在建设时间的有限性和急迫性，要求军队随时做好作战准备，随时准备打仗。长远发展主要是指为实现国防和军队战略目标而进行的建设活动。国防和军队建设的长远目标是通过完成阶段性任务来实现的。无论是当前建设，还是长远发展，都是为了履行保卫国家主权、领土完整和安全，维护国家战略利益的神圣使命，两者紧密联系、相互影响，辩证统一于建设现代化军队的总任务、总目标之中。

（5）国防和军队建设必须统筹主要战略方向与其他战略方向

主要战略方向是指对国家安全和战争全局具有决定意义的方向，是敌我双方矛盾斗争的焦点，是作战力量集中使用的重点和战略指导的关键点。战略方向的确定，来源于对国内外政治、经济、军事形势以及面临威胁和挑战的战略判断，并与国家的发展及安全需求相一致。战略方向判断的正确与否，各战略方向关系处理得如何，关乎国家安全，直接影响到国防和军队建设的大局，是一个重要的战略问题。从国家的战略指导上看，战略方向具有明确的指向性，是国防和军队建设及军事斗争准备的主要依据。正确判断周边安全环境，准确确定和统筹好主要战略方向与其他战略方向，对于保证我国的国家安全，全面建设小康社会具有十分重要的意义。只有正确选定主要战略方向，才能围绕主要战略方向集中部署军事力量，构成有利于己而不利于敌的战略态势，包括围绕主要战略方向建立陆、海、空军和战略导弹部队密切协同，正规军、预备役部队和民兵紧密配合的作战系统，形成整体作战能力，确保在主要战略方向、重要作战阶段能及时、有效地集中精兵利器，形成战略作战拳头，对作战目标实施全方位、全时空的整体打击。实施战略进攻，迅速打乱敌方战争计划和战略部署，给敌以毁灭性打击。实施战略防御，可建立有重点的全方位大纵深立体防御体系，粉碎敌战略进攻。在和平时期，则能形成有效遏制战争、维护国家统一和领土完整的战略部署，为战时顺利地执行战略作战任务、实现预期的战略目的奠定基础。

3．加强军队全面建设，提高信息化作战能力

随着信息时代的到来，世界各国都在加快建设信息化军队的步伐。随着形势

的发展变化，特别是我军要加强全面建设、提高信息化作战能力、打赢信息化战争，胡锦涛主席强调首先要解决的一个重要问题就是正确处理革命化、现代化和正规化的关系问题。

（1）革命化是军队信息化建设的根本方向

胡锦涛指出，要坚持不懈地用马克思列宁主义、毛泽东思想、邓小平理论和"三个代表"重要思想武装全军，保证军队建设的正确政治方向；坚持毛泽东、邓小平、江泽民领导我军在长期斗争实践中形成的光荣传统和优良作风。要坚持不懈地深入学习贯彻邓小平新时期军队建设思想、江泽民国防和军队建设思想，深入学习贯彻中央军委的一系列重大决策和部署；要坚定不移地坚持党对军队绝对领导的根本原则和制度，进一步强化"军魂"意识，确保党从思想上政治上组织上牢牢掌握军队。胡锦涛主席强调指出：接受党的绝对领导，是我军的立军之本，是我军永远不变的军魂，关系我军的性质，关系党的兴衰成败，关系社会主义的前途命运，关系国家的长治久安。我们党是代表最广大人民根本利益的，是马克思主义执政党。我军是党的军队，在任何时候任何情况下都必须坚持党对军队的绝对领导，确保军队政治上合格，确保军队永远忠于党、忠于社会主义、忠于祖国、忠于人民。在这个根本政治原则问题上，全军同志头脑要十分清醒，立场要十分坚定，旗帜要十分鲜明。胡锦涛主席主持中央军委工作以来，特别强调指出："坚持党对军队的绝对领导，是我军建设和发展的首要问题。我们对这个问题要始终关注、抓住不放，任何时候任何情况下都不能有丝毫含糊和动摇。"思想政治建设是革命化建设的核心，革命化是军队信息化建设的根本方向。遵循胡锦涛主席的指示精神，要牢牢地把握住"讲政治"这根弦，坚持以党的旗帜为旗帜，以党的意志为意志，以党的方向为方向，决不能让"军队非党化"、"军队非政治化"、"军队国家化"等奇谈怪论泛滥，更不能从组织体制等方面削弱党对军队的绝对领导。

（2）现代化是军队信息化建设的本质要求

现代化是军队建设的中心任务，是建设信息化军队的本质要求。要从我国的国情和军情出发，坚持以机械化为基础，以信息化为主导，推进机械化和信息化的复合发展，增强我军信息化条件下的威慑和实战能力，实现军队现代化建设的跨越式发展。实现军队现代化建设跨越式发展的途径主要有四种：一是"舍弃"式跨越，即舍弃机械化建设的"夕阳技术"，避免重复无前途技术的开发和投资，将有限的资源用在"朝阳技术"上。二是"非零点"式跨越，即直接引进利用先进的信息化技术，不必从零开始，从头研制，在较高的起点上起步，加快发展速度。三是"改造"式跨越，即对有价值的机械化平台进行信息化改造，在改旧为新中实现跨越式发展。四是"重点"式跨越，即对带有战略影响的核心技术，要自力更生，合力攻关，力争实现突破，以免受制于人，以局部跃升带动整体发展。

（3）正规化是军队信息化建设的重要保证

正规化是军队建设的重要基础，是军队信息化建设的重要保证。要把从严治军作为全局性、基础性、长期性工作紧抓不放，把依法治军作为正规化建设的基本要求，加强军事法制建设，完善军事法规体系，依照条令条例和规章制度规范军队各项建设和工作，使军队建设进一步走上法制化轨道。按照革命化、现代化和正规化相统一的原则加强军队信息化建设，要紧紧围绕"打得赢、不变质"两大历史性课题，把革命化的根本方向、现代化的本质要求和正规化的保证作用有机统一起来，全面加强和协调推进军队各项工作，不断开创军队信息化建设的新局面。

4. 加强军事训练，提高部队应对危机和处置突发事件的能力

（1）军事训练是重要的治军方式和管理方式

胡锦涛在视察部队时强调，"军事训练是军队和平时期最基本的实践活动，是战斗力生成的基本途径。"加强军事训练，不仅是军事斗争准备的重要实践，也是重要的治军方式和管理方式。要充分认识加强军事训练的重要性，切实把军事训练作为部队的经常性中心工作，集中精力，抓紧抓实。要坚持从难从严从实战需要出发，坚持高标准、严要求，改进和创新训练的内容和方式方法。要把培养战斗精神贯穿于训练的全过程，发扬我军敢打必胜的光荣传统，养成英勇顽强的战斗作风和铁的纪律。胡锦涛的重要指示，为推进军事斗争准备和军队全面建设提供了有力指导。实现人和武器的最佳结合要靠训练，培养部队英勇顽强的战斗作风要靠训练，提高指挥员组织指挥现代战争的能力也要靠训练。在我军武器装备总体水平还不高的情况下，更要靠高质量的军事训练来弥补技术的差距和不足。抓好军事训练，要做到：一是要以打得赢为根本目的，大力加强新世纪新阶段军事训练特点和规律的研究，明确军事训练的发展方略，理清军事训练的发展思路，着力解决制约军事训练发展的主要矛盾和问题，在训练体制、训练内容、训练方式和训练手段等方面大力改革创新，建立起符合新时期军事斗争要求的、适应信息化条件下联合作战需要的训练内容和训法战法体系。二是要坚持练为战、演为战、考为战，从难从严从实战需要出发，根据作战任务、贴近作战环境，加强针对性训练，注重用实兵对抗演习检验军事训练的成效，加大落实训练、战备计划的力度，切实把军事训练工作量化、细化、具体化，努力缩小训练与实战的差距，以高质量的训练弥补技术装备的差距。三是要大力开展科技练兵，充分运用科学技术手段，增大训练的科技含量，整合现有训练保障资源，积极开展网络化训练、模拟化训练、基地化训练，突出合同战术训练、综合集成训练、一体化训练三个重点，着力抓好首长机关训练，抓好任务课题训练，加强基础训练和新装备训练，切实把部队战斗力的增长转变到依靠科技进步上来，把抓训练的指导思想转到科技兴训上来，不断推动军事训练向更高层次发展，不断提

高军事训练的质量和效益，提高诸军兵种信息化条件下的联合作战能力。四是要着眼于提高官兵的战术、技术水平，练思想、练作风、练意志，培养官兵的革命英雄主义精神。加强军事训练的过程，也是加强部队教育管理、促进各项建设和工作的过程。要充分认识加强军事训练的极端重要性，把军事训练摆在战略位置，才能带动和促进军事、政治、后勤、装备等各项工作全面发展，才能把广大官兵的思想、智慧和力量凝聚到谋打赢上。

（2）提高部队应对危机和处置突发事件的能力

胡锦涛强调"要紧贴部队的各项工作，全面提高部队应对危机和处置突发事件的能力"。军队要把国家主权和安全放在第一位，履行好维护国家主权、统一和稳定的神圣职责，为创造一个有利于全面建设小康社会，加快推进社会主义现代化建设的长期安全环境作出应有贡献。要坚决抵御外来侵略，确保我国领海、领空和边境不受侵犯。坚持反对和遏制分裂势力及其活动，严密防范和打击民族分裂主义势力，决不让各种分裂势力和西方敌对势力分化我国、破坏我国主权和领土完整的图谋得逞。要严密防范和坚决打击恐怖主义活动。要密切关注社会形势，积极支持和配合地方党委、政府妥善处理各种社会矛盾和问题，做好维护社会稳定的工作。

军队建设已经进入了新的发展阶段，中国特色军事变革和军事斗争准备不断向深度和广度推进，我军作战能力与信息化战争的要求不相适应的矛盾更加凸显。胡锦涛指出，要进一步增强使命感和紧迫感，扎扎实实抓好军事斗争准备。要加强我军历史使命和战备形势教育，从难从严从实战要求出发搞好训练。要着力解决军事训练、战备落实的重点、难点问题，加大落实训练、战备各项计划的力度，切实把各项工作量化、细化、具体化。

5. 推进中国特色军事变革，加快军事创新

推进中国特色的军事变革，关键在于军事领域的创新，创新是军队进步和发展的灵魂。军事创新是军队实现持续发展的动力之源和必要条件，加快军事创新是加速推进中国特色军事变革的内在要求，也是我军履行新的历史使命的客观要求。科学发展观的第一要义是"发展"，"流水不腐，户枢不蠹"，没有军事上的不断创新，就难有军队建设上的不断发展和进步。我军目前正处于机械化尚未完成、信息化刚刚起步的特殊阶段，要完成机械化和信息化复合发展的历史重任，面临着前所未有的挑战。新军事变革有一个从量变到质变的过程，而要想实现质变，只能依靠军事创新。胡锦涛要求军队在当前应重点实施军事理论创新、军事组织体制创新、军事技术创新和军事管理创新。突出这四大创新，可谓抓住了军队建设的关键。

（1）创新军事理论

军队的科学发展需要科学的军事理论作指导。军事理论要保持科学性，靠的

就是创新，要随着时代的发展而创新。军事理论一旦停滞，就会失去其先进性和指导作用的有效性。第二次世界大战前，波兰军队迷恋于曾给他们带来巨大荣耀的"骑兵战"理论，而在德国军队用坦克装甲进攻的"闪击战"理论指导军队建设时，他们还在固守早已落后的"骑兵战"理论。对军事理论创新问题的漠视，致使波兰军队在军事理论方面大大落后于德军。双方对阵时，出现了波兰军队的骑兵方阵与德军的装甲洪流交锋的现象，结果波兰仅仅支撑了28天就军败国亡。军事理论的落后，是波兰军队惨败的重要原因之一。

在信息社会里，军事理论创新的作用远比以往任何时候都大。新技术的飞速发展，使人们认识和改造世界的方式发生了变化：过去是"实践—技术—理论"，现在强调的是"理论—技术—实践"。战争实践和战场成了军事理论创新的"实验场"。从一定意义上说，世界军事领域的竞争首先表现为军事理论创新能力的竞争，谁拥有卓越的军事理论创新能力，谁就能够把握军事斗争的主动权。美军用这些理论指导美军发展军事技术、更新武器装备、改革体制编制、完善政策制度，使美军的作战能力不断提高，保持了在新一轮军事变革中的"领头羊"地位。我军面临加快军事理论创新的时代性课题。在长期的革命战争中，我军的武器装备不如敌人，但军事理论是先进的，是符合当时实际情况、能与敌军军事理论进行对抗的，因而运用这些理论我军能够以劣胜优并不断发展壮大。进入新世纪新阶段，我军的建设环境、条件都发生了很大变化，使命任务也有新的拓展。以信息化为核心的新军事变革深入开展，军事发展进入由工业社会形态向信息社会形态转型的关键阶段，我国的国防和军队建设迈开跨越式发展的步伐。新的形势迫切要求我军必须有相应的军事理论作指导，但是，我军的军事理论研究状况与新形势下军队建设和作战的要求，以及与美军等发达国家军队的军事理论研究相比，还有较大的差距。新的形势呼唤新的理论，我军必须加快军事理论创新的力度，努力实现军事理论的重大突破。

军事理论创新既要保持我军特色又要借鉴外军经验，两者都不可偏颇，只有将两者有机地结合起来，创新才能保持正确的方向，创新成果才能不断涌现，军队建设也才能实现跨越式发展。我们既要重视军事指导理论的创新，也要重视军事基础理论和军事应用理论的创新，并注重在军事斗争实践中创新和检验军事理论。在军事理论研究方面，着重研究世界军事发展趋势，探索信息化战争的特点规律和新形势下的建军治军的特点和规律，研究立足我军现有装备克敌制胜的战法，特别要加强研究信息化条件下人民战争的战略战术。

（2）创新军事组织体制

军事组织体制是影响军队整体效能发挥的关键因素，军队的科学发展需要通过创新军事组织体制来奠定基础。只有军队组织体制科学，部队的战斗力才能充分发挥出来，而军队组织体制的科学性需要与军事理论和军事科学技术创新相一致来实现。军事组织体制的科学性需要通过不断的创新来实现,在某个时期是科学的军事组织体制,能够成为军队战斗力的"催化剂";但随着时代变迁和形势的发展,这一体制又可能变得不科学,成为战斗力发挥的"紧箍咒"。因此,必须重视军事组织体制创新。

目前,我军的军事组织体制与未来信息化战争的要求不相适应的矛盾还比较突出,必须进行军事组织体制创新,为履行好新的历史使命创造条件。创新军事组织体制,要着眼于以下几个方面:一是要着眼于信息传输与使用的快速性。物质力量上的优势之旅,一旦失去了"制信息权",就会成为战场上的"瞎子"、"聋子"和"靶子",陷于被动挨打的境地;物质力量上的劣势之军如果掌握了信息优势,仍可以夺取战场的主动权。因此,在设计和构建军事组织体制时,必须把信息传输与使用的快速性作为关键的着眼点。二是要着眼于军队力量构成的整体性。结构决定功能,整体功能大于部分功能之和。信息化军队的力量构成复杂多样,各种力量的相互作用和相互影响力都很大,力量构成只有注重整体性,才能产生力量增殖效应。三是要着眼于军队系统的精干和高效。精干,是指军队总体规模小、指挥机构人员少、军队内部单位设置少。高效,主要体现为军事组织系统运转顺畅、快速、准确、有力。在信息化战争中,军队进行精确作战、远程作战和非线式作战,主要依靠信息化武器装备的信息能力和火力能力,而作战能力的有效发挥,依赖于精干和高效运行的军事组织体制。创新军事组织体制,要围绕军队总体结构和重大体制展开。一是要进一步优化总体结构。我军的总体结构经过多次调整,逐渐趋于科学合理,取得了很大的成效。但是,目前的总体结构与履行新使命的要求还有一定的差距,需要进一步的调整和完善。二是要建立"扁平网状型"的指挥体制。我军的体制编制经过几次改革调整,联合作战指挥体制、军种作战指挥体制都有了重大的变化,指挥层次有所减少,但"纵长树状型"的指挥体制还没有根本改变,与信息化战争"扁平网状型"指挥体制的要求还有很大距离。三是要建立和完善三军一体化保障体制。三军实行一体化保障,是信息化战争联合作战的要求。我军应在试点的基础上,以进一步的保障体制创新来推动全军大联勤体制的科学发展。四是要建立多功能、小型化的部队编成体制。为便于适应各种战场条件、执行多种作战任务,必须使各级部队达到编成充实、规模小型、功能多样和作战能力强的要求。

(3) 创新军事技术

技术决定战术,军队的发展需要创新的军事技术作支撑。胡锦涛指出:"我们只有把科学技术真正置于优先发展的战略地位,真抓实干,急起直追,才能把握先机,赢得发展的主动权。"科技创新是军事变革的源头,既迫切又艰巨,必须加快推进,并逐步扩展领域和提高水平。作为发展中的大国军队,军事领域的高新科技必须靠自主创新。对此,胡锦涛指出,科技力是综合国力的重要内容和基础。自主创新能力是国家竞争力的核心。一个国家、一个民族要真正赢得发展、造福人类，必须注重自主创新。从19世纪40年代到20世纪40年代中期的100年间，世界上几乎所有帝国主义国家都侵略过中国，除了日本侵华战争之外，均以中国失败、签订丧权辱国条约而告终。其战败的主要原因就是两条：一是社会制度腐朽，二是经济和科学技术落后。胡锦涛《在纪念中国人民抗日战争暨世界反法西斯战争胜利60周年大会上的讲话》中告诫人们："落后就要挨打，这是中国人民从近代以来屡遭外来侵略的经历中得出的刻骨铭心的教训。"科学技术是第一生产力，军队现代化的关键也在于提高军事技术水平。科技强军是重大的战略选择，也是艰巨的历史任务。胡锦涛主席指出，我们必须"坚定不移地依靠科技进步和创新来实现全面、协调、可持续发展"。只有加快以信息技术为核心的军事技术创新，尽快缩小与发达国家军队在军事技术方面的差距，才能为军队的强大奠定坚实的基础。在国防科技及武器装备建设方面，应该集中力量发展那些对提高我军作战能力产生重大作用的关键技术和武器装备，研制出克敌制胜的"杀手锏"，形成我们独有的优势，切实提高我军的威慑能力和实战能力。

（4）创新军事管理

军事管理是形成战斗力的关键环节，军事管理创新是提高战斗力、提高国防和军队建设质量效益的重要途径。胡锦涛指出，我们要努力适应军队现代化建设的新形势，更新管理观念，加强现代管理知识的学习，大力提高科学管理的能力。要深化管理体制改革，促进资源的有效配置和综合集成，努力实现人力、物力、财力的最佳组合，产生最大效益。我们要着眼于新的时代特征、履行新的历史使命，加强军事管理思维、军事管理模式和军事管理理论的创新，为军队的科学发展提供可靠的管理保障。只有搞好这些重点领域的改革创新，军队的战斗力才能够得到大幅度的提高，才能落实听党指挥、服务人民、英勇善战的要求，才能使军队的全面建设跃上一个新的台阶。

（三）弘扬求真务实精神，坚持依法从严治军

1. 进一步增强求真务实的自觉性

以胡锦涛为首的新的中央军委领导集体大力倡导求真务实之风，大抓依法从严治军。2004年1月，胡锦涛指出："求真务实，是辩证唯物主义和历史唯物主义一以贯之的科学精神，是我们党思想路线的核心内容，也是党的优良传统和共产党人应具备的政治品格。"求真务实是我们党创立科学发展观的思想基础，是马克思主义的内在品质。求真，就是求部队建设规律之真；务实，就是务部队建设成效之实。胡锦涛要求各级领导机关和领导干部要进一步端正工作指导思想和工作作风，改进工作方法，坚持战斗力标准，坚决克服形式主义、官僚主义。要进一步增强求真务实的自觉性，进一步振奋革命精神，不辱使命，不负重托，坚持重实际、说实话、干实事、求实效，埋头苦干，锐意进取，努力学习新知识、

总结新经验、增长新本领，把工作的着力点真正放在提高部队战斗力上，扎扎实实地抓落实。要认真贯彻科学发展观和树立正确的政绩观，注重部队建设协调发展、全面推进、整体提高，使各项工作真正落到实处，经得起党的检验、实践的检验、历史的检验。

2. 坚持以人为本，把工作重心放在基层建设上

坚持以人为本，是科学发展观的本质和核心。胡锦涛指出，坚持以人为本，在军队建设中，必须充分尊重官兵的主体地位和创造精神，心系基层、情系官兵，切实维护官兵的权益，不断改善官兵的物质和文化生活条件。这深刻表明，在国防和军队建设中坚持以人为本，不是一般的工作方法问题，而是重要的建军治军理念和立场；不是一般的关心人、体贴人、爱护人，而是事关人民军队相信谁、依靠谁、服务谁的根本原则；不是一般的工作要求，而是各级领导干部和领导机关必须担当的政治责任。人是夺取战争胜利的决定性因素，军事人才是军队最重要的战略资源。我军人力资源的数量居世界第一，在党的绝对领导下，依靠强有力的政治工作，官兵思想政治素质是比较高的，但科学文化素质和军事专业素质同发达国家军队相比却有较大差距。高素质军事人才匮乏，特别是联合作战指挥人才和新装备专业技术人才不足，使军事系统内部各种资源难以充分整合，不能有效发挥整体效能，已成为影响我军向信息化跨越的根本性问题。坚持以人为本，就必然要求以人才为本，必须重视军事人力资源开发。军队贯彻落实科学发展观，最终要落实到推进基层的建设和发展上。胡锦涛强调：各级党委和领导机关要坚持以人为本，面向基层，坚持把工作重心放在基层，把基层党组织建设成坚不可摧的战斗堡垒。努力改善基层官兵的物质文化生活条件，充分调动广大官兵的积极性。要认真贯彻《军队基层建设纲要》，抓紧抓好经常性、基础性工作的落实，建立健全抓基层建设工作的科学机制，充分考虑基层的实际，满腔热情地为基层办实事、解难题、做好事。要深入调查研究，掌握全面、真实、具体的第一手材料，把上级的指示要求同本单位的实际结合起来，推动基层建设全面过硬和持续健康发展。

3. 坚持依法从严治军

胡锦涛强调，要适应军队现代化发展的要求，加强依法治军、从严治军，严格按国家的法律法规和军队的条令条例治理军队、管理部队，确保部队的高度稳定和集中统一，建立正规的战备、训练、工作和生活秩序。依法从严治军是提高军队建设效益的重要保证。军队是一个庞大的组织系统，要确保这一系统高效运行，巩固和生成强大的战斗力，就必须依法从严治军，通过建立正规高效的各项秩序来提高军队建设的质量和效益。胡锦涛特别强调："要把作风纪律作为从严治军的核心内容，加强部队的经常性教育和经常性管理，加强部队的作风培养，强化官兵的纪律意识，严肃政治纪律、军事纪律、组织纪律，确保党中央和中央

军委政令军令畅通。"我军发展之所以能够由小到大、由弱到强，从胜利走向胜利，很重要的一条原因就是有严明的纪律作保证。治军不严，后患无穷，在新的历史时期，坚决贯彻从严治军方针，必须大力加强军队的纪律建设，有力维护和保证部队的高度集中统一。

（四）坚持国防建设与经济建设协调发展

1. 正确处理经济建设与国防建设的关系

胡锦涛指出："坚持国防建设与经济建设协调发展，建设一支现代化、正规化的革命军队，确保国防安全，是执政党的一项重大战略任务。"2005年4月1日，胡锦涛在一次会议的讲话中又强调："坚持在国防和军队建设中贯彻落实科学发展观，首要问题是坚持国防建设与经济建设协调发展的方针。"保持经济的持续发展，不断提高国家的经济实力，是提高我国国际竞争力，维护国家独立和主权的关键所在，是解决包括国防现代化在内的当代中国所有问题的基础。正确处理经济建设与国防建设的关系，始终是国家发展战略全局的一个重大问题，也是我国社会主义现代化建设的一条重要历史经验。

2. 要把国防建设融入现代化建设全局之中

随着改革开放和社会主义市场经济的发展，必然会给国防和军队现代化建设创造更多更充分的有利条件。胡锦涛指出："本世纪头20年，既是国家经济社会加快发展的重要时机，也是国防和军队现代化建设加快发展的重要时机。把军队建设和军事斗争准备放在国家发展大局中来思考筹划，使军队建设、军事行动的筹划和部署符合国家工作大局的总体要求，使军队建设进程与国家现代化建设的发展进程相一致，军队建设与国家经济建设相协调，军事战略与国家经济发展战略相配套。"胡锦涛从国际战略全局出发，根据国家经济不断发展的实际，高度重视国防和军队建设。

3. 要建设一支同我国安全和发展利益相适应的军事力量

在人类社会的发展史上，一个国家或民族，因抓住机遇而走向强盛、因丧失机遇而逐渐衰落的事例屡见不鲜。战略机遇期的形成是多种因素相互影响、相互作用的结果，但必须具备安全和发展两个方面的条件。

胡锦涛提出，要在国家经济发展的基础上，努力建设一支同我国安全和发展利益相适应的军事力量，但并不等于国防自然就强大；国防建设服从经济建设大局，并不意味着等经济搞上去了再抓国防建设。国家经济发展与国家国防建设及军事力量发展是相辅相成的。一个巩固的国防，一支强大的军队，始终是国家安全与经济发展的基本保障。维护国家安全，保障国家发展利益，必须提高国家战略能力。这是胡锦涛提出的一个重要的战略思想。

四、胡锦涛关于国防和军队建设重要论述的地位和作用

胡锦涛关于国防和军队建设的重要论述，是胡锦涛站在继往开来的历史关头，全面继承和发展毛泽东军事思想、邓小平新时期军队建设思想、江泽民国防和军队建设思想，开创性地对加强国防和军队建设作出的一系列战略思考和重要指示，是科学发展观在国防和军队建设领域的生动展开，是新世纪新阶段国防和军队建设的科学指南。全面、系统、深入地学习胡锦涛国防和军队建设重要论述，并用以武装头脑、指导实践、推动工作，对于全面履行新世纪新阶段军队历史使命，胜利完成党的十七大赋予我军的重大战略任务，奋力开创国防和军队现代化建设新局面，具有重大而深远的意义。

（一）科学发展观——又好又快发展的重要指导方针

胡锦涛对中国特色社会主义理论体系的重要贡献是提出了科学发展观这一重大战略思想，对党的军事指导理论的重要贡献是提出科学发展观是国防和军队建设必须长期坚持的重要指导方针。胡锦涛关于国防和军队建设贯彻落实科学发展观的一系列重要论述，是新世纪新阶段国防和军队建设又好又快发展的科学指南。

牢固树立科学发展观在国防和军队建设中的指导地位。把科学发展观确立为国防和军队建设的重要指导方针，是胡锦涛在立足国家发展战略全局、准确把握新世纪新阶段国防和军队建设内在要求、全面总结我军建设发展经验的基础上提出来的，是党的军事指导理论的重大创新发展。

（二）新世纪新阶段我军历史使命——新世纪新阶段的建军方向

"三个提供、一个发挥"的历史使命，是胡锦涛科学分析国际战略形势、我国安全环境以及军队建设状况，着眼我国综合国力增强、国际地位提升、国家发展战略变化的新需要，对新世纪新阶段军队地位作用和职能任务做出的新概括，体现了党对军队的新要求，为军队建设发展指明了方向。

（1）为党巩固执政地位提供重要的力量保证。中国共产党是中国特色社会主义事业的领导核心。我们党成为执政党，是历史的选择、人民的选择。人民军队的历史使命，历来同党的历史任务紧密相连，同国家安全和发展利益紧密相关。军队作为党绝对领导下的人民军队，在巩固党的执政地位、坚持社会主义制度和维护人民群众根本利益方面，肩负神圣使命，具有重要作用。

（2）为维护国家发展的重要战略机遇期提供坚强的安全保障。抓住机遇促进发展，对全面建设小康社会、加快推进社会主义现代化至关重要。战略机遇期来之不易，抓住和用好战略机遇期，更不容易。抓住和用好战略机遇期的一个基本前提，是要有一个良好的安全环境。当前影响和危害战略机遇期的因素仍不少，国家安全问题的综合性、复杂性、多变性进一步增强。必须加强国防和军队建设，为创造一个有利于全面建设小康社会、加快推进社会主义现代化的长期安全环境作出应有贡献。

（3）为维护国家利益提供有力的战略支撑。捍卫国家利益及其发展，是军队的价值所在，是军队的使命所在。随着时代的进步和我国的发展，我国安全利益逐渐超出传统的领土、领海和领空范围，不断向海洋、太空和电磁空间扩展和延伸。这就要求我们必须拓展安全战略和军事战略视野，不仅要维护国家生存利益，还要维护国家发展利益；不仅要维护领土、领海和领空安全，还要维护海洋、太空和电磁空间安全以及其他方面的国家安全。

（4）为维护世界和平与促进共同发展发挥重要作用。维护世界和平与促进共同发展，是全人类的共同愿望和责任。维护世界和平与促进共同发展，除了运用经济、政治、外交等和平方式外，还必须有强大的军事实力做后盾。这就要求我们必须努力建设一支与我国国际地位相称和我国发展利益相适应的军事力量，增强军队应对危机、维护和平、遏制战争、打赢战争的能力，在维护世界和平与促进共同发展中发挥更大作用。

（三）中国特色军事变革——推进国防和军队建设的必然要求

胡锦涛多次强调，要密切关注、主动适应世界军事变革发展趋势，坚定不移、奋发有为地推进中国特色军事变革；要审时度势、锐意进取，采取措施、积极应对，加速推进、不断深化中国特色军事变革；要只争朝夕、埋头苦干，以强烈的事业心和责任感推动中国特色军事变革。这些重要论述突出地表明了中国共产党人对世界军事变革发展规律的深刻认识，对国家安全形势深切的忧患意识和对加快中国特色军事变革的重大责任意识，对不断提高我国的战略能力特别是军事能力，努力夺取国际军事竞争的战略主动、进而夺取政治主动和外交主动，具有重大的理论和实践意义。

新世纪新阶段，胡锦涛对军队建设的指导方针、历史使命、优良传统、奋斗目标、全面建设、军事斗争准备、思想政治建设、后勤建设、装备建设等重大问题作出了一系列重要论述，进一步丰富发展了党的军事指导理论，是党的军事指导理论的最新成果。加快中国特色军事变革，必须牢固树立胡锦涛国防和军队建设重要论述的指导地位，自觉地用它来武装头脑、指导实践，为加快中国特色军事变革奠定坚实的思想理论基础。

（四）思想政治建设——我军常抓不懈的根本建设

新世纪新阶段，胡锦涛深刻洞察和把握国内外思想政治动态和世界军事发展趋势，着眼于有效履行我军历史使命，对我军思想政治建设提出了许多新思想新观点新论断，为全面推进我军思想政治建设指明了方向。

军队思想政治建设理论的创新发展：胡锦涛把马克思主义基本原理与新形势下中国军队建设的具体实际结合起来，对军队思想政治建设的地位作用、本质要求、根本任务、重点内容、科学思路、实践途径等一系列问题作出了重要论述。这些重要论述意境高远、内涵丰富、思想深刻、富于创新，形成了较为完整的理论体系，进一步丰富发展了我军思想政治建设理论。

(五) 富国和强军——加强国防和军队建设的必由之路

胡锦涛在党的"十七大"报告中提出:"在全面建设小康社会进程中实现富国和强军的统一。"这一重要战略思想对于发展中国特色社会主义、实现中华民族伟大复兴,具有重大而深远的意义。

富国和强军都是我国现代化建设的战略任务,是发展中国特色社会主义、实现中华民族伟大复兴的重要基石。胡锦涛高度重视国防和军队建设,指出"国防和军队建设,在中国特色社会主义事业总体布局中占有重要地位",强调"必须站在国家安全和发展战略全局的高度,统筹经济建设和国防建设,在全面建设小康社会进程中实现富国和强军的统一"。这一重要战略思想是党探索社会主义现代化建设规律的又一崭新成果,是党领导社会主义现代化建设在理论上和实践上更加成熟的重要体现。

(六) 全面建设现代后勤——开创军队后勤建设新局面的重大举措

全面建设现代后勤是有效履行军队历史使命的必然要求。新世纪新阶段,军队历史使命对后勤建设提出了新的更高要求。全面建设现代后勤这一战略构想的根本出发点,是着眼有效履行我军历史使命,全面提高综合保障能力。这就要求我们深化保障体制改革,创新保障方式,发展先进保障手段,提高后勤管理水平,努力使后勤现代化水平与保障打赢信息化条件下局部战争的要求相适应,后勤保障能力与履行我军历史使命的要求相适应,保障我军能够在各种复杂形势下有效应对危机、维护和平、遏制战争、打赢战争。无论陆、海、空、天、电哪个领域,仗在哪里打、军事任务在哪里执行,后勤就必须保障到哪里。这是有效履行我军历史使命,提高保障我军应对多种安全威胁、完成多样化军事任务能力的必然要求。

第六节 习近平关于国防和军队建设的重要论述

习近平同志站在时代发展要求的高度,根据国家安全形势的发展变化和国防与军队建设的特点规律,就军队建设提出了建设一支听党指挥、能打胜仗、作风优良的人民军队的强军目标,体现了新的形势和任务对军队建设的新要求,对于加强人民军队建设具有重要的指导意义。

一、国防和军队建设新征程的行动指南

实现中华民族伟大复兴,是中国人民的伟大梦想,国防和军队建设必须服从服务于这个最高利益。强国梦,对军队来说也是强军梦。强国梦的实现,既依赖经济实力增强,又依赖国防实力提升。当前,我国发展仍处于可以大有作为的重要战略机遇期,国际战略形势和国家安全环境更趋复杂,维护国家安全和社会稳

定的任务更加艰巨。没有一个巩固的国防，没有一支强大的军队，实现中国梦就没有保障。习近平总书记从政治高度和国家利益全局观察和思考军事问题，科学统筹富国和强军两大战略任务，提出党在新形势下的强军目标，突出了国防和军队建设的战略地位。只有落实强军目标，才能为实现中国梦提供坚强国防保证。

建设强大的人民军队是我们党的不懈追求。我们党总是根据形势任务的变化，及时提出明确的目标要求，引领我军建设不断向前发展。从毛泽东同志领导制定建设优良的现代化革命军队的总方针，到邓小平同志提出建设强大的现代化正规化的革命军队的总目标，到江泽民同志提出建设政治合格、军事过硬、作风优良、纪律严明、保障有力的总要求，再到胡锦涛同志提出以推动国防和军队建设科学发展为主题、以加快转变战斗力生成模式为主线全面加强革命化现代化正规化建设的重要思想，都指引我军不断取得辉煌成就。习近平总书记提出的强军目标，以中华民族伟大复兴为崇高理想，以国家安全环境和军队建设现状为客观依据，以提高军队战斗力为出发点和落脚点，是对党的军事指导理论的坚持和发展。这一目标阐明了强军兴军的发展方向、战略重点和基本途径，是对我军建设目标的新概括新定位，体现了有效履行我军使命任务的现实需要，展示了我们党建设一支强大人民军队的决心意志，对于国防和军队建设在新的起点上实现大发展具有十分重要的指导作用。

十八大提出，建设与我国国际地位相称、与国家安全和发展利益相适应的巩固国防和强大军队。强军目标阐明了加强军队建设的聚焦点和着力点，明确了实现军队现代化的战略布局和路线图。听党指挥是灵魂，决定军队建设的政治方向；能打胜仗是核心，反映军队的根本职能和军队建设根本指向；作风优良是保证，关系军队的性质、宗旨和本色。三者相互联系，密不可分。强军目标打开了破解军队建设发展难题的战略视野，抓住了我军建设的主要矛盾和问题，明确了军队建设的主要任务和努力方向，为解决我军建设"两个差距很大""两个能力不够"的问题提供了方法论指导。牢记强军目标，坚定强军信心，献身强军实践，就能实现国防和军队建设的创新发展。

二、牢记强军之魂、强军之要、强军之基

党在新形势下的强军目标，充分体现了战略谋划、建设标准、发展路径与价值导向的高度统一。实现强军目标，必须牢记坚决听党指挥的强军之魂，能打仗、打胜仗的强军之要，依法治军、从严治军的强军之基，全面推进国防和军队建设。

我军是党绝对领导下的人民军队。80多年来，我军之所以能始终保持强大的凝聚力向心力战斗力，经受住各种考验，不断从胜利走向胜利，最根本的就是靠党的坚强领导。新形势下，意识形态领域斗争尖锐复杂，社会思想文化多元多

样,我军官兵成分结构发生很大变化,必须把听党指挥作为军队建设的首要,确保部队绝对忠诚、绝对纯洁、绝对可靠。只有这样,才能保证部队的高度集中统一,才能保证一声令下拉得出用得上打得赢。必须坚持党对军队绝对领导的根本原则不动摇,贯彻执行党的理论和路线方针政策不动摇,做到永远忠于党、忠于社会主义、忠于祖国、忠于人民。当前,最紧要的是始终在思想上政治上行动上同党中央保持高度一致,坚决维护党中央、中央军委权威,确保一切行动听从党中央、中央军委和习近平主席指挥。

军队首先是一个战斗队,是为打仗而存在的。军队强不强,主要看打仗;战场打不赢,一切等于零。新形势下,我军职能使命不断拓展,但作为战斗队的根本职能始终没有变,一切活动都要围绕提高打赢能力来展开。我们始终坚持走和平发展道路,但如果有人要把战争强加到我们头上,军队必须能决战决胜。战争形态、作战样式、战斗力生成模式发生深刻变革,对我军能打仗、打胜仗提出新的更高要求。强调能打仗、打胜仗,目的在于要求军队时刻牢记革命军人的神圣职责,爱军精武、爱岗敬业,不怕牺牲、英勇善战,坚决维护国家安全,坚决捍卫国家主权和领土完整,为维护国家发展利益和社会大局稳定提供有力保证。我们要大力强化部队当兵打仗、带兵打仗、练兵打仗思想,以军事斗争准备为牵引,注重发展新型军事能力,从实战需要出发从难从严训练部队,不断提高部队信息化条件下威慑和实战能力,确保部队召之即来、来之能战、战之必胜。

作风优良是我军的鲜明特色和政治优势。在长期实践中,我军培育和形成了一整套光荣传统和优良作风,这是我军始终保持强大战斗力的重要法宝。强调依法治军、从严治军,其要义在于加强纪律性,革命无不胜。当前,社会环境日益复杂,能否保持我军优良作风,面临许多现实考验。必须以踏石留印、抓铁有痕的狠劲,滴水穿石、铁杵磨针的韧劲,逢山开路、遇水架桥的闯劲,更加扎实有效地抓好军队作风建设。要旗帜鲜明反对腐败,坚决反对形式主义、官僚主义、享乐主义和奢靡之风,做到信念不动摇、思想不松懈、斗志不衰退、作风不涣散,永远保持人民军队长期形成的良好形象。

三、围绕强军目标推进国防和军队建设创新发展

习近平总书记提出的强军目标,为国防和军队建设注入了新的时代内涵。我们要坚持用强军目标统一思想认识、凝聚意志力量、激励军心士气,做到各项建设朝着强军目标加强,各项改革着眼强军目标展开,军事斗争各项准备围绕强军目标进行,努力推进国防和军队建设创新发展。

坚持党对军队绝对领导不是一句空洞口号,必须落实在行动上。这就必须把思想政治建设摆在各项建设首位,着力打牢部队听党指挥的思想根基,增进信党爱党的思想情感,锤炼忠诚于党的政治品格。当前,敌对势力极力鼓吹"军队非

党化、非政治化"和"军队国家化",加大对我军意识形态渗透的力度;我军所处的社会环境、担负的使命任务、官兵情况也都发生了很大变化。

我们必须深入开展中国特色社会主义宣传教育,持续培育当代革命军人核心价值观,大力发展先进军事文化,组织官兵认真学习党史军史,增强对中国特色社会主义的道路自信、理论自信、制度自信,坚定党对军队绝对领导的政治自信和政治自觉,确保枪杆子永远掌握在忠于党的可靠的人手中。

能打仗、打胜仗是有效履行我军职能使命的根本保证,战斗力是检验部队一切建设和工作的试金石。军队建设必须把提高战斗力作为出发点和落脚点,一切工作都要向能打仗、打胜仗的要求聚焦。要关注国际战略格局和国家安全环境的发展变化,增强忧患意识、危机意识、使命意识,始终保持战略清醒,做到未雨绸缪。要坚持革命化现代化正规化建设相统一,在强军目标统领下推动部队建设协调发展、全面进步。要深入调查研究,加强实践探索,理清制约部队建设发展的突出矛盾、瓶颈短板和主要症结,找准强军目标进入部队实践的切入点、结合点和着力点,努力在联系实际、解决问题、推动发展上见到实效。要坚持用强军目标衡量检验部队各项建设和工作成效,切实形成推动强军目标贯彻落实的制度机制。

作风优良才能塑造英雄部队,作风松散可以搞垮常胜之师。现在,社会环境变化了,社会上一些不良风气在部队都会有所表现。加强作风建设,必须在求实、务实、落实上下功夫,着力纠治官兵反映强烈的不正之风,着力解决深层次矛盾和问题,着力构建规范化、制度化的长效机制。

当前部队作风建设上存在的问题,主要是有的单位执行不严、管理不力,失之于软、失之于宽。必须坚持依法治军、从严治军方针,必须保持严明的作风和铁的纪律,确保部队高度集中统一和安全稳定。转作风,领导带头最重要,率先垂范最有力。领导和机关的表率作用决定了作风建设的成效。只有言行一致、说到做到,才会有公信力和凝聚力。

经济建设是国防建设的基本依托,只有国家经济实力增强了,国防建设才能有更大发展。国防建设是我国现代化建设的战略任务,只有把国防建设搞上去了,经济建设才能有更加坚强的安全保障。当前,我国进入全面建成小康社会决定性阶段,国家安全与发展面临前所未有的机遇和挑战,对推动国防实力与经济实力同步发展提出了新的要求。我们要进一步做好军民融合式发展。

思考题

1. 什么是军事思想?
2. 军事思想发展的基本规律是什么?
3. 简述军事思想发展简史。

4. 简述军事思想的指导作用。
5. 毛泽东军事思想的定义及其本质特征是什么?
6. 无产阶级战争观、方法论是什么?
7. 简述毛泽东人民战争思想。
8. 简述毛泽东人民军队思想。
9. 简述毛泽东人民战争的战略战术思想。
10. 邓小平新时期军队建设思想的定义是什么?
11. 简述邓小平战争与和平理论。
12. 简述邓小平国防建设理论。
13. 简述邓小平新时期人民军队建设理论。
14. 简述邓小平新时期军事战略理论。
15. 江泽民国防和军队建设思想的含义是什么?
16. 简述江泽民军事战略思想。
17. 简述江泽民国防建设思想。
18. 简述江泽民军队建设思想。
19. 简述胡锦涛国防和军队建设重要论述的含义和历史背景。
20. 简述胡锦涛国防和军队建设重要论述的主要内容。
21. 简述胡锦涛关于国防和军队建设重要论述的地位和作用。
22. 简述习近平国防和军队建设重要论述的主要内容。

第三章 国际战略环境

第一节 战略环境概述

环境是指事物周边的境况,是人类赖以生存的要素。战略环境是指国家或政治集团在一定时期内所面临的影响其安全及筹划、指导战争全局的客观情况和条件。主要包括国内外政治、经济、科技、军事、地理等方面的基本情况,及由此而形成的战略态势。战略环境是一个动态现象,它随着自然界和人类历史的发展而发展,随着国内外形势的演变而变化。

一、战略

(一) 战略的含义

"战略"一词最早在我国古代的史学著作《左传》、《史记》中就已经出现,"战"即为战斗、交通和战争;"略"即为策略、谋略、计划。我国春秋时期的《孙子兵法》就是著名的军事战略战术著作。西晋史学家司马彪有"战略"为名的著作。战略的含义是作战的谋略,或是对战事的策划。明代军事家茅充仪编有《武备志》,其中第二部分为《二十一史战略考》。战略的含义大致指对战事的谋划。到了清代末年,北洋陆军督练处于 1906 年编出我国第一部《军语》,把"战略"解释为"筹划军国之方略也"。一般认为战略是指军事统帅指导战争全局的韬略。在《辞海》中把战略定义为"泛指重大的、带有全局性或决定全局的谋划"。按照中国军事百科全书的定义,战略是指导战争全局的方略。通常指军事战略,即战争指导者为达成战争的政治目的,依据战争规律所制定和采取的准备和实施战争的方针、策略和方法。

从上述各种战略定义来看,尽管战略定义没有一致的相同的语言表述,但是,战略的基本含义是一样的,即战略是指导全局的一种理论和艺术,目的是为了达成某种政治目的而采取的具有全局性的策略。

(二) 战略构成要素

战略的构成要素是战略本质属性的集中反映,也是战略内容和形式的具体展现。

1. 战略目的

战略目的是战略行动所要达到的预期结果,是制定和实施战略的出发点与归宿。战略目的根据战略形势和国家利益的需要确定。不同性质的国家和军队，其战略的目的不同。对于奉行防御战略的国家来说，维护国家和民族的根本利益、长远利益和整体利益，特别是维护国家的领土主权完整和统一是战略的基本目的。确定战略目的，强调需要与可能相结合，具有科学性和可行性，符合国家的路线、方针和政策，与国家的总体目标和国力相适应，满足国家在一定时期内对维护自身利益的基本要求。

2. 战略方针

战略方针是指导战争全局的方针，是指导军事行动的纲领和制定战略计划的基本依据。它是在分析国际战略形势和敌对双方战争诸因素基础上制定的，具有很强的针对性。对不同的作战对象，不同条件下的战争，应采取不同内容的战略方针。每个时期或每次战争除了总的战略方针外，还需制定具体的战略方针，以确定战略任务、战略重点、主要的战略方向、力量的部署与使用等问题。

3. 战略力量

战略力量是战略的物质基础和支柱。它以国家的综合国力为后盾，军事力量为核心，在发展经济和科学技术的基础上，根据战略目的和战略方针的要求，确定其建设的规模、发展的方向和发展的重点，并与国家的总体力量协调发展。

4. 战略措施

战略措施是为准备和实施战略目的而进行的具有全局意义的保障，是战略决策机构根据战略需要，在政治、军事、经济、外交、科学技术、战略领导和指挥等方面，所采取的各种全局性的确实可行的方法和步骤。

（三）决定战略的基本因素

1. 国家利益

国家利益是决定一个国家军事战略走向的基本依据，是国家军事战略的出发点和归宿。

2. 政治因素

政治对战略具有统率和支配作用，它将决定战略的性质和目的，赋予其任务和要求，影响战略的制定、实施和调整。

3. 战争力量

战争力量指的是战争实力和战争潜力。战争实力即能够立即用于战争的军事、政治、经济与精神力量的总和。战争潜力是指上述各要素中平时处于潜在状态，而在战争前夕或战时通过动员挖掘出来以增强战争实力的能力。

4. 地缘战略关系

地缘战略关系是指地缘关系和国家间的地缘战略关系。地缘关系，通常是指在地理环境基础之上，人类在一定的共同地域内从事居住、生活、生产等社会活动而形成的"社会—地理"空间关系。国家间的地缘战略关系是指相关国家间在自然地理和地缘环境的基础上形成的利益相关的诸种战略关系。地缘战略关系包括地理位置、国土大小、国土形状、自然资源、国都、边疆国界、国家间的相对距离和战略空间等。

地缘战略关系在制定战略时的影响主要表现在：大国关系形成的地缘战略格局，决定本国的战略定位；现实或潜在威胁的地缘分布，决定自己的战略威胁方向；地缘战略空间的不同特点，决定本国合理建构和部署战略力量；国家间地缘战略利益，决定相互间战略的性质等。

5．战略文化传统

战略文化传统是一个国家在战略行为上所表现出来的持久性和相对稳定的文化特征。它是一个民族与文明的历史经验、民族特性、价值追求以及文化心理在战略领域的集中反映。一个国家的战略行为，既反映了它在此时此地的现实需要，同时也深深地扎根于历史的、前期形成的战略文化之中。战略文化的基本特征是历史的延续性、文明的关联性和价值观的主导性。

6．国际法

国际法是各国公认的、在国际关系上对国家有法律拘束力的行为规则。国际法既调整和平时期国家之间的关系，也调整敌对状态下国家之间的相互关系。

国际法在现代战争中的作用主要表现在：一是揭露敌人，争取国际社会同情支持，争取战略主动地位的有力武器；二是衡量和区分战争正义性与非正义性的重要尺度；三是确定和惩治战争罪犯的主要法律依据。

（四）战略的基本特点

战略的特点主要表现在以下几方面。

1．全局性

凡属需高层次谋划和决策，有要照顾各个方面和各个阶段性质的、重大的、相对独立的领域，都是战略的全局。全局性表现在空间上，整个世界、一个国家、一个战区、一个独立的战略方向，都可以是战略的全局。全局性还表现在时间上，贯穿于指导战争准备与实施的各个阶段和全过程。战略的领导者和指挥者要把注意力摆在关照全局上面，胸怀全局，通观全局，把握全局，处理好全局中的各种关系，抓住主要矛盾，解决关键问题；同时注意了解局部，关心局部，特别是注意解决好对全局有决定意义的局部问题。

2．方向性

战争是政治的继续，具有很强的政治目的。任何战略都反映一个国家或政治集团利益的根本的目标方向，体现它们的路线、方针和政策，是为其政治目的而服务的，具有鲜明的目标方向。

3．对抗性

制定和实施战略都要针对一定对象。通过对其各方面的情况进行分析判断，确定适当的战略目的，有针对性地建设和使用好进行斗争的力量，掌握斗争的特点和规律，采取多种斗争形式和方法，对敌抑长击短，对己扬长避短，以取得预期的斗争效果，是战略谋划的基本内容。

4. 预见性

预见性是谋划的前提，决策的基础。在广泛调查研究的基础上，全面分析、正确判断、科学预测国际国内战略环境和敌友关系以及敌对双方战争诸因素等可能的发展变化，把握时代的特征，明确现实的和潜在的斗争对象，判明面临威胁的性质、方向和程度，科学预测未来战争可能爆发的时机、样式、方向、规模、进程和结局，揭示未来战争的特点和规律，是制定、调整和实施战略的客观依据。

5. 谋略性

战略是基于客观情况而提出的克敌制胜的斗争策略。它是在一定的客观条件下，变被动为主动，化劣势为优势，以少胜多，以弱制强，乃至不战而屈人之兵的重要方法。运用谋略，重在对战争全局的谋划。制定战略强调深谋远虑，尊重战争的特点和规律，多谋善断，料敌定谋，灵活多变，高敌一筹，以智谋取胜。

（五）战略的分类

依据不同的战略目的和战略需要，从不同的侧面和不同的个性特征可以将战略划分为不同的类型。根据作战行动的性质和样式，可以将战略划分为进攻战略和防御战略两大类，这是最基本的战略划分和类型；根据作战行动的时间特征，可以将战略划分为速决战略和持久战略两种类型；根据作战行动的空间特征，可以把战略划分为地面战略、空中战略、海上战略以及外层空间战略等；根据作战行动的主要手段，可以将战略划分为核战略、常规战争战略和信息化战争战略；根据作战手段的使用方式，可以将战略划分为实战战略和威慑战略两种类型；根据战争规模和涉及的范围，可以将战略划分为全面战争战略和局部战争战略。

以上是根据战略的不同特点，对战略进行的纵向区分；也可以对战略进行横向区分，并由此建立起战略的层次结构。

二、战略环境

战略环境是指影响国家安全或战争全局的客观情况和条件。正确认识和分析战略环境，是正确制定战略的先决条件。战略环境是指影响国家安全或战争全局的客观情况和条件。主要包括国际和国内的政治、经济、军事、外交、科技、地理等方面综合形成的客观情况和条件，以及由此而形成的战略态势，特别是战争与和平的总态势。战略环境是动态的，随着国内外形势的发展而不断变化。

（一）国际战略环境

国际战略环境主要是指世界各主要国家和政治集团在一定时期内的战略上相

互联系、相互作用、相互斗争所形成的世界全局性的大环境。国际战略力量对比和大国战略，是影响国际战略环境的最重要因素。国际战略环境关系到国家的生存与发展、安危与兴衰，影响一个国家军事斗争的对象、性质、目标，以及军事力量建设和军事斗争的主要方向，因而是各个国家制定战略必须首先考察和关注的外部环境和条件。

国际战略环境的基本要素包括时代特征、世界战略格局、主要国家的战略动向、当代世界战争与和平的趋势、周边安全形势等。

1. 时代特征

时代特征反映了世界发展总进程中的矛盾领域和斗争状况。时代特征是世界性的、阶段性的，它所反映的是世界的总貌，是整个世界在一定历史阶段的总的标志，而不是个别国家的个别现象，也不是国际社会一时一事的情况或短时期的形势变化。正确认识时代特征，有助于战略指导者从宏观上把握当代世界的主要矛盾和总的发展趋势，从而对国际战略环境作出正确的判断，避免战略指导的重大失误。

2. 世界战略格局

世界战略格局，是世界各国政治、经济、军事力量在其消长、分化和组合过程中所形成的，对世界战略全局具有重大影响而又相对稳定的力量结构。世界战略格局反映了一定时期内国际的力量对比、利益矛盾和需求，以及基本的战略关系。对世界战略格局进行分析与研究，有助于从总体上了解世界各主要国家在世界全局中的地位以及战略利益方面的矛盾和需求，有助于对世界形势及其可能的发展趋势作出基本的估计。

3. 主要国家的战略动向

世界各国之间由于战略利益和政策的异同，既可能是对手，也可能是朋友。各国的战略动向，既互为条件、相互依存，又相互影响和制约。其中，一些实力较强的世界性和地区性大国，特别是超级大国所推行的战略，对地区乃至世界的安全与稳定具有重大的影响，对其他国家的战略也有不同程度的影响。因此，一定时期内各主要国家的战略及其发展趋势，是国际战略环境的重要组成部分。了解主要国家的战略动向，有助于从世界各国特别是大国之间关系中具体地研究国际战略环境，进而对世界形势作出正确判断。

4. 当代世界战争与和平的趋势

战争是解决阶级和阶级、民族和民族、国家和国家、政治集团和政治集团之间利益矛盾和冲突的最激烈的手段。只要战争根源还存在，战争与和平就始终是国际安全面临的重大问题。对于一个国家的主权和安全来说，来自外部的战争威胁是最严重的威胁。因此，当代世界战争与和平的趋势在国际战略环境中最引人注目，也是世界各国研究和制定军事战略时关注的中心。

5. 周边安全形势

周边安全形势，是指周边国家（地区）直接、间接影响本国安全的条件和因素。周边安全形势中最值得注意的是周边国家与本国的利益矛盾、对本国的政策企图、与本国密切相关的军事力量及其部属等直接影响本国安全的情况和因素。

从上述几个方面入手研究国际战略环境，对于洞察国际斗争特别是战争与和平的基本趋势，进而判明对本国战略利益的影响，具有十分重要的意义。

（二）国内战略环境

从军事斗争的角度来说，国内战略环境是指对筹划、指导军事斗争全局具有重大影响的国内社会环境与自然环境，它反映了国家军事力量建设与运用的可能条件和制约因素，决定着战略的基本性质和方向，是制定战略的依据。国内战略环境主要包括国家的政治、经济、军事、地理等方面的基本情况，其中，对战略具有直接影响的是国家的地理环境、政治环境和综合国力状况。因此，研究国内战略环境应重点把握以下情况。

1. 地理环境

地理环境主要包括国家的地理位置、幅员、人口、资源、地形、气候以及行政区划、交通、要地等状况。这些地理要素与军事斗争的关系十分密切，是军事力量生存、活动的空间条件。军队的集结、机动、作战、训练、后勤补给等一切军事活动都离不开一定的地理空间，都受到地理环境的影响和制约。地理环境不仅是制定战略的重要客观依据，而且是影响战争胜负的重要因素。加强对地理环境的研究与认识，是使战略指导符合客观实际的一个重要环节。

2. 政治环境

国内政治环境涉及的范围较广，但对战略影响最大的两个方面，一是国家的政治法律制度与基本国策；二是政治安全形势。

国家的政治、法律制度和基本国策是国内政治环境的本质和核心，对军事斗争全局的筹划指导具有决定性的影响。我国奉行"独立自主的外交政策"，坚持"和平共处五项原则"，"反对帝国主义、霸权主义、殖民主义"，"维护世界和平和促进人类进步事业"。这些经过国家最高权力机关立法规定，并在国家政治生活中得以贯彻和体现的关于中国国体、政体和大政方针的根本法律地位和法律效力，是战略必须服从并为之服务的最高政治准则，是确定军事斗争的目的、性质、任务、基本方针、政策和战略指导原则的政治依据，同时也是保证战略得以贯彻实施的政治基础。

国内政治安全形势，主要包括一定时期内国内的阶级、民族、宗教、政治集团之间相互关系的基本状况及其对政局和国家安全的影响。其中，敌对势力分裂、颠覆国家和发生武装冲突或国内战争的情况，是直接影响国家统一和稳定的国内因素，是筹划、指导军事斗争必须关注的重要问题。

3. 综合国力状况

综合国力是一个国家全部物质力量和精神力量、实力和潜力的总和，它包括国家的人力、物力、财力、军力、科技与生产能力、社会保障与服务能力以及组织动员能力等。综合国力是军事斗争（特别是战争）的物质基础，也是军事理论和作战方法发展进步的重要条件。一切军事斗争和军事活动，归根结底都要依靠综合国力，特别是经济、科技和军事实力的支撑，并受其制约。战略指导者必须立足于国家综合国力的实际状况，本着勤俭节约、讲究效益的原则，筹划、指导军事力量的建设与运用，使之与国家建设和社会发展的总体水平相适应。

三、战略环境与战略

战略环境与战略，是客观实际与主观指导的关系。前者是独立于战略指导意识之外的客观存在，后者则是军事斗争客观规律在人们头脑中的反映。因此，战略环境是制定战略的客观基础。任何国家的战略，无不受一定的战略环境的制约和影响。例如，第二次世界大战期间，德国、意大利和日本结成法西斯军事政治联盟轴心，并把战火迅速扩大到欧洲、亚洲和非洲广大地区，使众多国家遭受奴役、屈辱或面临严重的生存威胁。这种特殊的战略环境，促使一些战略利益并不完全一致甚至对立的国家结成了国际反法西斯同盟，共同反对德、意、日法西斯的侵略战争，从而使有关各国的战略具有战争时期联合对敌的基本特征。第二次世界大战结束后，战略环境发生了变化，战时的反法西斯同盟发生破裂。美苏两国由盟友关系演变为敌对关系，各自逐步形成和制定了互为主要对手、争夺世界霸权的战略。这些情况表明，各个国家的战略都是随着战略环境的变化而变化，都是基于特定的战略环境而谋求各自的战略利益。中国共产党及其领导下的人民军队，在革命战争时期曾经实行数次以改变作战形式为主要标志的军事战略转变，中华人民共和国成立后，也曾多次进行战略调整。其中，每一次转变与调整，都与战略环境的变化紧密相关，都是为了适应战略环境的变化和军事斗争的需要，使主观指导更加符合客观实际。由此可见，任何战略都是一定的战略环境的产物，从来没有脱离一定战略环境而凭空产生的战略。

对于战略指导者来说，正确认识和分析战略环境，是正确制定战略的先决条件。这里所说的战略环境，实际上是战略指导者所面临的敌方、友方、我方以及自然界的情况，涉及政治、经济、科技、军事、地理等方方面面，这些都是实际存在并影响战略的客观因素。战略指导者只有了解它、熟悉它，并且正确认识各种因素的相互关系、相互作用及其对敌我行动的影响，才有可能找出其中的特点和规律，并根据这些规律制定出正确的战略。否则，如果情况不明，或认识不符合实际，就不可能制定正确的战略并实施正确的战略指导。制定战略的过程，是战略指导者认识和分析战略环境的过程，对战略环境的认识和分析越客观、越准确，所制定的战略也就越符合实际，越有成功的把握。而能否正确认识和分析战略环境，则取决于战略指导者所采取的立场、观点、方法和思维能力。在军事斗争实践中，斗争各方总是根据己方的立场、观点、方法对战略环境作出判断，并据此确定各自的战略。就某一方内部而言，由于战略指导者思想方法和认识能力的差异，对战略环境的认识和判断，以及由此而产生的战略决策也不尽相同。因此，只有坚持辩证唯物主义和历史唯物主义的世界观和方法论，对战略环境进行客观、全面、系统的分析，才能把战略建立在对战略环境正确认识的基础上，进而实现正确的战略指导。

战略对战略环境的发展变化也具有重大的能动作用。这是因为环境在一定条件下是可以改变的，人们可以通过主观能动性的发挥，创造必要的条件，推动和影响战略环境变化。战略作为对军事斗争全局的筹划与指导，不论其正确与否，都对维持或改变战略环境有重大影响。实践证明，在一定的物质条件下，正确的战略可以改变不利的战略环境，化险为夷，转危为安。因此，战略指导者的责任，就在于制定符合客观实际和斗争发展规律的战略，实施正确的战略指导，创造克服、改变不利战略环境或维护、争取有利战略环境所必需的条件，审时度势，趋利避害，把军事斗争引向胜利。

从军事斗争的历史和现状看，任何国家，不论其政治目的和决策者的素质如何，都力图通过制定和推行自己的战略，促使战略环境朝着有利于自己的方向发展。然而，从属于不同政治目的的战略，对战略环境所起的作用是截然不同的。以推行霸权主义和侵略扩张为目的的战略，对国际战略环境起着破坏和恶化的作用，会给国际社会带来灾难。而以反抗侵略和维护和平为目的的战略，则起着改善战略环境的作用，为维护世界和平和促进人类进步事业创造有利条件。因此，一切爱好和平的国家，对于霸权主义国家以侵略扩张为目的的战略及其可能对国际战略环境造成的严重影响，应保持高度警惕，进行针锋相对的斗争，为争取和维护和平稳定的国际战略环境作出积极贡献。

中国军事战略，是马列主义军事理论、毛泽东军事思想与一定历史条件下的战略环境和斗争实践相结合的产物。以毛泽东为杰出代表的中国老一辈无产阶级革命家，历来坚持主观指导与客观实际相符合的原则，正确处理战略与战略环境之间的关系。在历次革命战争和新中国成立后的军事斗争中，他们总是把战略环境作为制定、调整战略的客观依据，并通过实行正确的战略，改变或推动战略环境朝着有利于人民的方向发展。当今世界，各种斗争错综复杂，风云变幻莫测，情况日新月异。这就要求战略指导者必须密切注视战略环境的发展变化，并根据这种变化的特点和规律，以及主客观条件，适时调整自己的战略，以争取和维护有利于和平与发展的战略环境。

第二节 国际战略格局

国际战略格局的形成，是国际斗争和国际战略运作的结果，同时，新的国际战略格局一经产生，又会对国际战略形势产生直接的影响。因此，要想从整体上把握国际斗争的基本情况和基本形势，揭示国际斗争的一般规律，就必须注重研究国际战略格局问题。

一、国际战略格局的内涵和类型

（一）国际战略格局的内涵

所谓格局，是指态势、模式或构架，是几种力量交互作用后出现的一种暂时平衡状态。那么什么是国际战略格局呢？所谓国际战略格局，是指对国际事务具有重要影响力的战略力量，在一定历史时期内相互联系、相互作用而形成的较为稳定的力量结构。它是国际战略力量之间在全球政治层面上的实力对比关系。国际战略格局包括国际政治格局、国际经济格局和国际军事格局三个部分，有时也称为"国际格局"、"世界格局"、"大格局"等。

1. 国际格局的力量结构

任何国家的综合国力都是由有形的硬实力与无形的软实力组成的。前者主要包括自然条件、经济能力、军事力量、科技力量；后者主要包括社会文化、民族性与凝聚力、政府体制与管理效率、领导者决策与管理能力等。

当实力中的某些主要因素发生变化时，国家的综合国力会随之发生变化，战略力量结构也会发生变化。从自然条件看，人口与国土面积等因素在过去与未来的力量对比中仍具重要作用。19世纪后期以来，欧洲主要列强都是欧洲的人口大国或国土面积大国。今天科技水平飞速发展，一定意义上削弱了人口的战略重要性，但是发达国家人口老龄化、人口增长率出现负增长的现象，在一定意义上仍是造成其国内劳动力价格上涨、产品成本居高不下的原因；而发展中国家中的人口大国，由于人力资源充裕，劳动力价格低廉，产品竞争力便更强。中国改革开放后，轻工产品及机电产品的出口猛增，很快占领了北美、西欧及其他地区的市场，重要原因之一，即中国的人口资源极其丰富，劳动力价格低廉。

从经济能力看，近500年世界上大国的兴衰，在相当程度上取决于经济力量。如19世纪英国充当欧洲霸主与经济事务主宰，其主要因素是产业革命以后的经济实力超过其他国家。20世纪前期，美国崛起为新的国际战略力量时，也有类似的情况。战后日本经济飞速发展，上升为新的国际战略力量，又是一例明证。正如保罗·肯尼迪在《大国的兴衰》一书中所指出："在一场大国间（通常是联盟间）的长期战争中，胜利往往属于有坚实的经济基础的一方，或属于最后仍有财源的一方……正因为5个世纪以来大国的国力与经济力量相辅相成，弄清目前经济与技术发展趋势对当前力量对比可能产生的影响才有意义。"

从军事力量看，军事力量的强弱在现代国家战略力量对比中举足轻重。日本在二战期间成为主要国际战略力量，很大程度上是依赖其强大的军力。一战的刺激，使日本经济尤其是重工业突飞猛进。1913至1938年，日本经济发展速度仅次于苏联，其间军费开支占政府开支的比例，1937年为47%，1938年上升为70%，在资本主义国家中占首位。其海军力量称雄世界，陆军超过百万，并有200万预备队。"冷战"后时代，苏联解体，俄罗斯经济十分衰落，但军力仍仅次于美国，全球也只有俄美具备互相摧毁对方军力的能力。因此，俄罗斯仍是一支不能忽视的国际战略力量。

从科技力量看，科技力量的作用一般更多地反映在经济、军事等因素上，以及国民素质等方面，它是影响国际战略力量对比的更深层次的因素。科学技术水平的优势会转化为综合国力优势。

此外，软实力因素的作用也不能忽视，当一个国家的民族凝聚力十分强大时，它的国力也会随之增强，反之亦然。苏联民族凝聚力瓦解时，国家也崩溃了。俄罗斯的国力大大受损，除了硬实力因素之外，民族凝聚力的削弱是一个主要原因。此外，传统文化、以政治思想与哲学思维为中心的意识形态等也产生一定影响。中国在20世纪60年代天灾人祸交加之际，能够顶住危机，很大的原因在于提倡一种自力更生、艰苦奋斗精神，一种公而忘私的共产主义精神。80年代经济的腾飞，又与实事求是、改革开放、求实创新的意识形态有关。在国际组织中的地位与作用，是一国国力强弱的表现，同时也会影响一国的综合国力。当中国恢复了在联合国的合法地位后，尤其是拥有安理会常任理事国的一席地位后，中国作为独立的国际战略力量的地位才真正确立了。

2. 国际格局中的大国战略关系

国际格局形成实际上是大国战略关系调整的结果，这种调整过程充满了竞争和斗争。从历史经验看，新的国际格局的形成，往往要经过一场战争，在战争中一些过去称为"极"的战略力量弱下去，而一些新的国家壮大起来，一些新成立新崛起的战略力量之间进行协商、妥协，彼此建立一种新的战略关系，形成新的战略格局。这种着眼于大国组合关系的国际格局，我们称其为国际战略格局。

国际战略格局在形成过程中遵循着一定的规律，遵循哪些规律呢？大体上有三条：第一条，国家的强弱和实力的大小，决定着这个国家在新的格局中的地位和作用，并且按照力量大小进行利益分配。第二条，在新的格局形成过程中，根据这个国家所作出的贡献大小决定回报。第三条，在新格局中，主要角色间经过讨价还价达到一种和国家力量相适应的利益均衡。第一次世界大战前，世界的中心在欧洲，那时实际上是一种多极的局面，主要大国有英国、法国、奥地利、普鲁士和俄国。1871年，德国统一了，力量强大起来了。1868年，日本通过明治维新走上资本主义道路，力量也突然膨胀起来。在这种情况下，法国、奥地利、俄国这些力量慢慢地衰弱下去，而新崛起的德国、日本等国家，就感到在过去格局下进行的利益分配不符合他们的利益要求，于是就挑起了第一次世界大战。经过第一次世界大战，德国被打败。在这次大战中，美国作为新的力量介入了新的国际格局形成过程当中。所以，这次大战结束后，召开了巴黎和会，进行了力量的利益分配。此后，又召开了华盛顿会议，美国、日本、英国又在太平洋的利益上进行了分配。经过两次会议之后，实际上形成了一种新的国际格局，这就是通常说的凡尔赛—华盛顿体系。这个体系仅仅维持了10年，由于后来德国的崛起，对第一次世界大战的利益分配不满意，就挑起了第二次世界大战。在第二次世界大战后，由于在战争中像英国、法国这些老牌帝国主义国家的力量都被削弱了，而美国、苏联在战争中起了非常重大的作用，因此，战争之后，实际上是由美国、苏联两国主持和安排世界事务的格局，形成了美、苏两大阵营对立的国际体系。在这种国际格局的演变当中，大国关系的调整其实就是一种利益分配关系，国家利益是国际战略关系的核心。

3. 国际格局中的国际秩序

国际格局反映的是国际基本力量间相互作用形成的模式和态势，而国际秩序更多地研究相对稳定的国际态势的基本运作机制与位次顺序。例如，战后"雅尔塔体系"形成后，出现两大阵营对峙的冷战格局，与此同时，美国凭借其超一流的实力，构架了以美元为中心的布雷顿森林体系，由世界银行、关贸总协定及国际货币基金组织构成，从而形成了战后国际经济秩序。同时，美国力图操纵联合国，以及其他国际政治组织与集体，构筑了以西方大国为中心的战后国际政治秩序。国际秩序实际上是各国在处理相互关系的时候，要遵循一定的规矩，有一定的行为准则和制度。这些准则也好，制度也好，主要是由在国际格局下充当重要角色的那些国家制定的，它是大国意志的反映。

现在的国际政治与经济秩序，都是以"雅尔塔体系"为基础，在冷战格局中确立的。20世纪80年代末，东欧剧变与苏联解体，尤其当美俄之间形成所谓"和平伙伴关系"时，冷战格局崩溃了，"雅尔塔体系"也自行消亡。在国际体系与国际格局发生历史性转折之际，创立新型的协调国际关系的机制，重新调整国际社会中的国家位次，建立冷战后的国际新秩序，便成为国际社会发展的客观需要。世界各国政治家，纷纷强调改变现存国际旧秩序，重建国际新秩序的必要性与迫切性。邓小平指出："现在的国际政治出现了新的情况，由对抗转到对话，由紧张转向缓和。看来应该提出建立国际政治新秩序的问题了。"日本前首相海部俊树在《日本的构想》中称："随着世界进入20世纪90年代，一个新时代开始出现。现在我们正处在国际政治经济秩序的转折点。"美国前总统布什在海湾战争期间也曾提到，现在正是"为我们的子孙后代建立新的世界秩序的机会"。可以说，20世纪90年代，世界格局的转型与演进，为世界大国与未来世界大国改变其国际地位提供了难得的机会。

（二）世界历史上的国际战略格局类型

世界历史上的国际格局一共出现过单极、两极、多极三种类型。

1. 单极格局

所谓单极格局，是指由某一个主要的大国（霸权国）或国家集团在国际政治中占据主导地位，在该国周围存在着一系列其他主权国家，但并不能成为与之抗衡的政治力量。霸权国，是指在经济、军事、政治等方面实力远远超过其他国家，能强行推行其意志，并在一定时期得以实现的大国。在单极格局中，通常只有一个实力最强的国家或国家集团在国际事务中起主导地位和支配作用，即一国独霸世界。单极格局中和平的主要特征是世界体系中只有一家世界性支配者，它具有超群的实力（以经济实力和军事实力为基础）和无与伦比的国际影响力，能够制定和维持符合其利益的国际规则，并能在一定历史阶段和一定范围内迫使其他国家服从自己的统治和支配。

在世界历史上曾经出现过这种单极格局，比如在古代，有过"罗马帝国统治下的和平"。在近代，19世纪初英国联合俄、奥等国，打败了拿破仑，成了世界上最强大和最显赫的国家。英国海军成为海洋霸主，英国被称为"世界工厂"，工业和商业在世界市场上没有敌手。"不列颠统治下的和平"保持了将近一个世纪。在现代，美国正在寻求"美国统治下的和平"。两极格局解体后，美国成为唯一的超级大国。大部分的美国学者认为，冷战后的世界是美国主导下的单极世界。美国著名学者布热津斯基曾经说：在我的超级大国定义中，这种国家应当在经济上具有决定性的影响，在技术上占优势，有文化扩张的作用，军事上能影响到全球。只有这四种因素聚于一身的国家才有权得到这种地位。现在世界上只有一个国家——美国符合这个标准。1997年美国《时代》周刊声称两极世界已发展成为单极世界。然而，冷战结束后，尽管美国是世界上唯一真正的超级大国，在各个权力层次上都占据主导地位，但这并不意味着一个单极世界已经取代了冷战时期的两极世界，仍然有许多重要的安全、经济和政治目标仅仅靠美国自身实力是无法达到的。即使美国在实力表现最为突出的军事领域也是如此，它对伊拉克和南斯拉夫联盟的动武离不开其盟国的支持。事实上，世界多极化和全球化趋势使美国维持其世界领袖地位的能力变得越来越有限。

2. 两极格局

所谓两极格局，是指由两个世界大国或国家集团在国际政治中占据主导地位。在这种格局中，两个大国或国家集团之间形成一种势力均衡的状态，它们之间是相互联系、相互制约的，共同影响国际事务，主导国际进程。

冷战时期美苏长达半个世纪的对抗是这种两极对抗格局的很好注脚。二战后，美苏战时同盟和合作的基础不复存在，美苏根本利益的矛盾、冲突和对立日渐突出。二战结束不久，美苏开始了冷战。从20世纪50年代后期开始，苏联国际政策逐渐发生实质性的变化，美苏之间的斗争从两种制度、两大阵营之间的对抗转变为两个超级大国争夺世界霸权的斗争，形成了以美、苏两个超级大国争霸为特征的两极格局。所谓两极，主要是两大对立的国家集团，而不完全是两个国家之间或某个国家单独与另一个国家集团之间的对立。所谓美苏两极，不单单是美苏两个超级大国之间的相互作用，在美国一方有其西方盟国和北约集团，在苏联一方有其东欧盟国和华约、经互会。在每个阵营内部，有一个中心国家，下面有一些听从中心国安排的小国或盟国。在20世纪90年代初，苏联在和美国争霸过程中，爆发了全面危机，实力不支，最后引发民族分裂而自行坍塌。苏联解体后，两德统一，两极格局瓦解。

3. 多极格局

多极格局也叫均势格局，是指在某一国际体系中多个政治力量相互制约，在国际事务中各自对立，大体平等，相互间不存在结盟或存在着领导与被领导的关系。在我国历史上，如战国时期就是这样一种情况。战国七雄互相之间是一种均势，谁也管不了谁，谁也吃不了谁。这种格局的形成是有条件的，它必须有一系列的力量上大体平衡的国家存在，他们的利益相互矛盾，形成了一种相互制约的关系。多极格局的国际关系的基本形态是网状型，每个国家是网上的一个点，所有国家的关系是非常密切的，但从整体上看，这种多极格局是处于无政府状态，体系内存在着一种自发的维持这种国际格局的力量。比如说，有一个国家非常强大，其他国家就会受到威胁，它的安全就没有保障，于是这些国家就会联合起来，把这个最强大的国家压下去，就形成了一种持续的维持多极格局的压力。

多极格局与西方学者所说的"均势"模式基本相同。"均势"，即"势力均衡"，是指"国际关系中，国家或国家集团的一种力量平衡状态，或指一个国家或国家集团与另一个国家或国家集团抗衡时，采取均势以保护自己的一种态度或政策"。均势结构在世界历史上最初以"欧洲均势"的形态出现。第一个比较系统地提出均势原理的是意大利人伯纳多·鲁塞莱。到了近代，英国在外交上首先运用均势政策并成功地起到了长达四个世纪的平衡国作用。"只有16世纪的威尼斯和自亨利八世起的英国才有能力把操纵其他国家的均势作为其对外政策的柱石之一。"此后，均势原则促使世界近现代史出现四次均势格局，即威斯特伐利亚格局、维也纳格局、凡尔赛格局、雅尔塔格局。

多极格局的基本特征有三点：第一，体系内联横合纵不断，秘密外交、损人利己为国际关系的常态。在这一体系内，各国都会利用各种手段，使自己处在更加安全的位置。越是在多极格局情况下，国家关系就越复杂。第二，因为在体系内扩张受到限制,所以各个国家都存在向体系外扩张的持久压力,如在18世纪的欧洲,大国相互之间处在一种平衡状态,谁要想扩大自己的地盘,就会受到周围国家的压力,只好从外部进行扩张。第三,在这种多极格局条件下,国际关系动荡不定,冲突不断,各国间存在着一种激励的军备竞赛。

二、国际战略格局的历史演变

国际战略格局是一个历史范畴,当人类发展到近代资本主义时期,资本主义生产方式扩展到世界各地区,形成了全球性的政治经济联系,这时才出现国际战略格局的问题。历史上,一个格局维持了一段时间以后最后都走向终结,或者直接衔接着另一个格局,或者孕育另一个格局。近代以来世界格局的态势已经经历了以下几次重大变化。

1. 维也纳格局(1815年至1865年)

严格意义上的"世界格局"形成于19世纪初。以拿破仑战争失败、维也纳会议召开为标志,第一个国际战略格局正式形成。法国大革命造就了一代英雄拿破仑。席卷欧洲的拿破仑战争,既有保卫发展法国资产阶级革命成果,反对封建势力的性质,又有侵略与争霸欧洲的性质。1814年滑铁卢战役后,反法同盟在维也纳召开会议,重新划分欧洲领土,分割海外殖民地,最后形成英、俄、普、法、奥等列强在欧洲相对均势的格局。维也纳会议形成的均势格局在较长时期内确保了欧洲列强之间没有爆发新的战争。但是,由于维也纳会议没有解决列强之间的内在矛盾,因此,到了19世纪50年代,这个均势格局便开始走向崩溃。

2. 欧美列强瓜分世界的殖民掠夺格局(19世纪末至1914年)

维也纳格局维持近50年,欧美诸国相继爆发资产阶级革命性质的内战或改革。美国的南北战争、意大利与德国的统一战争、俄国的农奴制改革、日本的"明治维新",这些重大事件改变了维也纳格局形成的国际力量对比,尤其是美、日等北美、亚洲国家也上升为世界列强,于是欧美与日本等列强之间争夺殖民地的局面逐步形成。

一战前的世界被割裂为少数帝国主义国家和广大殖民地、半殖民地国家两大部分,此外还有各种形式的附属国。资本主义在全世界的殖民扩张,全世界被英、法、德、日、意等列强瓜分完毕,帝国主义宗主国与殖民地附属国之间的矛盾上升为世界主要矛盾,世界格局显现出欧美日列强多极共存的态势。

3. 两大欧洲军事同盟瓜分世界的战争格局(1914年至1917年)

资本主义国家经济政治发展不平衡加剧,后起资本主义国家要求按资本与实力重新瓜分世界,由于世界领土早已分割完毕,于是老牌帝国主义国家与后起帝国主义国家便组成以英、法、俄为一方的协约国集团和以德、奥、意为另一方的同盟国集团相互抗争格局。两大欧洲军事同盟瓜分世界的战争对抗格局出现,人类历史上的第一次世界大战爆发。

4. 世界反法西斯同盟与法西斯集团之间的战争格局（20世纪30年代后期到40年代中期）

第一次世界大战结束后，为了瓜分战败的德国、奥匈帝国和土耳其帝国的遗产，帝国主义列强召开了巴黎和会及华盛顿会议，形成了"凡尔赛·华盛顿体系"，成立了以战胜国主导的国际联盟，形成了多极格局。

同时，战争引起革命，第一个社会主义国家苏维埃社会主义俄国（简称苏俄）诞生，并成为世界战略格局中的一支重要力量。世界大战使英国和法国逐渐开始衰落，德国暂时削弱，美国开始崛起，加入了争夺世界的行列。由于对"凡尔赛·华盛顿体系"不满，战败国德国、后起帝国主义国家日本以及意大利为了推翻"凡尔赛·华盛顿体系"，结成法西斯阵营，发动空前规模的世界性侵略战争。1939年第二次世界大战爆发，在两个集团对抗的世界格局中，德、意、日为法西斯集团主要角色，英、美、苏、中为反法西斯阵营主要代表。

5. 社会制度不同的两大阵营对峙的冷战格局

二战后，反法西斯联盟的主要国家美国、苏联和英国为了处理战败国问题，重新安排战后世界政治秩序，先后召开了德黑兰会议、雅尔塔会议、波茨坦会议，为战后世界秩序勾画出一幅蓝图。以雅尔塔会议为基础，形成了关于战后世界政治秩序的基本方案，故称雅尔塔体制。雅尔塔体制实质上是按美苏两大国实力对欧亚两洲进行势力范围划分的体制，这个体制最终导致了两极对立的世界战略格局。在欧洲，东欧属于苏联的势力范围，西欧则被美国所控制，德国由美、英、法、苏四国分区占领，后分裂为东、西两个德国；在远东，雅尔塔秘密协定大体划分了美、苏的势力范围，苏联承认美国对日本的控制及在中国的利益，美国则满足了苏联收回库页岛、占领千岛群岛等要求。雅尔塔体制为战后东西方两大集团的对峙确定了基本的政治框架。

二战极大地改变了世界战略格局，传统的欧洲强国退居二线；霸权地位和政治中心转移到了新崛起的强国手中。战后殖民主义体系的崩溃，欧、亚、拉美一些国家走上社会主义道路，形成以苏联为首的社会主义阵营；资本主义国家中发达资本主义国家，在马歇尔计划与北约两条链条的束缚下，形成以美国为首的资本主义阵营。在意识形态上，美国和苏联根本对立；在政治经济体制上，双方完全不同；在军事上，北约和华约两大军事集团相互对峙。美国推行杜鲁门主义，即在政治上对抗、经济上封锁与军事上遏制苏联与社会主义国家的冷战遏制战略。两大阵营形成的过程，也是战后两极格局形成的过程。它为美苏两个超级大国展开全球争夺划分了势力范围，确立了实力基础，并拉开了冷战的序幕。

6. 三个世界格局

20世纪60年代世界进入大动荡、大分化、大改组时代。两大阵营内部发生重大的分裂。欧共体建立与发展，日本经济实力迅速增强，使美国在经济上无力控制其盟国。美国与西欧、日本经贸摩擦爆发。法国独立发展核武器，并不顾美国反对，与中国建交，与莫斯科缓和，在政治上与美国分庭抗礼；苏联与南斯拉夫、阿尔巴尼亚的决裂，尤其是中苏关系破裂，使社会主义阵营不复存在。美苏两个超级大国走上争霸道路，成为第一世界。亚非拉广大发展中国家，在反对美苏争霸的旗帜下，放弃政治制度的差异，走上不结盟运动的道路，形成第三世界。在第一世界与第三世界之间的发达国家，则与美苏两霸既有矛盾又有联系，成为第二世界。争霸与反霸的矛盾斗争，成了这一时期世界主要矛盾，并构成三个世界格局。

7. 20世纪90年代至21世纪初

1989至1990年，东欧剧变、两德统一导致雅尔塔体制崩溃，两极格局基本解体。1991年底苏联解体，两极格局彻底终结。世界进入新旧格局转换时期。美国成了世界上唯一超级大国，对其他国家具有压倒优势的地位，同时存在着西欧、日本、俄罗斯、中国等几个对其有一定制约力、并对国际事务有重要影响作用的相对独立的战略力量，但又不具备与超级大国均等的实力和能力。

三、国际战略格局的特点和发展趋势

在各国对当前国际战略格局的判断中，美国坚持单极格局判断，不同意多极化格局理论。因为美国认为两极格局瓦解后，除自己以外，以综合国力标准评判其他"极"的力量，谁都难算真正的一极。同时，美国从维持自己独霸世界的外交政策取向出发，甚至认为欧盟也不应充当一极与其分享霸权，只应唯其马首是瞻。

而中、俄、欧盟等国际力量不同程度上认同多极格局，它们认为以政治、经济、军事等方面的标准评判，多极现象已初露端倪。世界经济力量对比美、欧、日仍占主导地位，但被称为"金砖五国"的中国、俄罗斯、印度、巴西和南非在世界经济格局中的比重不断增强；世界军事力量对比也凸显出美、俄、中优势地位；国际政治力量对比则形成美、俄、欧、中的四强地位。地区力量对比而言，不少地区也存在多极化现象。亚太地区，中、日、美影响较大；欧洲地区，美、欧、俄影响突出；中东地区，美、俄、中、欧影响明显。同时，俄、中、欧等不满美国独家主宰国际事务的现象，期盼由更多国家共同管理国际事务，国际关系应该朝民主合作的多极方向发展。在国际关系的任何一个领域，美国实际上已不得不与其他相关国家（尤其是一些重要国家和国家集团力量）进行协商。

因此，当前国际战略格局的主要态势，是美国构筑单极世界的战略正在推进，但它没有也不可能阻断世界多极化的发展趋势。两极格局结束后，当前世界主要政治力量对比呈现"一超"和"多强"并立的竞争态势，多极化趋势不可

阻挡。

（一）国际战略格局的特点

1. 美国推行单边主义，谋求建立单极世界

冷战结束后，美国是当今世界上唯一的超级大国，其经济、科技、军事实力都处于超强地位。没有任何一个国家具有挑战美国的综合实力，美国国内试图建立"单极世界"的思潮依旧，美国政府"领导世界"的欲望迅速膨胀。为此，美国不断增加军费开支，扩充军备，研制国家导弹防御系统和战区导弹防御系统，开始构建所谓"单极世界"。

20世纪90年代初，老布什总统提出了美国的"世界新秩序"的战略构想。这一战略构想的主要内容是：美国已从西方的领袖变成世界的领袖；美国的价值观是新的世界秩序的基石，它将在全球开花结果；为了使美国的负担不至过分沉重，美国必须在任何可能的地方依赖西方盟国，与西方盟国建立共同分担责任和行使权力的伙伴关系；美国要做好准备，当地区强国或地区冲突威胁到美国战略利益时，必须使用武力，消除威胁，维持秩序。克林顿政府上台后继续加强单极世界的构建，他曾明确向世界宣布："要使世界免遭过去的灾难，必须有一个领导，而且只能有一个领导"，美国"最具有领导这个世界的能力"。1999年美国发表的《美国新世纪国家安全战略》认为，冷战后美国获得了从未有过的和平环境和实力。当前的美国，除了战略核力量外，没有一个国家能够对其发动全球军事挑战，没有一个国家在常规军事技术及应用能力方面能与之较量，没有一个主要的联盟对其持敌对立场，等等。为此，美国大力鼓吹"国家导弹防御计划"；对中国继续推行接触遏制政策；遏制俄罗斯的复苏；通过北约和美日军事同盟加强对欧洲和日本的控制。小布什政府在国际问题上单边主义色彩更浓。在"国家导弹防御"问题上态度十分强硬，不顾国际舆论的普遍反对，废除《反弹道导弹条约》，部署国家导弹防御系统。

为了实现建立单极世界的目标，美国制定并实行了一整套战略措施。在政治上，极力推行以美国为模式的所谓"全球民主化"；在经济上，倚仗其强大的经济实力，以进行经济制裁为手段，迫使别国无限度地开放市场，利用高科技和不等价交换等手段剥削发展中国家；在军事上，保持庞大的"防务"开支，努力发展高、新、尖武器，在世界各地部署军事力量并建立军事联盟，插手干涉别国内部事务。在全球战略上，既联合又试图控制欧洲，既要利用又要制约日本；以北约东扩为手段，进一步挤压、削弱俄罗斯；将中国视为主要竞争对手，向台出售武器升级。不顾欧洲国家的强烈反对，拒绝接受《京都议定书》，谋求建立美国主导下的单极世界的企图不断膨胀。

但是未来的世界不可能是美国一家独霸。"9·11"事件之后，美国经济开始出现衰退迹象。美国的财政赤字不断增大，贸易逆差逐年攀升，美元不断贬值。

特别是2007年开始的美国次贷危机引发了华尔街的金融风暴，导致股市大幅下跌、经济增长下滑，美国经济遭受重创。与此同时，欧盟、日本、中国、印度、俄罗斯、巴西等国家和地区占世界GDP的比重却在不同程度地增长。冷战后美国图谋建立单极世界，到处插手，在当今世界上，约有五分之一的国家有美国的基地，有四分之一的国家有美军在进行各种各样的军事行动，这势必造成其力量的分散使用和过度消耗。基辛格、布热津斯基、亨廷顿等美国著名战略家均已预测，美国保持唯一超级大国的地位只能持续15至25年时间。

2. 欧盟势力影响日益扩大

美国和欧盟大国是传统盟国关系，但欧洲的联合对美国建立单极世界的图谋无疑形成强有力的制约。冷战结束后，欧盟不失时机地加速推进一体化进程，1995年欧盟扩大为15国，欧盟整体实力大增。1999年1月1日，欧元问世。2002年3月，欧元取代了欧元区的12国货币成为该区域唯一合法货币，也成为世界上唯一能与美元抗衡的货币。欧元的流通推动了欧盟经济的发展，同时削弱了美元的国际地位。世界金融体系中出现了美元、欧元、日元三足鼎立之势。截至2012年6月，欧盟共有成员国27个，面积达到434万多平方千米，人口约5亿，GDP约达10万亿美元，成为一个实力雄厚的区域经济集团。据欧元之父罗伯特·芒德尔预言，最终将会有50多个国家成为欧元成员国，整体实力将超过美、日。

欧盟明确主张世界多极化，对建立单极世界的主张持反对态度。法国前总统希拉克曾说过："只有一种主导力量的世界是危险的，这就是我为什么支持一个多极化世界，欧洲也必将在其中占有一席之地的原因。"2003年2月，法国、比利时和德国第一次在北约内部打破"默认程序"，对美国发动伊拉克战争形成强有力的牵制。2003年5月12日，意大利前总理贝卢斯科尼说，他的理想是实现一个"大欧洲"，以平等而不是从属的地位同美国谈话。2008年1月18日法国前总统萨科齐在驻法外国使节新年招待会上提出"相对大国论"，认为新兴大国的发展使世界政治与经济格局"重新洗牌"，世界将进入为时数十年的"相对大国"时代。萨科齐指出："在未来三四十年，我们将进入相对大国时代，中国、印度、巴西等国在政治、经济领域日益崛起，俄罗斯逐渐恢复元气，为形成一个新的大国合唱的多极世界创造了条件，欧盟只要有政治意愿就可以在多极世界中成为最活跃的极之一。"

随着欧洲一体化的发展和欧盟综合实力的增强，以欧盟为核心的欧洲已成为与美国、俄罗斯、中国、日本同样重要的国际力量，是冷战后世界格局的不可或缺的重要力量。

3. 俄罗斯意欲重振大国地位

俄罗斯是仅次于美国的第二大军事强国，是目前唯一能够与美国相抗衡的核大国。苏联解体后，俄罗斯经济出现了严重衰退。但是普京担任俄罗斯总统后，俄罗斯走上了复兴之路。俄罗斯政府倡导主权民主，政治上否定全盘"西化"，经济上对能源等战略行业加强控制，将国家资本主义视为俄现阶段的主要政治经济政策，主张利用国家权威构建俄生存与发展的必要法律条件和市场经济因素，并依靠能源优势和军事实力重振俄罗斯的大国威望。其中"主权民主"是普京在2005年的国情咨文中提出来的，其实质是维护国家主权、奉行独立政策、不照搬西方模式、走俄式发展道路的治国思想。

在经济上，俄经济自1999年出现恢复性增长后，连续八年以7%的速度增长，并已进入世界十强之列。经济实力的增长使俄"20年来首次挺直了腰板"，时任俄外长拉夫罗夫强调俄不会再扮演"随从"角色，俄对"欧洲及全球政治发表意见的时机逐渐成熟了"。

在政治上，俄罗斯主张世界多极化，并以政治大国的面貌出现在国际舞台上，积极参与重大国际问题的处理。俄罗斯认为"单极世界"与国际社会发展趋势背道而驰，美国建立"单极世界"的企图必将失败。2007年2月，在慕尼黑国际安全会议上，普京指责单极"意味着一个权力中心、一个实力中心、一个做决定的中心……非法的单边行动不仅连一个问题也没有解决，还成为新的人类悲剧和紧张局势策源地的促成因素"。《俄联邦对外政策概论》也宣称，"单极世界的神话在伊拉克彻底破灭了。利用强大的军事政治资源和经济资源作后盾来谋求世界唯一领导地位的失败，也证明了这一点。"同时，俄罗斯确信多极化趋势逐渐明朗，正在成为新的国际关系体系基础。普京在慕尼黑讲话强调，按购买力平价计算GDP，印度和中国加在一起高于美国；"金砖四国"加在一起超过欧盟，而且这一趋势还会扩大。"世界新发展中心的经济潜力将不可避免地转变为政治影响力，并将加强多极化。"

在军事上，俄罗斯是制衡美国的一支强大力量。俄罗斯强大的常规军事力量以及庞大的核武库，是其制约单极世界的重要军事基础。俄的强势崛起引起西方担忧，对俄围堵和打压加剧，俄则仰仗国力复兴予以还击。从北约东扩、美欧在独联体国家发动颜色革命、建立针对俄罗斯的反导系统，到2008年西方因俄格冲突企图孤立俄罗斯，这一切都打破了俄罗斯长期以来希望融入欧洲的梦想。俄罗斯著名的自由派经济学家亚辛曾说："俄罗斯想奉行与西方实现一体化的政策，但我们敲西方的门，他们却要我们走开。"可以说，"欧洲属性"的困惑伴随了俄罗斯几百年。自从彼得大帝坐着木船从西方返回俄罗斯，300多年间，俄罗斯一直在尝试融入欧洲，有几次，其双脚已踏进欧洲的庭院，但随后还是被西方人给"请"了出来。对由众多小国组成的欧洲来说，"欧洲的小浴缸装不下俄罗斯这头大象"，俄罗斯始终被视为最严重的安全威胁。在融入欧洲的梦想被一再打破后，俄罗斯又开始走回对西方强硬的路线。

而俄罗斯对西方营造出的"孤立状态"并不感到焦虑。瑞典专家莱永海姆认为,随着俄罗斯国力的恢复,中央政权的更加稳定、强大,"高举能源大棒的俄罗斯民族主义将有更大的发展势头"。随着近几年欧美经济先后出现衰退迹象,美国"世界政治、经济中心"、欧洲"世界文化中心"这些传统西方自认为优越的东西也受到了更多挑战,这会使俄罗斯在今后更加坚定地走"俄罗斯道路"。俄罗斯的发展也证实了邓小平的预言:未来多极世界,俄罗斯算一极。

4. 日本走向政治军事大国步伐加快

很长一段时间,日本一直是仅次于美国的第二经济大国,它一直不满于"经济巨人,政治侏儒"的现状,力求成为世界政治大国,同时也在向军事大国迈进。美国的未来学学者阿尔文·托夫勒将日本称为"一条腿的国家",它只靠"多之又多的现金"支撑,由于"独脚凳出名地坐不稳当",因此"日本今天正在追求平衡的力量"。

在外交上,日本将不再满足于美国小伙计的角色,在美日关系上,日本"一边倒"的态势有所改变。安倍和福田两届内阁实际上已经调整了小泉时代的对美一边倒政策,加大了回归亚洲的战略取向,把亚洲外交和对美外交并列为日本外交的两大支柱。安倍上台不久便开启了封闭数年之久的对华"破冰之旅"及对韩外交大门,实现了与中韩首脑的高层会晤,但却以现在不是"朝贡外交"时代为借口,不断推迟访美日期。2007年4月温家宝总理对日本的"融冰之旅",充实了中日战略互惠关系。2007年12月日本首相福田康夫对华的"迎春之旅",进一步夯实了中日政治关系。

在政治上,21世纪初日本力争成为联合国安理会常任理事国,实现其政治大国的梦想和亚洲领头雁的角色。日本是世界第二经济大国,为了实现政治大国地位,近年来,频繁提出想成为所谓的"正常国家",加入安理会常任理事国,作为相当长时期以来的主要目标。2005年,日本与德国、印度、巴西联合起来结成"四国联盟"受挫后,又企图单独行动,挤进安理会常任理事国行列,通过经济援助、外交攻势等方式拉拢有关国家支持日本"入常"。但是,由于日本自身的各种因素决定,要想实现"入常"目标并非易事,近期也很难实现政治大国的目的。

在军事上,日本借助经济实力积极扩展实力,日本每年的军费开支约为500亿美元,是当前世界军费开支较多的国家之一。另外,"9·11"事件与"朝核危机"给日本废除和平宪法与"专守防卫"原则提供了难得的机会。2003年日本国会通过了三个向海外派兵的法案,日本急不可待地想成为军事大国的野心暴露无遗。

2007年5月,日美安全协商委员会发表《同盟的变革:日美安全及防卫合作进展》共同文件,在加速同盟转型方面达成共识。日本作为美在亚太的战略据点与关岛并重，日本也将日美同盟转型视为拓展其亚太战略利益的机遇。新一轮日美同盟转型的主要特点表现在以下几方面：

第一，日美同盟从"周边有事型"向"预防冲突型"转变。日美正在推行类似北约东扩式的"门户开放"政策。文件强调日美澳三边安全合作、日美与印度的伙伴关系，北约与日美同盟的互补作用等，意在构建以日美同盟为核心的多层安全网络。

第二，美承诺继续对日"核保护"，保持"美主日从"框架。2006年10月朝鲜核试后，日本国内"核武器论"泛起，美国国务卿赖斯专程赴日再三强调对日的"核保护"政策不变。此次文件再度确认，包括核打击在内的进攻性打击系统仍由美国负责。美国作为军事超级大国，并不需要日本直接参与前线作战，只希望日本充当美军后勤支援，并承担人道主义援助及维和、战后重建等责任，圈定了日本的军事活动范围。

第三，导弹防御系统进入加速部署阶段。在日美军事一体化进程中，导弹防御系统是以守代攻的"拒绝式威慑机制"重点，该系统部署已进入提速阶段。2007年12月18日，日本在夏威夷海域的导弹拦截试验取得成功，使日本成为全球第二个掌握海基导弹拦截技术的国家。

第四，将驻日美军基地打造为"战斗力展开据点"。美2005年《国防战略报告》指出，"战斗力展开据点"是海外驻军重组计划中最高级别基地，是向全球投放兵力以及指挥作战的中枢。作为PPH级的驻日美军基地将与日本自卫队合为一体。2014年完成整编后，日美将不仅可以联合应对朝鲜半岛、台海等地区危机，亦可强化应对南亚、中东等地区危机的能力。届时，驻韩美军的功能不局限于半岛，而与驻日美军配合行动，两者统筹运用将成为可能。

第五，日本加紧自我松绑，力争与美"并肩作战"。在美期待日适度分担责任，放宽日行动自由度背景下，日本借机自我松绑的动作频繁。2007年1月，防卫厅升格为防卫省，自卫队的海外任务由"附加任务"变为"正式任务"，而安倍任内通过的《国民投票法》则为突破和平宪法禁区打开缺口。

尽管日美在军事上的依存度不断上升，但在政治上的信任度却有所下降。最具代表性的当属"慰安妇"问题。2007年3月，安倍发表"没有证据显示日军强征慰安妇"的谈话引爆日美历史争议，遭到美舆论猛烈抨击。《纽约时报》、《华盛顿邮报》等主流媒体纷纷批评日本的历史认知，在"慰安妇"和"绑架问题"上采取双重标准。在美压力下，安倍通过热线直接向布什表明继承"河野谈话"立场，后又重申日接受远东军事法庭对强征慰安妇的裁决。但慰安妇问题引发的震荡并未平息，美众议院仍执意通过了谴责日本的《慰安妇决议案》，要求日本就强征慰安妇问题作公开道歉和相应补偿。荷兰下院、加拿大众院等也纷纷效仿美国通过了《慰安妇决议案》，向日本政府施压。同盟国在历史问题上如此敲打日本在战后尚属首次,"自尊心"受到严重伤害的日本亦开始理性看待同盟关系。

作为一个经济和军事实力强大的国家,日本一方面给地区和平与安全带来了许多不确定因素,另一方面在亚太地区也成为对美国的一支牵制力量。日本已多次明确表示,不会接受未来世界是美国领导下的单极世界的主张。这一点,在安倍、福田和麻生等政府外交政策上,都有充分的体现。

5. 中国综合国力稳步上升

中国随着综合国力的不断增长,在国际事务中发挥着独特的作用。

政治上,中国作为安理会常任理事国,积极参与国际事务,在谋求自身发展的同时,以实际行动在世界上发挥着重要建设性作用。中国同主要大国建立了不同形式的伙伴关系,已成为维护大国关系稳定的重要力量。中国视大国关系为"关键"。中美两国关系总体稳定发展,战略经济对话和战略对话机制取得积极成果,在朝核等重大国际地区问题上保持有效磋商与协调;中俄两国加强在国际事务中的合作,战略协作伙伴关系提高到新水平;中欧相互之间的吸引力增加,全面合作日益深化;中日双方近年来就构筑"基于共同战略利益的互惠关系"达成了共识,致力于发展长期稳定、睦邻友好的双边关系。中国影响力的增强,不仅提高了自己在大国关系中的地位和作用,而且已成为主要大国借重的对象。

经济上,国民经济保持平稳较快增长,综合国力大幅提升。特别是 2006 至 2010 年,中国国内生产总值年均实际增长 11.2%,是改革开放以来最快的时期之一。经济总量不断迈上新台阶。2011 年,中国国内生产总值 471 564 亿元,比上一年增长 9.2%。对外经济与对外贸易水平提升,进出口贸易总额近年来一直位居世界前列,其中货物出口额在 2009 年超过德国跃居世界第一位;货物进口额仅次于美国,居世界第二位;连续 18 年为发展中国家中吸引外资最多的国家;截至 2011 年底,中国外汇储备达 3.181 万亿美元,自 2006 年超过日本,中国外汇储备连续多年稳居世界第一位。

军事上,中国人民解放军正在成为一支现代化的军队,具备了在信息化条件下打赢局部战争的能力。"中国保持精干有效的核反击力量,是为了遏制他国对中国可能的核攻击,任何此种行为都将导致中国的报复性核反击。"

外交上,随着国际交流和合作的不断扩大,中国的国际地位进一步得到提升。2006 年相继召开中非合作论坛、上海合作组织首脑会议、中国与东盟国家首脑会议三大峰会,极大地提升了中国的国际地位,扩大了中国的国际影响。2008 年 10 月 24 日至 25 日,在北京召开亚欧首脑会议,来自 45 个国家的元首和政府首脑,就金融危机、气候、能源和粮食等全球性问题进行磋商,达成共识,中国负责任的大国形象获得了与会各国的广泛赞誉。

随着综合国力的不断提升,迅速崛起的中国已成为推进世界多极化的重要力量。

6. 地区大国不断壮大

发展中国家在二战后的崛起是促进世界格局多极化的重要原因。进入21世纪以来，亚非拉的印度、巴西、南非等国正在崛起，经济持续强劲发展，外交空前活跃，努力争当联合国安理会新的常任理事国。近年来，这些新兴经济体崛起的态势更加凸显。巴西国内生产总值超过万亿美元，进入世界经济体十强的行列。印度经济继续高速增长，按购买力平价计算，对世界经济的拉动作用也首次超过美国，与中、俄、巴西共同进入世界经济十强行列的态势日趋明显。与此同时，越南、印度尼西亚、南非、土耳其、阿根廷等中小新兴经济体也加快发展，成为世界经济中引人注目的亮点。越南成功加入世界贸易组织，经济持续高速增长，2007年全年吸引外资比上一年增长50%以上。南非经济加快发展，成为南部非洲经济增长的火车头。印尼逐步摆脱经济衰退的阴霾，开始步入经济强劲增长期，全年GDP增长率达到6.2%。阿根廷走出金融危机阴影，国内政治经济体制更加成熟、稳定，全年GDP增长率达到7.5%，成为拉美地区经济增长最重要的拉动力量之一。土耳其全年出口超过1000亿美元，吸引外资比上一年增加近20%。与主要发达国家经济走势普遍低迷的情况相比，新兴经济体的总体增长继续在高位运行，全年增速达到8.1%，成为世界经济中最大的亮点。新兴经济体的快速崛起不但加强了其在相关地区的龙头地位，而且将促进世界战略力量的调整和重组，成为推进世界多极化进程的重要新因素。

7. 区域一体化组织蓬勃发展

在经济全球化的大潮中，区域经济一体化势头同样澎湃。在地区层面，新兴经济体积极参与和推动区域、次区域合作组织机制建设。新兴经济体为了在新的形势下有效地维护自己的独立和主权，提升自己的国际地位，强化了联合自强、走区域一体化道路的势头。俄罗斯和中国推动上合组织成员国签署《长期睦邻友好合作条约》与《保障国际信息安全行动计划》，以进一步加强该组织的安全合作机制建设。巴西、阿根廷等国推动成立南方银行、南方共同市场议会，并参与筹组南美国家共同体首届能源首脑会议，与委内瑞拉等国共同发表《玛格丽塔宣言》，宣布成立南美能源理事会及南美天然气生产国和出口国组织，建设南美天然气管道，同时酝酿将南美国家共同体改为"南美国家联盟"，全方位推进拉美地区区域合作机制建设。印度对南亚区域合作联盟的态度转趋积极，推动南盟设立"帮后进"机制，并于2007年开始向经济最不发达的南盟成员国开放市场，免除其产品的进口关税并放宽人员签证审批。马来西亚、越南、菲律宾等中小新兴经济体经济参与和推动东盟组织机制建设，各成员国签署《东盟宪章》、《东盟经济共同体蓝图》、《东盟环境可持续发展宣言》等文件，力争在2015年使东盟形成类似欧盟的单一市场，使东盟摆脱松散机制，向具有约束力的区域性组织转变。

总之，两极格局解体的结果，并未形成一个超级大国独霸世界的局面，而出现了多极化的趋势。这一趋势在两极对峙时已经孕育。两极解体后，各种力量还未能建立起新的平衡，新的世界格局尚未形成，现在还处于过渡时期，但世界格局多极化是必然无疑的，和平与发展仍将是当前世界的两大主题。

（二）国际战略格局的发展趋势

进入21世纪以来，国际关系将继续呈现总体和平与局部冲突、总体稳定与局部动荡、总体发展与局部混乱并存的局面。一方面，和平与发展仍是21世纪的时代主题，要和平、求合作、促发展仍是时代的主流。另一方面，新世纪引起动荡的因素仍将很多，世界热点地区、热点问题会在主要大国的边缘地区不时出现，恐怖主义威胁、环境威胁、高科技毁灭手段威胁等非传统安全问题会越来越突出。

这种总体缓和与稳定、局部伴随着战争与冲突或紧张和动荡的局面，与21世纪国际体系的变化趋势密切相关。

两极格局瓦解后，经过十几年的发展，其主要特征已经基本消失，但诸多附属特性尚在消失过程中。新的格局的主要特征已经出现，但战略调整、重新定位、重新组合、重建机制的过程仍在继续。过渡时期的国际战略格局有以下基本特征：第一，由少数西方发达国家组成的既得利益集团，凭借其强大的综合实力，主导并利用现行各种国际规则，保护和扩大其既得利益。冷战结束的客观后果是，世界有史以来第一次出现了如此广阔的相对统一市场，出现了全球主要力量拥有如此广泛而坚实的共同既得利益的状态，出现了除非其内部发生分裂否则在一、二十年内不会遇到挑战者的局面，以致有人声称自由民主和市场经济已经成为唯一可行的选择，历史开始了以西方价值观和制度的胜利作为终结的进程。第二，美国是这个既得利益国家集团中影响力最大、最咄咄逼人的力量，同时，欧洲作为一个整体的实力也在急剧提升。美国只是整个西方世界的一个组成部分，其影响力的源泉也在于此。正是在这个意义上，欧洲的选择才特别值得关注。第三，在确立和实施国际规则的方式上，明显带有地域性和多样性的特点，并开始呈现出北美、欧洲并立和亚洲加速组合之势。地区一体化无论是就深度还是就广度而言都在加剧，并隐藏着各主要力量力求巩固和扩大势力范围、将于己有利的规则灌注其中以抵御区外竞争的动机。第四，广大发展中国家拥有建立更合理的国际政治经济新秩序的强烈愿望和某些优势，比如俄罗斯的军事力量、中东国家的石油资源、中国的人口规模，但总体来看，它们大都是现行不公平国际规则和由发达国家设定的生产方式和生活方式的接受者，而且它们之间受益或受损情况又有很大的差别，因而在形成集体行动以谋求共同利益方面还存在重重障碍，尚需要下大力气加深合作。

1. 国际战略格局继续由一超多强向多极演变

冷战结束后,国际格局呈现一超多强的局面,美国成为唯一的超级大国,形成国际格局的过渡期。但是,随着经济全球化和一体化进程的加快,世界多极化趋势在曲折中发展,各种战略力量纷纷调整战略定位和战略部署,出现了一种相互制衡、竞争发展的局面。除美国以外的各主要战略力量积极主张或支持多极化,反对美国的单极化和单边主义,有利于推动多极化的发展。

第一,欧盟随着不断扩大和联合,独立性进一步增强。2003年欧盟的经济总量已经首次超过美国,以后欧盟一直占据首位。经济实力的增强,尖端科学技术的发展,必然导致欧盟国家军事实力的提升和防卫能力的加强。军事实力的提升,又必将导致欧盟独立性的进一步增强,加之欧盟与美国之间在全球治理和治世理念上存在越来越大的分歧,一个与美国并行而价值理念不同的欧盟将会出现,美欧之间的竞争有可能加剧,从而较大地改变目前的国际战略格局。

第二,俄罗斯的发展势头和崛起,力量不可小觑。2006年中期以来,由于石油财富的剧增,俄罗斯国内经济发展很快。俄罗斯日益增强的经济实力,加上其从苏联继承下来的强大军事制造能力和军事优势,将使俄罗斯成为21世纪和美国争雄的最强大力量之一。冷战后的历史使俄罗斯意识到,俄罗斯必须走一条独特的发展道路,强化自身安全能力建设,以不妥协的姿势迎击对俄罗斯的安全威胁。俄美欧之争将会呈现继续演进之势。

第三,新兴国家较强的发展潜力,成为制约单极霸权的力量。在其他发展中的大国中,中国、印度、巴西等国都具有较强的发展潜力,将成为21世纪制约美国霸权的力量。

在多极化进程中,美国继续推行单边主义,四处插手,战线越拉越长,包袱越背越重,霸权野心过大和战略能力不足的矛盾越来越突出。美国借反恐干涉别国内政,推销其意识形态,加强在各地的军事存在,结果只能使它同许多国家特别是阿拉伯国家和伊斯兰世界的矛盾越来越激化,这将在很大程度上制约美国的单极霸权。

2. 国际战略力量失衡的局面在短期内不会改变

多极格局的实现将是一个非常复杂曲折的过程,它取决于推行单极和推动多极的两种力量在物质因素、精神因素等方面的发展势头和潜在后劲。20世纪90年代以来,国际战略力量的对比发生了严重倾斜。美国拥有当今世界最雄厚的经济实力、最先进的科学技术和最强大的军事力量,特别是美国经济已经占到世界经济总量的近30%,与其他国家的相对优势明显。在一个相当长的时期内,难以形成一支与美国单独相抗衡的战略力量。作为霸权主义和强权政治新的表现,美国极力推行"新干涉主义"、"新炮舰政策"和新经济殖民主义。计划用10年时间在全球范围内调整军事部署,完善全球军事基地体系,提高全球投送和干预能力。把驻欧美军部署的重心从"老欧洲"转到"新欧洲",逼近俄罗斯边界。加强在中东、中亚、外高加索、南亚和东南亚的军事存在,将其在欧亚大陆东西两大军事基地群联为一体。重组亚太驻军,构建日本和关岛两大军事中心,削弱驻韩美军并逐步南移部署。美国在全球范围内调整军事部署,公开说是为了应对以恐怖主义和所谓"无赖国家"为重点的多元化威胁,在深层次上是为了强化军事优势,控制战略要地,谋求世界霸权。一俟部署到位,美国的全球投送和干预能力将进一步加强,美国的军事冒险性可能上升,对世界军事形势、地区安全和大国关系将产生严重影响。依托其军事实力,推行单边主义,强化对地区军事事务的干涉,使用武力或以武力相威胁的倾向会继续加强。美国还提出"先发制人"理论,对未来国际安全体系和国际秩序将造成巨大冲击。

3. 全球反恐形势仍然严峻

上世纪末,全球恐怖组织发生了很大变化。恐怖主义已经发生了变异,新的恐怖主义与伊拉克战争的不合法性和战争破坏性紧密联系在一起,由此形成的新恐怖中心比原有的恐怖中心更具生命力,更难从物理上加以清除,更容易与地区矛盾融为一体。"基地"组织为了适应新形势的需要,也加快裂变的步伐,与新的地区恐怖主义中心联为一体,向多中心结构转化。全球恐怖势力新的联盟时代已经到来,而现有的军事手段难以遏制恐怖组织的全球化进程。

进入21世纪之后,恐怖主义的全球化趋势有增无减。尽管随着大国之间多极格局的出现,大国关系中的民主化程度会有所提高,但是,大国政治的现实仍将存在,小国弱国的利益仍将难以彻底得以体现,所以,恐怖主义滋生的根源仍将存在。从另一个方面说,世界上国家之间的战争越不可能,类似国内犯罪性质的国际恐怖活动会越盛行。恐怖主义成为严格控制下的稳定秩序中的出气孔。因此,新世纪全球面临的反恐形势仍然不容乐观。

然而,恐怖组织在变,国际反恐模式也在相应改变。一方面,美国领导的反恐联盟与"基地"组织陷入长期消耗战之中。这一局面在新世纪可能会持续下去。另一方面,中国首倡的上海合作组织主导下的反恐斗争,将重点从合作打击"三股势力"转入合作预防期,进一步削弱"三股势力"的社会基础,巩固反恐形势。这一模式在新世纪将会继续取得成效。

4. 热点问题将会持续升温

传统世界热点问题难以在短期内加以解决,新的热点问题可能会爆发。热点问题的种类很多,根据引发热点问题的原因不同,可以分为核不扩散问题、意识形态较量、领土和边界纠纷、宗教纠纷、能源问题、环境问题等几大类,有的热点问题则是掺杂了其中的几类矛盾和冲突。

核不扩散问题,是由无核国家和组织企图取得核能力而与以美国为首的核不扩散运动产生的冲突,如目前的朝鲜半岛核危机、伊朗核危机,甚至"基地"组织企图获得核武器而引发的危机，等等。这些危机有时会以尖锐的形式表现出来，形成世界热点。这样的问题在新世纪仍将存在和出现，考验着国际社会的耐心和能力。

领土和宗教纠纷问题，引发的热点问题是比较常见的类别，这样的纠纷通常是由具体的领土利益和宗教利益引发的，不是纯粹的意识形态冲突和信仰冲突，如巴以冲突，其直接冲突的诱因是领土利益和对宗教圣地的争夺，不完全是宗教教义的矛盾。这样的热点问题在新世纪仍将存在。

能源和环境问题，是21世纪的新热点之一。随着能源危机的到来和环境保护的紧迫性越来越大，包括水资源和石油资源等可再生和不可再生资源的竞争将有可能引发新的热点，国家之间在能源领域的竞争会日益强化，在环保问题上的争论也会日益激烈。这些竞争和争论在21世纪会继续以热点问题的形式表现出来。

值得注意的是，鉴于21世纪国际竞争的特点，对热点问题的处理能力和控制水平是决定一国权力的重要标志。一个国家对热点问题领域的控制水平越高，对热点问题处理的主导能力越强，一个国家的影响力就会越大。因此，重视和加强对热点问题的研究，是新世纪各国的重要议题。

四、当前国际战略格局中的大国关系

冷战结束后，大国关系经历了重大而深刻的变化，各国围绕建立国际新秩序的斗争十分激烈。各大国都在积极推动建立一个能够维护新的国际秩序的政治格局，并围绕这一问题进行着斗争与合作。同时，地缘政治、意识形态等传统因素和恐怖主义、大规模杀伤性武器扩散、能源安全等非传统因素对大国关系的影响都在上升。当前的大国关系主要呈现以下特点：

（1）保持"总体稳定"。大国关系基本保持稳定，更富弹性，主要大国间直接对抗的可能性较小。大国关系的战略矛盾不会因为相互间有合作而消失，也不会因相互间的斗争改变彼此合作的基本态势，但合作中竞争的一面在加剧，借重中牵制的一面在发展。美全球战略调整和中国综合国力的增强成为引领大国关系新一轮互动的关键，中美间又合作又相互制约的态势成为影响大国关系全局的一条主线。

（2）"逐利竞争"激烈。各大国更加重视经济外交，特别是围绕着战略资源、能源产地、能源通道的竞争加剧，加紧博弈，能源外交活跃，因竞争引发的矛盾与摩擦增多。油气资源事关各国核心利益，油气供给大国越来越趋向于以资源为工具，施以政治影响，构建于己有利的大国关系。俄乌天然气之争，俄反制美欧"颜色革命"，伊朗重炼浓缩铀，中东海湾伊斯兰极端化，委内瑞拉加强与古巴、玻利维亚的联系，尼日利亚、苏丹、安哥拉等非洲产油国政治外交上更为活跃与独立，等等，都揭示出政治外交后面的经济因素日益复杂，各国对能源、资源的竞争将会越来越激烈。

（3）"因时谋势"多变。各国的战略重点和关切并不相同，根据不同的利益需求组成不同的集团，中美印、中美日、美欧俄、中美俄等多组战略三角关系复杂互动，一些传统三角关系趋于活跃。美欧与俄结构性矛盾的一面渐趋明朗，俄对美欧关系处于守势。美欧关系走出伊战阴影，重趋协调与合作；美俄关系复杂面凸现；欧俄关系热度下降，战略互信下降。同时，中美在合作中摩擦增多；中俄相互战略需求增强；中欧关系稳步发展，但也面临新问题。

（4）"新老互动"明显。中国、巴西、印度、南非等新兴经济体快速发展，影响扩大，越来越成为影响大国关系和世界力量格局演变的重要因素。新兴经济体国情各异，战略地位极为重要，扼守战略航道，地处反恐前沿的"不稳定弧"，与美国等西方国家关系深浅不同，大国更加重视与之对话与磋商。美国重塑其全球同盟体系，着力反恐的同时，向传统安全观回摆，加强了对中、俄、印等新兴经济体的关注，加强了与新兴工业国进行对话，北南大国间的对话与合作呈上升态势。中国综合国力增强，在世界事务中的作用上升，牵动国家关系新变化，主要大国对中国的战略或策略借重增加。

（5）"区域合作"活跃。全球范围内新一轮区域合作进入加速发展新时期。各种地区多边组织空前活跃，各大国和新兴力量为争夺区域经济合作主导权加大投入，直接或间接卷入，并争相发挥影响，区域内外国家间力量分化组合继续深化发展。东亚成为大国竞争及新一轮区域合作发展的重点，美日俄欧对亚洲区域合作予以越来越多的关注，中国在亚洲区域合作及重大国际问题上的作用备受重视。中、日、印、韩、东盟国家之间的相互联系，围绕中国崛起而加速调整。东亚合作进程中虽然复杂因素不少，但也出现了互利共赢的新局面。各大国通过扩大地区融合，加强利益捆绑。

（6）"多边协调"增强。热点问题继续牵动大国关系，大国日益重视多边机制在解决传统、非传统安全威胁方面的重要作用，特别是在"两核一线"（朝核、伊核、中东一线）热点问题的解决上，各主要大国更加注重外交和软实力的作用，协调与合作不断增加，手法也更趋灵活务实。多年以来，美国实力超强地位未变，但对国际事务的操控能力有所削弱，被迫调整对外战略，从单一的武力反恐转向从自由民主改造入手的综合治理，从崇尚单边主义转向更为强调大国协调与合作，从"先发制人"战略转向更加注重外交努力。美借重多边合作之机，力图继续保持在大国关系中的核心地位。总的看来，当前大国关系的特点是良性互动，如能保持这一态势，热点问题的处理就不会失控，大国会更加冷静地应对相互间的矛盾和分歧，不致激化。协调、妥协、合作，将在一段时期内成为主要趋势。

第三节　我国周边安全环境

国家安全环境，是指在一定时期内对国家安全产生影响的客观条件和因素。国家周边安全环境，是指国家周边有无危险和受到威胁的情况和条件，也就是说周边国家或集团对其国家主权、领土完整是否构成威胁，有无军事入侵、渗透和颠覆等情况。它是关系国家和民族兴衰存亡的大事，是制定国防战略的依据。

一、我国周边概况

我国位于欧亚大陆的东南部，是欧亚大陆的一部分。我国是一个陆地大国，拥有 960 万平方千米的陆地疆土，有 2.2 万多千米的陆地边界线；我国还是一个海洋大国，海岸线总长 1.8 万千米，有便利的海上通道和丰富的海洋资源。陆地与 14 个国家相接壤，与 8 个国家的大陆架或 200 海里专属经济区相连接。

近代以来，帝国主义列强从陆上和海上、从东南西北各个方向屡次入侵中国。清朝政府前后与帝国主义列强签订了 500 多个不平等条约，割地赔款，丧权辱国。中国的邻国众多，在这些国家中，有的在历史上侵略过中国，有的与中国存在着领土和海洋权益争议，有的内部不稳定因素多，有的国内狭隘民族主义泛起、宗教派别斗争加剧，它们对中国安全构成了不同程度的影响。

二、特殊地理环境对我国安全的影响

国家的地理环境，是指影响国家安全的地理位置、地理特征以及与地理密切相关的国家关系等因素。我国的地理环境是比较特殊的，从古至今，这种特殊的地理环境无时不在影响着中国的安全形势、安全观念、防务政策和军事战略。

（一）陆海兼备，陆地边界和海岸线漫长

我国有漫长的陆地边界和大陆海岸线。青藏高原和帕米尔高原将中国与南亚、中亚隔断，在西北只有一条穿越茫茫沙漠戈壁的狭窄通道与中亚相连，南有云贵高原和横断山脉天然屏障，东南有辽阔海域。由于地理因素和历史原因，在西方列强的势力还没有发展到东亚之时，先进的军事技术和航海能力很快就使中国的出海口成了敌人入侵的通道。

自 1840 年以后的一个世纪里，帝国主义列强屡次入侵中国。不论陆上海上，没有一个方向是安全的。过去认为最安全的浩瀚海疆，成为敌军入侵的突破口。第一次鸦片战争中，英法联军攻占广州、厦门、定海、镇海、宁波和镇江，从长江口入侵南京。第二次鸦片战争中，英法联军攻占广州、大沽口、天津，从天津侵入北京。中法战争中，法军攻占中国南方海军基地福建的马尾港。甲午战争中，日军从辽东半岛登陆攻占旅顺，从山东半岛登陆攻占威海。1897 年德国占

领胶州湾，俄国闯进旅顺口。1900年八国联军登陆大沽口，攻陷天津和北京。1914年日军从胶东半岛登陆，相继攻占济南、青岛。1932年日寇进攻上海。在1937年以后的全面侵华战争中，日军先后经上海、青岛、广州和广西钦州等地发动全面进攻。

在同一历史时期内，中国的陆地边疆也不安全。沙俄和日本曾先后侵占中国东北地区。在西面，英国军队曾先后两次从亚东方向中国西藏地区入侵，其中第二次入侵时，还攻占了西藏首府拉萨。在南面，英军和日军曾先后越过中缅边境侵入云南境内，法军从中越边界强占云南一些边境地段。在中国近代史上，中国台湾、海南岛等岛屿，由于经济、军事战略地位重要，更是成为帝国主义列强和地区霸权主义集团入侵和瓜分的重灾区。

（二）邻国众多，安全环境复杂

中国陆海邻国众多，排世界第二位。陆上与朝鲜、俄罗斯、蒙古、哈萨克斯坦、吉尔吉斯斯坦、塔吉克斯坦、阿富汗、巴基斯坦、印度、尼泊尔、不丹、缅甸、老挝和越南14个国家接壤。在海上与日本、朝鲜、韩国、菲律宾、马来西亚、印度尼西亚、文莱和越南8个国家的大陆架或200海里专属经济区相连，其中朝鲜和越南既是海上邻国，又是陆地邻国。俄罗斯的邻国虽然比中国多一个，但其陆地面积比中国约大一倍，与中国陆地面积大致相当的美国只有两个陆地邻国，加拿大只有一个邻国，英国和澳大利亚被海洋环抱，这些国家的周边安全均不及中国的复杂。

邻国中，有些过去曾经对中国发动过侵略战争，现在仍是经济大国，并正在成为军事强国。一些邻国之间存有积怨，甚至对立。有的国家内部不稳定因素多，一旦发生内乱和冲突，必将影响中国的边境安全。例如，2005年3月24日吉尔吉斯斯坦所爆发的政治动乱，为美国向中亚地区的渗透提供了借口，直接威胁到中国西部的安全。有的国家居民与中国边境居民同为一个民族，有的国家居民与中国某些地区居民信奉同一个宗教，积极因素是有利于中国边境居民与邻国居民友好往来，改善国家之间的关系，但也存在消极因素。还有一些国家，与中国之间存在着历史遗留下来的边界领土争端和海洋划界争议。随着这些不同因素的变化，将对中国安全环境产生不同的影响。

中国安全环境的外部影响，主要来自陆海两个方面。历史上，美、苏曾分别从海上和陆上对中国造成影响。苏联解体后，俄罗斯仍是世界最大的陆地国家，面积约1700万平方千米。美国位于北美洲大陆南部，北邻加拿大、东濒大西洋、南邻墨西哥和墨西哥湾、西临太平洋，海岸比较弯曲，良港多在大西洋沿岸。进入20世纪，美国的综合国力日益增强，积极向海外发展。美国和俄罗斯对欧亚大陆具有全局性影响。

日本、印度是中国周边地区的两个重要国家，更是构成中国周边安全地理环境的重要因素。日本岛国资源缺乏，对海外资源和海外市场的严重依赖性是它的显著特点。在近代，日本经历了50年的侵略扩张和对美国的依附。甲午战争至第二次世界大战结束以前，日本军国主义积极推行侵略扩张政策，主要是向亚洲大陆扩张。第二次世界大战结束后，美国控制世界海洋，日本转而依附美国，充当美国在太平洋的前沿堡垒。冷战结束后，日本继续追随美国，国际形势的变化曾为日本提高国际地位提供了难得的机会，日本注重将经济、科技、金融优势转为政治和军事影响力，积极开拓战略空间。

印度人口众多，是一个依陆面海的大国。从地理条件看，印度北面被崇山高原带阻隔，其半岛却深入印度洋，陆地上的隔绝与海路的发达，形成鲜明对照。所以，"由陆向海"是印度关注的战略发展问题。印度的地理条件较为优越，周边邻国主要是中小国家。中国是直接与印度毗邻的唯一大国，两国虽然存有边界争议，但是中印分别面对太平洋和印度洋两个不同的方向，同时受到青藏高原的阻隔，地理上的矛盾是有限的。

东南亚、中亚是中国周边的两个重要地区，也是中国陆、海两面的两个枢纽地区。这两个地区的形势稳定与否，对我国的安全和经济发展具有重要影响，在通道、资源、安全等方面都有重要战略意义。在交通方面，东南亚是连接亚洲和大洋洲，沟通印度洋和太平洋的"十字路口"，控制太平洋到印度洋的主要水上航线。中亚地区处于东亚、西亚、南亚和北亚的地理连接点上，是欧亚大陆以及中国、俄罗斯、欧洲、中亚、南亚各地陆路连接的枢纽。在资源方面，东南亚有丰富的战略资源，锡储量占世界60%，橡胶年产量占世界的80%以上，矿产资源丰富，石油和稻米出口量较大。在安全方面，东南亚邻接中国的东南亚沿海和西南部地区，是影响中国南部安全的重要方面。贯穿东南亚的海上战略通道对于日本有重要意义，对美欧各国的航运也有重要影响。中南亚地区和中国新疆、西藏等地接壤，该地区的形势和中国西北边疆的安危休戚相关。

三、稳定是周边安全环境的主流

进入新世纪以来，世界格局和安全形势正发生巨大变化，和平与发展成为新时代的主题，一个相对和平稳定的安全环境不断得到巩固和发展。中国与所有邻国的关系都得到全面改善，与一些曾经关系对立的国家逐渐建立起相互谅解和信任的正常关系，重新走上健康发展的方向。中国周边安全环境处于新中国成立以来最好的时期之一，呈现出和平稳定的新局面。

（一）美国等大国与中国建立伙伴关系

随着两极战略格局的解体，世界正逐渐走向多极化，将出现多个力量中心。目前，中国与这些力量中心的关系发展总的来说是在加强。

中美关系的发展曾历经一个曲折的过程，经过科索沃战争危机后，两国又从新走上了健康发展的道路。1996年底至1997年初，中美实现了高层官员互访；1997年10月，江泽民主席访问美国，发表了《中美联合声明》，声明中指出：中美双方将"共同致力于建设中美建设性战略伙伴关系"，双方将"在中美三个联合公报的原则基础上处理两国关系"。1998年6月，克林顿总统访问中国，两国首脑决定，"中美不把各自控制下的战略核武器瞄准对方"，克林顿总统第一次在公开场合表示：美国不支持台湾"独立"，不支持"一中一台"、"两个中国"，不支持台湾加入任何必须由主权国家才能参加的国际组织，在中美关系史上揭开了崭新的一页。但是，由于2009年底的哥本哈根会议和2010年初美国宣布对台军售之后，中美关系进入了新一轮的低潮期，其间摩擦冲突不断，涉及的问题领域不断增多，直接影响到了世界各国对亚太地区的安全和国际形势发展的判断，特别是在经济危机阴魂不散、朝鲜半岛问题求解无果的情况下，中美关系迫切需要在适当的协调沟通机制中得到重新定位和确认。在经历了2009年的高开高走和2010年的急转直下等几番波折之后，中美关系正处于一个历史的分岔口和关键节点。2011年1月18日至21日，国家主席胡锦涛应美国总统奥巴马之邀对美国进行国事访问，这是自1997年江泽民主席对美正式国事访问以来，时隔十四年，中国最高领导人的首次对美国事访问。在胡锦涛同奥巴马的会晤中，双方一致同意，致力于共同努力建设相互尊重、互利共赢的中美合作伙伴关系。两国元首全面规划了发展今后一个时期中美关系的重点方向和深化双方合作重点领域，达成重要共识。

俄罗斯对中国安全有着长远的影响。中国与俄罗斯保持着良好的国家关系，先后签订了一系列联合申明以及和平友好条约。近年来，两国领导人多次互访，1996年4月，叶利钦总统对中国进行国事访问，与江泽民主席就建立和发展中俄两国战略协作伙伴关系，加强两国在各领域的双边合作进行会谈。两国元首在北京共同签署了《中俄联合声明》，宣布两国将发展"平等信任、面向21世纪的战略协作伙伴关系"，并确定两国关系发展方向是"平等信任，睦邻友好，互利合作，共同发展"。2001年7月，国家主席江泽民对俄罗斯进行国事访问，与普京总统在莫斯科克里姆林宫举行会谈。双方签署了《中俄睦邻友好合作条约》，并发表《中俄元首莫斯科联合声明》，将两国和两国人民"世代友好、永不为敌"的和平思想用法律形式确定了下来。2009年6月，胡锦涛主席在中俄建交60周年庆祝大会上发表重要讲话，指出中俄关系60年的发展历程给我们留下了许多重要而深刻的启示：只有相互信任、坦诚相待，才能不断深化两国政治关系；只有相互尊重、平等互利，才能在合作中获得最大收益，实现共同发展繁荣；只有相互理解、相互支持，在涉及对方核心利益的问题上互为支撑，才能有效维护各自根本利益；只有求同存异、友好协商，才能保证两国关系长期健康稳定发展。新形势下，中俄关系进一步巩固，正沿着健康轨道稳步发展。

（二）中国与各邻国睦邻友好关系发展顺利

中国在坚持"和平共处五项原则"基础上与一切国家发展友好关系，特别注重发展与邻国的睦邻友好关系。目前，中国与所有邻国的关系得到全面的改善。早在20世纪60年代，中国就先后与缅甸、尼泊尔、巴基斯坦、蒙古、阿富汗、朝鲜等6国签订了边界条约或协定。1991年，中国与老挝签订了《中老边界条约》，至今与这些国家仍然保持友好的国家关系和安宁的边界。

20世纪90年代以来，中国分别与俄罗斯、哈萨克斯坦、吉尔吉斯斯坦签订了国界协定，与哈萨克斯坦的国界问题已经得到完全解决。中、俄、哈、吉、塔5国领导人多次会晤，签署了关于边境地区加强信任及相互裁减军事力量的协定。

中国同越南、印度也实现了关系正常化，加强政治、经济、文化交往，国家领导人互访。

中越边界线长1347千米，边界谈判是从20世纪70年代开始的，双方签署了关于边界领土的基本原则协议，1999年签署了《中越边界条约》。中越边界问题得到较好解决。印度是南亚七国之一，中印有着两千多年的友好历史，双方签署了《关于中印边境实际控制线地区军事领域建立信任措施的协定》。近年来，中国与韩国、日本等国在经济贸易和文化等领域也进行了广泛的交流合作。

（三）中国周边地区热点问题有的在逐渐降温

台湾问题是中国所面临的重大课题。台湾问题本属于中国内政问题，但因美日的介入而成为事关我国海洋安全和生存空间的重大战略问题。台湾地处西太平洋第一岛链的中心，是中国走向远洋的最重要通道。台湾海峡沟通中国沿海航运，并将中国海防线连成一体，被称为中国的海洋生命穴位。其复杂性表现为：台湾问题是被严重国际化了的问题；主权一统、治权分离的局面已经持续了几代人之久；台湾的社会发展在一定范围内得到了国际社会的认同；台湾民众对统一态度不一；引起国际干预，引发小多边战争的可能性很大。与20世纪50年代不同，台湾问题已不仅仅是中国的主权问题，更是影响中国发展权的问题。它直接危及中华民族的根本，就是领土完整、主权独立和民族尊严。任何一个国家，任何一个民族，在这三点上是绝不会退让的。

南海问题日益严重。南海居太平洋与印度洋咽喉地带，是沟通亚、非、欧海运交通的要冲。南海地处中国的海防前哨，控制该处海域和岛屿，可确保华南地区的安全和航道畅通，提高中国在东南亚乃至整个西太平洋地区的战略地位。20世纪90年代以来，为了确保在南海的战略利益和主导地位，美日调整了南海政策，加强对中国战略遏制：第一，改变原来的"中立"立场，积极介入南海争端，偏袒与中国有争端的国家，维持南海被多国占领的状态。第二，借"9·11"之机重返东南亚，为介入南海冲突作军事准备。第三，发展美、日、澳军事同盟关系，实行南北"双锚"战略，以便干预南海冲突。第四，与东盟在南海问题上加强合作，向中国施加压力。作为向海外扩大军事影响的一个重要途径，日本势力也迅速向南海推进。当前，南海之争呈现出一些新的特点：争夺手段由军事占领向政治斗争转变；争夺重点由主权争夺向资源争夺转变；争夺模式由双边较量向国际化方向发展。

朝鲜半岛危机日益升温。2011年伊始，朝鲜采取了一些缓和姿态，企图缓解美日韩的高压和孤立政策，但收效甚微，朝鲜半岛的紧张状态持续存在。美日韩同盟体制的建立，使"六方会谈"在管理朝鲜半岛冲突、促进东亚区域安全合作方面的功能严重削弱，中国在朝鲜半岛问题上正面临着巨大的压力。"天安舰"事件后，朝鲜半岛出现新的形势和局面，究其原因是韩国李明博政府对朝新政策和美国东亚战略调整互动的产物。李明博政府对朝采取"战略攻势"，主要表现为：高调宣布在今后的冲突中用武力惩罚朝鲜，基本抛弃了影响朝鲜政策的经济手段；说服美国不要与朝鲜单独接触，坚持朝韩关系改善是恢复六方会谈的前提，增加朝韩会谈的无核化内容，竭力促成韩国主导朝鲜及朝核问题解决进程的政策结果。韩国政府的强硬政策得到了奥巴马政府的支持。为实现"重返亚太"，美国强化其在亚洲的同盟体系，并对同盟进行功能拓展。"天安舰"事件和延坪岛炮击事件爆发后，美国迅速以此为契机，强化美韩同盟，坚定地站在韩国一边，支持韩国主导对朝和谈进程。2011年12月17日，朝鲜领导人金正日去世，给朝鲜半岛局势带来新的不确定性，但同时也意味着历史性机遇的来临。如果朝鲜沿着金正日的既定方针顺利往前走，加强经济建设和国际交流，而韩国政府又能以善意的姿态维护朝鲜半岛和平与稳定，那么一个良性周期的开始也是可以期待的。

（四）我国边境安全性是处在新中国成立以来最高的水平

1. 新中国成立以后近40年的时间，我国边境安全形势一直较为严峻

新中国成立之初，新中国的边境问题面临着严峻挑战。新中国所继承的边界大致上包括三种形态：一种是不平等条约规定的边界，一种是多年形成的传统习惯线，一种是中国与邻国双方的实际控制线。这些形态的边界线的共同特点是缺乏双方共同认可的法律保障，都是未划定边界。

为维护新中国的边界和领土安全，中国人民付出了巨大的牺牲。新中国成立之初的20世纪50年代初，朝鲜战争爆发。美军很快派军介入，并向朝中边境鸭绿江进逼，轰炸我国东北边境，严重威胁中国边界和领土安全。中国人民志愿军在"抗美援朝、保家卫国"的旗帜下，在1950年10月19日，跨过鸭绿江，开赴朝鲜战场，经过长达三年与朝鲜人民军及人民并肩作战，以巨大的牺牲换来了1953年7月27日的停战协定。

中印边界本来是一段友好的边界，1945年中印两国总理共同倡导了著名的

"和平共处五项原则",但是,由于历史遗留下来的非法的"麦克马洪线",以及尼赫鲁政府奉行的所谓"前进"政策,造成了中印边境局势的持续紧张。由于印军多次挑衅和变本加厉地蚕食中国领土,中国被迫对印实施自卫还击作战。此后,双方在边境地区基本上是处于军事对峙的冷和平状态。

中越边境形势的变化可以看作中越两国之间国家关系的晴雨表,中越两国国家关系的变化也是由边界问题所引起和由边界问题所强化的。越南统一后,政治上追随苏联,敌视中国,入侵柬埔寨,大肆驱赶华侨,占我领土。1979年2月下旬到3月初,我人民解放军被迫实施对越自卫反击战。以后几年,我军又发起了几场大规模的边境战役。此后,中越边境便处在军事对峙的状态中,直到20世纪90年代中期。

新中国成立以后的中苏边境曾经是和平安宁的边境。到20世纪50年代末,两国关系的交恶,也影响到边境地区的和平与安宁。在中苏边界,军事对峙的状态一直持续30余年。在此期间,发生多起冲突事件,这些事件进一步恶化了双方的关系和边境安全形势。1962年四五月间,由于苏联方面煽动,新疆伊犁、塔城地区发生边民外逃事件。1969年3月,苏联军事入侵过我珍宝岛。70年代以后,苏联在中苏和中蒙边境陈兵百万。直到1989年,中苏两国领导人会谈,双方同意"结束过去,开辟未来",此后,中苏(俄)边界逐步走向了缓和。

2. 近20年来我国边境安全形势处在新中国成立以来最好的水平

(1)陆地边界问题基本得到解决

实际上,在新中国成立以后,新的人民政权就很重视通过签订条约来划定边界,以从根本上解决边界问题。这一努力取得了显著成效。20世纪60年代,中缅、中尼、中朝、中蒙、中国和阿富汗王国都签订边界条约。这些边界条约的签订,使得我国在其他方面上边境形势比较紧张时,这些边界仍然能够保持较为稳定的状态。后来,由于国际局势的变化,多个方向特别是中苏方向的边界谈判进程被中断。

改革开放以后,特别是20世纪90年代以后,中国大大加快了与邻国特别是与苏联及与其后的独联体国家通过谈判解决边界问题的步伐。1991年5月16日,中苏两国签署了《中苏国界东段协定》。苏联解体后,俄罗斯继承了该协定。在中苏边界谈判中,苏联最终没能同中国就西段边界达成最后协议。不过,在苏联解体后,继承苏联西边界遗产的俄罗斯、哈萨克斯坦、吉尔吉斯斯坦以及塔吉克斯坦依然延续了同中国友好协商的势头。边界谈判由原来的一对一变成了一对四,但西段边界的解决并未出现大的波折。1994年9月,中俄两国外长签署《中俄国界西段协议》。2004年10月14日,中、俄两国在北京签署了《中俄国界东段的补充协定》。2005年6月2日,两国互换批准书,这标志着两国彻底解决了所有历史遗留的边界问题。1994年4月26日,《中哈国界协定》签署,1997

年9月24日、1998年7月4日又签署了两个国界补充协定。1996年7月4日,《中吉国界协定》签署,1999年8月26日,签署了《中吉国界补充协定》,标志着两国边界问题画上了圆满的句号,也标志着中国西北边界问题全部得到解决。

中越边界谈判直到1993年8月才得以重开。双方经过16轮谈判,1999年12月30日,中越两国在河内签署《中华人民共和国和越南社会主义共和国陆地边界条约》。2000年7月6日,中越双方在北京互换批准书,条约正式生效。中越陆地边界条约的生效,说明中国与邻国边界除中印边界外基本得到解决,这使中国边境安全获得了前所未有的法律保障。

中印边界虽然尚未划定,但两国都同意通过和平谈判的方法解决边界问题,而且,采取措施缓和边界局势,维护边界稳定。20世纪80年代中印关系正常化后,双方就开始讨论边界问题。为保持边境地区的和平与安宁,两国于1993年和1996年签订了《关于在中印边境实际控制线地区保持和平与安宁的协定》和《关于在中印边境实控线地区军事领域建立信任措施的协定》。2005年4月正式签署了《解决边界问题政治指导原则的协定》。2006年7月6日,连接西藏和印度锡金段的乃堆拉山口边贸通道重新开放。这几乎可以看作是一个标志性事件,说明中印边境可以在边界争议尚没有得到解决的时候,保持正常的边境秩序。2008年1月,印度总理曼莫汉·辛格访华。中印双方签署了《中印关于21世纪的共同展望》,并签署涉及传统医药、植物检疫、地质调查、国土资源等10份合作文件。《中印关于21世纪的共同展望》文件在中印长远关系上有里程碑意义,双方决心通过发展两国面向和平与繁荣的战略合作伙伴关系,推动建设持久和平、共同繁荣的和谐世界。

(2)奉行安邻、睦邻、富邻政策,与周边国家关系稳定

新中国建立不久,就把建立与周边国家的睦邻友好关系放在了第一位,尽管当时许多国家对此半信半疑,甚至怀有敌意,但是,中国政府通过一系列的政策宣布和国家交往的实践一再证明着中国所奉行的睦邻政策。近年来,我国的睦邻友好政策又有了新的发展。党的十七大报告明确指出:"我们将继续加强睦邻友好,坚持与邻为善、以邻为伴,加强区域合作,把同周边国家的交流和合作推向新水平。"这既是对迄今我国周边外交实践的高度概括和总结,又为我们在新世纪、新时期的周边外交指明了前进方向,对进一步做好周边工作具有重要的指导意义。

中国不仅倡导安邻、睦邻、富邻政策,也努力践行这一政策。中国以自己的努力帮助周边国家克服困难,得到发展。在1997年亚洲金融危机中,在2004年印度洋地震海啸灾难发生后,在2005年10月南亚发生地震后,中国都发挥了积极作用,提供了积极帮助。中国还积极推进与周边国家和区域性组织在安全领域的对话与合作,在"东盟与中国"、"东盟与中日韩"、上海合作组织、亚太经济合作组织、东盟地区论坛、亚洲合作对话等地区机制中,发挥积极和建设性作

用，为维护边境地区的安全稳定建立了与邻国和区域组织进行合作的机制。中国加入《东南亚友好合作条约》，为中国与东盟国家的和平友好注入了新活力。在朝鲜半岛核问题上，中国促成并主办三方（中国、朝鲜、美国）会谈和六方（中国、朝鲜、美国、韩国、俄罗斯、日本）会谈，力争缓和半岛紧张局势，以巩固东北边境的安全稳定。

（3）促进沿海地区开放，使沿海地区得到率先发展

从1980年8月26日，五届人大常委会第十五次会议决定在深圳设置经济特区起，到1990年，中央决定开放开发浦东，我国沿海地区经济特区连成一线，成为中国对外开放的前沿地带。截至2011年，中国首批沿海开放城市实现地区生产总值达到106089亿元，占全国的30.6%，成为拉动沿海地区经济乃至全国经济的重要经济带。经过改革开放后30多年的规划和建设，在沿海地区已经形成"珠三角"、"长三角"和"环渤海"三大经济圈，带有区域性的"环北部湾"经济圈也正在规划和建设中。今天，大多数沿海地区经济发达、社会发展、人民安居乐业，一些最先开放的地区正在率先实现现代化。

（4）通过沿边开放战略和"兴边富民行动"，使陆地边境地区的社会、经济得到发展

世纪之交，党中央、国务院不失时机地提出西部大开发的战略，明确提出要加快西部开发，促进地区经济协调发展。作为这一战略的专项规划和配套工程，国家民委倡议发起了"兴边富民行动"。这项行动以"富民、兴边、强国、睦邻"为宗旨，通过加大对边境地区的投入，加大帮扶力度，使沿边一线的各族群众靠边脱贫、靠边致富，在发展中进一步增强爱国主义感情和加强各民族大团结，最终达到富民、兴边、强国、睦邻的目的。"兴边富民行动"覆盖190多万平方千米的国土面积，2100多万人口，对加快边境地区发展发挥了很好的促进作用，使边境地区的老百姓得到了实惠。长期以来，意味着偏僻、落后的"边"，第一次成了一种资源、一种优势。边境旅游、边境贸易蓬勃开展，区位优势得到发挥，优势资源得到利用。边境地区社会、经济、文化各方面出现了前所未有的发展局面。

（5）通过深化爱民固边战略，构建平安边境、和谐边境

承担维护边境地区安全稳定职责的公安边防部队，从2006年开始，在全国沿边沿海地区实施"爱民固边"战略，努力实现边境、口岸安全稳定等目标，构筑沿边沿海地区维护安全稳定的战略屏障，为经济社会发展创造平安和谐的边防环境。"爱民固边"就是要求公安边防官兵牢记人民军队全心全意为人民服务的宗旨，热爱人民，服务群众，履行好国家赋予的神圣使命，充分发挥边防保卫的职能作用，维护边境安全稳定。爱民就是要访民、知民、亲民、助民、安民、富民；固边就是要把好国门、守好边界，护好海防，做到依靠党政、赢得支持、依

靠社会、联动各方，依靠群众、群防群治，全力构筑边境地区安全稳定战略屏障，为经济社会发展创造平安和谐的边防环境。

2010年，公安边防部队坚定不移地把爱民固边战略置于全国公安边防工作的中心，着力推进维稳、民心、固本、强基、联动"五大工程"，在继承中拓展，在创新中发展。2010年12月21日，中央下发《中共中央国务院中央军委关于加强新形势下边海防工作的意见》，明确提出把卫国戍边、爱民固边作为打牢边海防建设的思想政治基础的主要内容。10月22日，国务院副总理回良玉在全国兴边富民行动会议上，明确要求深化民族团结进步创建活动，扎实推进爱民固边模范村、乡镇、县市创建活动。"爱民固边"战略的实施，密切了警民关系，巩固了边防群众基础，完善了军警民联防机制，在沿边沿海地区打造了一张牢不可破的立体防护网，有力地维护了边境地区的安全稳定。

（6）打击"三股势力"和跨境犯罪，维护边境安全稳定

三股势力是指暴力恐怖势力、民族分裂势力、宗教极端势力。暴力恐怖势力是指通过使用暴力或其他毁灭性手段，制造恐怖，以达到某种政治目的的团体或组织。民族分裂势力是指从事对主权国家构成的世界政治框架的一种分裂或分离活动的团体或组织。民族分裂势力是反社会发展和人类进步的政治力量。宗教极端势力是一股在宗教名义掩盖下，传播极端主义思想主张、从事恐怖活动或分裂活动的社会政治势力。针对"三股势力"猖獗活动，公安、司法机关保持了高压势头，将"三股势力"对边境安全稳定的影响降到最低。在加大预防和打击力度的同时，加强舆论宣传，揭露"三股势力"的罪恶活动，2002年1月21日，国务院新闻办公室发表《"东突"恐怖势力难脱罪责》，对"东突"恐怖势力进行了系统的揭露。同时，在国际上我国加强了与有关国家及上海合作组织框架内的反恐合作。2009年9月，国务院新闻办发表《新疆的发展与进步》白皮书，白皮书分为前言、经济快速发展、人民生活水平显著提高、各项社会事业不断发展、民族文化得到保护、坚持各民族平等团结、保护公民宗教信仰自由权利、维护国家统一和社会稳定、结束语9个部分。

针对走私、贩毒、组织偷渡等跨境犯罪危害日甚的情况，我国完善了立法，公安、边防、海关等部门加大打击力度，并与有关国家和地区开展了良好合作。我国与缅甸、老挝等国家开展了"毒品代替种植"的合作，效果良好。我国公安边防部门与俄罗斯边防机关在打击毒品犯罪方面，与日本海上保安厅、韩国海洋警察厅就打击海上犯罪，与越南警察部门就打击跨境贩运人口方面建立了合作机制和联络渠道。我国广东公安部门与香港、澳门警务部门为共同打击跨境犯罪建立了警务联络官制度，使跨境犯罪得到有效遏制。

四、影响周边安全的主要因素

新中国成立以来，特别是进入20世纪90年代，中国坚持奉行独立自主的和

平外交政策。对外关系,特别是与周边国家的睦邻友好关系得到全面发展,与所有亚洲国家都建立了外交关系。周边安全环境是新中国成立以来较好的时期。但是,我们也应该看到,随着世界和亚太地区战略格局的不断发展变化,中国周边安全环境也增加了许多新的不确定和不稳定因素;再加上中国与周边国家还存在着一些尚未解决的领土、边界、海域、岛屿划分及归属方面的争议,国际上一些敌对势力更是借机推波助澜,因此,对中国周边安全环境中存在的不利因素也不能掉以轻心。

（一）祖国统一面临严峻形势

近几年来,台湾海峡地区出现了较为复杂的局势,一方面,两岸经贸关系迅速发展,人员往来和各项交流活动日趋频繁,这对发展两岸关系和促进祖国统一是有利的;但另一方面,阻碍两岸交流和破坏祖国统一的不利因素也在发展,祖国统一事业面临着更加复杂的形势。

台湾海峡构成了台湾岛与祖国大陆的天然分际。台湾地区与祖国大陆目前的分离状态完全是内战的结果。台湾地区的历代领导人都承认了一个中国的原则。但是近年来,特别是民进党执政以后变本加厉推动台独活动,引起了台海局势的紧张,威胁地区安全。2003年11月27日,"台湾立法院"三度通过国民党、亲民党版本的"公投法"。"公投法"的通过给台海埋下了爆发危机的隐患。美国在台海局势中,一直扮演着明里不支持台独,反对改变台海现状,暗里纵容台独势力膨胀的角色。美国通过美台情报合作协定与台湾情报机构开展合作,并积极推动售台先进武器。日本的反华势力和亲台势力也加紧了与台独势力的勾结。中国统一大业和东南沿海边境安全稳定面临严峻的挑战。

台湾地区军事战略已由过去的"攻防一体"改为"有效吓阻、防卫固守"。特别是陈水扁上台以后,又提出"决战境外"的战略构想,强调台湾最高军事目标是要"防止"中共武力"犯台"。同时,大量采购先进的武器装备,加强军事演习,仅2001年,台湾地区的各种军事演习就多达300余次,而且规模越来越大。2002年的"汉光18号"军事演习,仅实弹射击打掉的枪炮弹就要花上亿元新台币,其规模之大、分量之重,前所未有。他们希望以此来宣泄"以武拒统"的"台独"理念,为"台独"势力撑腰打气,阻挠中国的统一进程。

（二）存在海洋权益争端

在中国周边安全环境中,维护海洋权益的斗争具有较大的复杂性和敏感性。中国是个陆地大国也是海洋大国,毗邻海域自然延伸面积有470万平方千米。由于历史的和现实的原因,中国与海上8个邻国有海域划界与岛屿归属问题之争。

1. 关于东海大陆架和钓鱼岛的争议

东海位于中国、日本、韩国三国之间,东西宽150～420海里,南北长660海里,总面积约77万平方千米。日本和中国是相向不共架国,中国大陆一直延伸到冲绳海槽。冲绳海槽大陆深度超过 1000 米，坡度很陡，形成西部大陆架与东部岛架的天然分界。根据东海大陆架的实际情况，参照《联合国海洋公约》的有关条款和各国海域划界的实践，冲绳海槽构成了中国东海大陆架与琉球大陆架的自然分界线，因此，应按大陆架自然延伸的原则，以冲绳海槽中心线为界，划分中国和日本的东海大陆架边界。但是日本方面却主张按东海的中心线平分划界。这样，中日间便产生了 20 多万平方千米的争议区。如果按日本的主张划界，中国在东海的大陆架范围将被拦腰截断，应归中国管辖的海域面积将减少一半。

中日在东海还存在着钓鱼岛归属问题之争。钓鱼岛群岛位于我国台湾东北约 120 海里处，由钓鱼岛、黄尾屿、赤尾屿、南小岛、北小岛及一些礁石组成。其中最大的岛屿钓鱼岛海拔 360 余米，面积约 3.64 平方千米。

对钓鱼岛问题，在中日邦交正常化谈判时，双方都同意"以后再说"。但是，事后日本却采取放任态度，批准日本一些右翼团体在岛上建立航标灯，甚至出动舰艇进入钓鱼岛海域驱赶中国台湾省渔民。中国政府已于 1990 年 10 月 27 日再次发表声明，强烈要求日本政府维护双方过去达成的谅解，立即停止在钓鱼岛及其海域采取任何单方面行动。中国政府再次建议双方尽快就搁置主权争议、共同开发钓鱼岛海域资源、开放钓鱼岛海域渔业资源等问题进行磋商。1996 年 7 月 18 日，发生了日本右翼团体"日本青年社"在钓鱼岛的北小岛上设置灯塔的严重事件。2005 年 2 月 9 日，日本内阁官房长官细田博之召开记者招待会，宣布日本政府接管钓鱼岛上的灯塔，把在钓鱼岛问题上的民间对立演变成政府行为。2012 年 4 月 16 日，日本东京都知事石原慎太郎在当地的一个研讨会上发表演讲称："东京政府决定从私人手中购买钓鱼岛（日方称'尖阁列岛'），此计划已经获得钓鱼岛'土地拥有者'的同意。"针对此事件，2012 年 4 月 17 日，中国外交部发言人刘为民就东京都欲购钓鱼岛一事回应说，钓鱼岛及其附属岛屿自古以来就是中国的固有领土，中国对此拥有无可争辩的主权。日方对钓鱼岛及其附属岛屿采取任何单方面举措，都是非法和无效的，都不能改变这些岛屿属于中国的事实。

2. 关于南海海域及南海诸岛的争议

南海总面积约 360 万平方千米。南海诸岛包括东沙、西沙、中沙和南沙四大群岛，分布于南海的中心部位，扼太平洋与印度洋的咽喉，不仅地理位置非常重要，而且蕴藏着丰富的矿产和水产资源。其中南沙群岛是南海诸岛中分布面积最广、岛礁数量最多、处于最南端的一组群岛。南沙群岛由 230 个岛屿、礁滩和沙洲组成，分布在 24.4 万平方千米的海域中。其中露出水面的岛屿 25 个，明暗礁 128 个，明暗沙洲 77 个，太平岛面积最大，约 0.5 平方千米。

南沙群岛历来是中国的领土，在 20 世纪 70 年代以前，南海毗邻国家对此从未提出异议。但是自发现南海蕴藏丰富的油气资源后，周边国家开始窥视这一海域。菲律宾率先于 1971 年抢占了南沙东部的部分岛屿和沙洲，接着，原南越政府也于1973年7月派兵占领了南海西部6个岛礁。1975年4月，越南一反承认南沙是中国领土的立场，接管了南越军队占领的岛礁，并不断扩大侵占行动。从1983年起，马来西亚先后占领了南山南部的3个礁。随后，上述国家又单方面宣布了大陆架和200海里专属经济区范围，把南沙群岛的全部或部分岛礁划入自己的版图，并加紧在南沙海域进行资源开发，致使南沙争端日益突出。

目前，南海周边国家对南沙的军事控制进一步增强，对南沙资源的掠夺性开发明显加快。越南已同17个国家的近30家公司和国际财团签订了合作开发南海油气资源的合同。菲律宾、马来西亚、印度尼西亚以及文莱等国已在我南海疆域内开采石油和天然气。2012年4月，因菲律宾在中国海域黄岩岛附近试图抓扣中国渔民而引发的"黄岩岛对峙"事件引起了全国人民的关注，导致了中菲双方关系的进一步僵化。2012年6月，国务院批准设立三沙市（地级）。三沙市的设立，于国家来说，是加强对西南中沙群岛及其海域管辖、维护我国南海权益的重大举措；于海南省来说，是履行管理职能，更好地将国家赋予的南海管辖权落到实处的重大行动。三沙市的设立，将有利于海南更好地保护南海渔业资源，保护渔民生命财产安全，统筹协调南海渔业资源的开发和管理。

值得注意的是，南沙问题国际化趋势有新的发展，东盟国家曾就南沙问题进行过多次内部磋商，力图联合与中国谈判解决南沙争端问题，并准备在谈判不能取得成功时提交联合国裁决。美国等西方大国正在积极插手南沙事务，试图利用南沙问题挑拨我与东盟国家的关系，并制造"中国威胁论"，对我施加"更有针对性的压力"。应当引起警惕的是，西方大国插手南沙事务主要是通过与其他有关各方合作进行的，这越来越清楚地显示出他们共同针对中国的意图。

除此之外，中国在东海、黄海与周边一些国家在海域划分上的矛盾一时也还难以解决。

（三）边界争端尚未完全解决

从总体上说，中国与周边国家的边界问题大多得到解决。中俄之间长达4 300多千米的边界问题已获得解决。中国和哈萨克斯坦也签订了边界协定，解决了两国1 700多千米的边界问题。中国分别和吉尔吉斯斯坦、塔吉克斯坦存在1 000多千米和450多千米的边界，其中中塔在帕米尔地区存在2.1万平方千米的争议面积。1999年12月30日，中越两国外交部签署了《中国和越南陆地边界条约》，至此，中越两国陆地边界存在的问题已全部解决。

中印边界全长约2 000千米，分为东、中、西三段。中印两国存在大片领土争端，争议面积共达12.5万平方千米。东段争议面积约9万平方千米，现被印度控制，称为"阿鲁纳恰尔邦"。中段，争议面积约2000平方千米，除个别地方外，均为印度控制。西段，争议面积约3.35万平方千米，除巴里加斯地区约450平方千米被印军侵占外，其余在我方控制下。

由于印方坚持非法的"麦克马洪线",致使中印边界谈判难以取得实质性的进展。印度在中印边界领土争端上坚持不让步立场,将中印边境地区视为战略前沿,不断加强边境地区战场建设。从目前情况看,中印边界争端短期难以全部解决。

（四）影响边疆地区安全的其他问题

中国是一个多民族国家,共有56个民族。由于实施正确的民族、宗教政策,中国各族人民团结一致、齐心协力,共建中华美好家园,但是,境内外一小撮民族分裂主义分子,在国际上某些反华势力的操纵、唆使下,置民族大义、国家利益于不顾,为迎合某些西方大国对中国进行的"西化"、"分化"的和平演变战略,采取政治斗争和暴力对抗相结合的方式,进行民族分裂活动,严重影响了中国边疆地区的安全和稳定。例如,活动在中国新疆境内的"东突"民族分裂势力,与国际恐怖主义势力相勾结,以泛伊斯兰主义和泛突厥主义思想为理论基础以反对中国共产党领导下的政权,以建立"东突厥斯坦国"为目的,以宗教为掩护,大肆进行分裂新疆的破坏活动。他们一方面打着民族、宗教的旗号,煽动民族情绪,鼓动宗教狂热,宣扬伊斯兰"圣战",叫嚣建立"东突厥斯坦国";另一方面又迎合西方,扯起"民主、人权和自由"旗帜,与境外民族分裂势力遥相呼应,加强联系,发展组织,进行恐怖活动,制造了一系列爆炸、暗杀、纵火、投毒、袭击等恐怖暴力事件,严重危害了新疆各族人民群众的生命财产安全,也严重危害了中国边疆地区的安全与稳定。又如,逃往国外的达赖集团,利用西藏地区交通困难、环境闭塞、经济落后、藏区群众文化水平低、对宗教宣传极易接受的特点,打着宗教旗号,大肆进行"藏独"分裂活动,具有极大的欺骗性和蛊惑性。加上以美国为代表的西方大国在对我实施"西化"、"分化"战略中,妄图以"西藏问题"为突破口,支持"藏独"分裂势力搞所谓的"西藏独立"。这些都将对我边疆地区的安全与稳定产生不利影响。

（五）在我国周边国家中,存在多处热点地区

第二次世界大战结束以来,在我国周边地区发生的战争、武装冲突和其他形式的军事对峙从未间断。从20世纪50年代初期的朝鲜战争,到六七十年代的越南战争,都是空前惨烈,参与国家众多,其影响所及直到现在乃至可预见的将来都没有也不可能消失。现在东亚的地缘安全格局仍然是朝鲜战争的直接结果。这样一个格局仍然会持续下去。朝鲜半岛作为冷战时期东西方对峙的前沿,在冷战结束后,其作为世界热点地区的地位没有改变,反复成为世界舆论关注焦点的是朝核危机。即便朝核危机的解决获得突破,朝鲜半岛作为世界热点地区的地位仍然会持续下去。

印度和巴基斯坦在分治之后,陆续发生过三次战争,在克什米尔地区更是冲突不断。在1998年两国拥有核武器之后,核武器的保护伞并没有使冲突得到缓和。近年来,两国之间的武装冲突有所减少,但两国的军事对峙没有解除。两国之间的对峙与冲突，源头在克什米尔。国际媒体称克什米尔是亚洲安全中"潜在的出事点"、"武装冲突的策源地"、"严重的危机区"等，美国前总统克林顿则认为，这是"世界上最危险的地方"。这些说法足以说明，克什米尔作为世界热点地区当之无愧。由于克什米尔问题包含着太多的复杂因素，诸如领土争端、民族矛盾、教派冲突、国内政党斗争、政局变化、外部环境的影响等，这些因素交织在一起，成了一个死结。因此，在可预见的将来，克什米尔问题的彻底解决前景黯淡。

在阿富汗，内战持续了20年，一直到2001年由于发生"9·11"恐怖袭击事件，美国挥舞着反恐的大旗，出兵这个战乱频仍的国家，推翻了奥马尔塔利班政权，摧毁了本·拉登的"基地"组织，建立了亲美政权。但是，战争并没有带来和平与稳定，阿富汗仍然是世界恐怖事件最多的国家之一。

在中亚，昔日苏联的加盟共和国，1991年4月伴随着苏联的解体纷纷宣布独立，过去的中苏西段边界，变成了中国与俄罗斯、哈萨克斯坦、吉尔吉斯斯坦、塔吉克斯坦四个国家之间的边界。伴随着这些国家和其他苏联加盟共和国的独立，似乎也开始了这些国家政治动荡的进程。2003年11月，格鲁吉亚发生"天鹅绒革命"；2004年11至12月，乌克兰发生"橙色革命"；2005年3月底，吉尔吉斯斯坦首都发生了所谓"郁金香"革命。这些颜色革命的火苗烧到了乌兹别克斯坦、白俄罗斯和哈萨克斯坦。2005年5月12日，位于中亚腹地的乌兹别克斯坦爆发了罕见的武装骚乱，尽管这是一场武装骚乱，但一些俄罗斯专家认为，骚乱背后有"颜色革命"的影子。"革命"虽然造成了政权的更迭，但是动荡的格局不可能一下子稳定下来。

在东北亚，俄罗斯与日本关于南千岛群岛的归属未予确定，韩国与日本存在独岛的争议。

（六）我国周边地区存在着多种非传统安全威胁的源头

1. 在我国周边存在毒品产地，不仅使我国成为毒品过境国，而且也使我国面临着毒品的正面威胁

"金三角"一直是我国毒品危害的主要来源。虽然"金三角"海洛因的种植面积减少，但是现在转向生产冰毒、摇头丸等，进入我国的毒品相当一部分是缅北生产的冰毒。2011年，云南省根据群众举报查获毒品案件1200余起，抓获了一批违法犯罪人员，缴获毒品1.56吨，缴获的毒品总量创历史新高。境外罂粟种植面积持续反弹，合成毒品大量生产，对云南省渗透有增无减；毒品贩运手法更趋复杂，暴力对抗加剧。

"金新月（阿富汗、巴基斯坦、伊朗三国交界的一个像弯月亮的地区）"毒源地日益发展，鸦片产量已雄踞世界首位，紧靠我国新疆的中亚国家毒贩加紧了对我国的毒品渗透，从而使得我国面临的毒品冲击与压力加大。从"金新月"毒品向我国的走私渗透情况看，时间明显划分为两个阶段：即1991年至2004年和

2005年至今。自1991年6月4日新疆查获第一起"金新月"毒品走私入境案件到2004年，新疆有关部门在各口岸共查获毒品案件二十余起，缴获"金新月"海洛因、鸦片和麻烟共127.55千克。进入2005年之后，我国警方查获的中亚毒品走私入境案件开始大幅攀升，2005年至今，新疆警方累计破获贩毒案件近百起，累计缴获各类毒品5320千克，对我国潜在的威胁加大。

在我国东北地区也面临着跨境的毒品犯罪的威胁。虽然仅从数量来看，我国东北边境地区的跨境毒品犯罪比起西南边境来说，几乎是微不足道的，但是这种趋势值得警惕。

2. 我国周边存在恐怖主义源地，不仅使我国在地缘上更容易受到恐怖主义的威胁，而且也由此招致复合式的安全威胁

我国虽然与阿富汗只有短短的共同边界，但作为恐怖主义大本营的阿富汗恐怖训练营地同样构成了对我国的直接威胁。"东突"恐怖势力就有恐怖分子在阿富汗恐怖训练营地受到训练。虽然阿富汗政权更迭后，恐怖训练营地受到重创，但是恐怖活动并没有偃旗息鼓。恐怖势力的渗透，也使巴基斯坦受到恐怖主义的正面威胁。不仅如此，美国以反恐怖为名驻军阿富汗，在中亚国家建立军事基地，使我国面临着由恐怖主义带来的新复合式的安全威胁。

3. 猖獗的海盗活动，威胁我国海上战略通道的安全

随着我国经济的发展，我国对海上通道的依赖性在增强，猖獗的海盗活动威胁我国海上战略通道的安全。位于马来半岛与苏门答腊岛之间的马六甲海峡，西北端通印度洋的安达曼海，东南端连接南中国海，全长约1080千米，最窄处只有37千米，是连接沟通太平洋与印度洋的国际水道。这一由新加坡、马来西亚和印度尼西亚三国共管的海峡，承担着全球原油和油品运量的约1/4以及80%以上的中国国际贸易，且海盗猖獗、恐怖分子活动频繁，一旦通道受阻，将给我国的能源供应造成严重威胁。虽然，马来西亚、印尼、新加坡三国对海盗严加打击，但毕竟三国海军的实力有限，马六甲海峡又是三国交界，国际合作有些问题。据国际海事局统计，2009年全球发生的406起海盗袭击事件中，多达32起涉及中国船只。最近两年，我国直属海事系统加强了南海海域巡航，并加大相关装备的升级力度，但仅靠中国的努力是不够的，有关国家应切实落实《南海各方行为宣言》，加强打击海盗等犯罪领域的合作。

（七）我国边境及周边地区民族、宗教等人文环境极端复杂，各种文化互相交错

我国陆上边境地区大部分为少数民族聚集区，在我国广阔的陆地边境地区，分布着135个陆地边境县（旗、市、市辖区），其中107个是民族自治地方，居住着朝鲜、蒙古、维吾尔等40多个少数民族，与邻国同一民族跨界而居。边境地区人口2200多万人，其中少数民族人口约47%。

在世界许多热点地区，少数民族的跨境而居都是一个容易衍生问题的现象。

对国家威胁最大的是民族分裂主义。在我国边境地区和一些邻国，也有极端分子鼓吹和煽动民族分裂倾向。这种现象已构成对我国边境地区的安全稳定的重大威胁，而且少数民族跨境而居所衍生的问题还不限于此。由于跨境而居的少数民族与外国边境居民同文同种同族同教，往来密切，国界意识薄弱，既容易引发国界管理的问题，同时，也容易被贩毒、组织偷渡、贩卖人口等跨境犯罪集团所利用。

在我国边境地区，宗教问题的复杂性、敏感性一点都不亚于民族问题。在我国广阔的沿边沿海地区，各种宗教类齐全，相互交错。既有我国传统宗教——佛教、道教，也有回教、基督教；既有国家承认的合法宗教，也有一些非法的宗教活动；既有丰富多彩的正常宗教活动，也有一些地下宗教活动；既有世俗宗教，也有鼓吹末日论等歪理邪说的邪教活动，境外的宗教渗透活动也很猖獗。这种情况与民族问题以及其他社会问题相互交织，成为影响边境地区安全稳定的重要因素，需要认真对待。

（八）我国存在世界极为独特的一个国家基础上的国内特殊边界问题

就一个国家内部而言，各行政区划之间的边界应采取统一的管理模式，这种管理模式由国内法规定，纳入国内行政管理体系。但是，基于历史的、政治的、法律的各方面的原因，祖国内地与香港、澳门之间的边界，大陆和台湾岛之间的边界采取特殊的管理制度进行管理。

这三段特殊边界，特别是粤港、粤澳边界乃是中国半封建半殖民地历史的屈辱见证，也是"一国两制"政策在管理分界线上的体现。对粤港、粤澳边界实施不同于其他行政区划边界的特殊管理制度符合我国政治现实和经济发展水平。香港、澳门都是经济高度发达、人口极为稠密的地区，按照两个特别行政区基本法的规定，在香港、澳门实行资本主义制度，原来实施的法律制度基本不变。这两个特别行政区的生活方式、生活水平对内地群众有吸引力，但是两地均难以承受人口的大规模涌入；由于内地和香港、澳门的法律制度不同，也由于地理因素的影响，跨境犯罪在粤澳、粤港边境地区活动猖獗，一些港澳黑社会组织不断向内地渗透。这些问题说明，在粤港、粤澳边界采取某些特殊的管理制度是必要的，而且，这种特殊的管理制度还将继续下去。

五、国家安全政策

随着国际安全形势和国内形势的发展变化，国家安全政策也有所不同。

新中国成立后，针对严峻的安全形势，中国采取了"一边倒"的政策，与苏联结盟对抗美国的霸权政策。为保卫国家抗美援朝，打败了美帝国主义。从20世纪60年代初开始，中苏关系趋于紧张。夹在两大霸权国家之间，中国一方面自力更生、加速发展，另一方面加紧备战备荒。70年代，中美关系得到改善，中苏关系继续恶化，苏联在中苏边境陈兵百万，严重威胁中国安全。中国执行

"一条线、一大片"的战略，团结广大第三世界国家，建立广泛的反霸统一战线，使苏联不敢轻举妄动，维护了国家安全。70年代末，中美建交，两国关系快速发展，中苏关系缓和，国际战略形势总体趋向缓和。中国调整了国家安全政策，将国家的重心从防止战争转向发展经济，从国防建设转向经济建设，实施改革开放，以经济发展促进国家安全。1989年"六四"政治风波后，西方国家对我国实施了无理制裁，中国制定了以"稳定周边"为主要内容之一的对外方针，从周边入手，排除干扰，打破制裁，增信释疑，广交朋友，开创了对外工作的新局面。90年代中期起，中国以新安全观为指导，增强与周边国家的政治互信，深化经济合作，扩大共同利益，大力拓展与大国的关系，从而为我国的安全环境创造了更加良好和稳定的局面。进入21世纪之后，中国的安全政策更为全面和成熟。对外提出"睦邻"、"富邻"和"安邻"的周边政策与建立"和谐世界"的主张，对内则以建立和谐社会为目标，解决多年积累的矛盾，推进经济社会的全面发展，实现国家的长治久安。

1. 以新安全观为指导，加强国际安全和交流合作，为国家安全争取良好的外部环境

中国根据国际形势和营造良好安全环境的需要，于1997年提出树立"新安全观"的主张。"新安全观"是与冷战思维为特征的对抗型安全观、集团安全观、单边安全和绝对安全观等"零和"安全观相对而言的，其核心思想是互信、互利、平等、协作。摒弃意识形态偏见，摒弃冷战思维和强权心态，增加互信；互相尊重对方的安全利益，达到共同安全；国家不分大小、贫富、强弱，都是国际社会平等的一员，反对霸权主义和强权政治，反对干涉别国内政，就共同关心的问题进行广泛深入的合作，消除隐患，防止战争和冲突发生。在"新安全观"指导下，中国与有关国家倡导的安全模式走上了机制化轨道。上海合作组织就是这种观念的实践，树立了新时期区域合作的典范。中国与东盟的对话合作机制也日益成熟，在维护地区稳定、促进共同发展方面发挥了重要作用。

2. 奉行防御性国防政策

中国的国防，是维护国家安全统一、确保实现全面建设小康社会目标的重要保障。新世纪新阶段，中国的国防政策主要包括以下内容：①维护国家安全统一，保障国家发展利益。防备和抵抗侵略，确保国家领海、海空和边境不受侵略。反对和遏制"台独"分裂势力及活动，防范和打击一切形式的恐怖主义、分裂主义和极端主义。军队坚持履行新世纪新阶段的历史使命，不断提高应对多种安全威胁、完成多样化任务的能力，确保在各种复杂形势下有效应对危机，维护和平，遏制战争和打赢战争。②实现国防和军队建设全面协调可持续发展。坚持国防建设和经济建设协调发展的方针，科学统筹中国特色军事变革和

军事斗争准备、机械化建设与信息化建设、诸军兵种作战力量建设、当前建设和长远建设、主要战略方向与其他战略方向建设，深化改革，不断创新，提高军队现代化建设效益。③加强以信息化为主要标志的军队质量建设。④贯彻积极防御的军事战略方针。⑤坚持自卫防御的核战略。⑥营造有利于国家和平发展的安全环境。

3. 高度重视非传统安全问题，提高国家总体安全水平

随着发展水平的提高和更深地融入国际安全，经济安全、信息安全等问题日益突出，对国家安全的影响日益增大。同时，民族分裂势力、宗教极端势力和恐怖势力兴风作浪，对中国西部安全构成威胁。中国针对市场经济条件下经济风险增大的实际，已经采取了相应措施，保证经济平衡，快速发展。与有关国家合作，坚决打击"三股势力"，打击贩毒、走私、拐卖人口等跨国犯罪行为。

4. 努力促进和谐发展，保持社会稳定和国家安定

当前，中国正经历着一场前所未有的社会转型，新旧体制的衔接和转换，必然带来一系列问题。在经济发展方面，经济结构不合理，市场经济体制不完善，经济增长方式仍然呈现明显的粗放型特征，地区之间和部分社会成员收入差距扩大，经济对外依存过大，能源安全面临巨大挑战。在社会稳定方面，由于国民收入分配格局不合理，社会保障体系比较脆弱，下岗职工再就业问题没有彻底解决，进城务工农民生活没有得到有效保障。在思想文化方面，马克思主义意识形态受到冲击，社会主义信仰淡化，价值取向多元化，主流文化和优秀传统道德的影响下降。西方敌对势力"西化"和"分化"的威胁加剧，美国等西方国家借经济全球化浪潮，不断向中国施加政治压力，输出西方价值观，利用一些非政府组织向中国渗透，企图从中国内部演变社会主义制度。堡垒往往是内部攻破的，这一系列内部问题如不能及时有效处理，将对国家安全构成重大威胁。中国共产党和中国政府对此高度重视，正以科学发展观统领国家经济社会发展全局，妥善解决存在的各种问题，实现经济社会协调发展，努力建立社会主义和谐社会，推动建设持久和平、共同繁荣的和谐世界。

思考题

1. 简述国际战略环境的基本要素。
2. 当前国际战略格局中的大国关系如何？
3. 简述中国周边概况。
4. 试分析影响我国周边安全的主要因素有哪些。
5. 简述中国的国家安全政策。

第四章 军事高技术

第一节 军事高技术

当今科技飞速发展,高技术武器装备对战争起到非常大的作用。海湾战争中,美国动用了12类50多颗各种军用和商用卫星构成战略侦察网,为多国部队提供了70%的战略情报;作战投掷的8万多吨弹药中,精确制导武器仅占总投弹量的7%,但命中率却高达90%;多国部队尤其是美军使用的高技术兵器几乎包括陆海空的各个方面,其中主要有军用卫星、全球定位系统、精确制导弹药、夜视器材、新型坦克、隐形飞机、巡航导弹、防空导弹系统、电子战武器、军用计算机、C3I系统等等。这些军事高科技武器装备对于现代的战争起到至关重要的作用。

科学技术的发展特别是军事高技术的发展正在军事领域引发一场深刻的变革。从20世纪80年代以来发生的屡次局部战争,特别是20世纪末发生的科索沃战争中,人们可以看出:现代战争已在很大程度上表现为高技术的较量,谁拥有军事高技术,谁就能够在战争中占据更大的主动权,现代战争已进入高技术时代。

一、军事高技术的概念

高技术是指以当代科学最新成就为基础的,处于科学技术发展前沿的,对提高生产力、促进社会文明、增强综合国力起先导作用的技术群。军事高技术是指应用于军事领域或直接从军事领域中产生的高技术。一般认为,军事高技术是建立在现代科学技术的基础之上,处于当代科学技术前沿,对国防科技和武器装备发展起巨大推动作用的那部分高技术的总称。

二、军事高技术的分类

(一)从基础技术领域的角度分类

1. 军事信息技术

信息技术主要指信息的获取、传递、处理等技术,它是高技术的先导。信息技术以微电子技术为基础,主要包括微电子、光电子、计算机、自动化、卫星通信和激光、光纤通信技术等。几乎所有的高技术武器装备系统都与信息技术有关。

2. 军用新材料技术

军用新材料技术是发展高技术武器装备的物质基础，也是当今世界军事领域的关键技术，主要包括信息材料、能源材料、新型结构材料和功能材料等。

3. 军用新能源技术

所谓"新能源"，是指以前未被人类大规模利用，有待于进一步研究试验和开发利用的能源。新能源技术，主要包括核能、太阳能、风能、地热能、海洋能和生物能技术等。新能源技术在军事上的应用使武器装备发生新的飞跃。如利用铀、钚等原子核的裂变链式反应原理，利用氘、氚等轻原子核的聚变反应原理而制成原子弹、氢弹等核武器；使用核反应堆作为舰艇的最佳动力源、使用氢燃料作为航天器的推进剂等。

4. 军用生物技术

生物技术主要包括基因工程（又称遗传工程）、细胞工程、酶工程和发酵工程技术等，它已成为21世纪的核心技术。军用生物技术除了人们已知的基因武器外，还包括生物电子装备、生物炸弹、军用仿生导航系统、军用生物传感器、军用生物能源、军用生物装具、军用生物医药、军用仿生动力、军用动物武器、神经网络计算机、军用生物材料等。

5. 军事海洋技术

海洋技术主要包括海洋及其周围环境（海洋大气、海岸、海底）的资源开发和空间利用等技术。现代科学技术的迅速发展，为军事海洋技术的研究开拓了新的途径。海洋卫星、遥测、遥感、激光、光纤、水下电视、旁侧声纳、深潜器、饱和潜水等新技术在海洋开发中的应用，对海洋现象的认识将不断深化。未来军事海洋技术的研究将逐步趋于远洋、深海，并重点加强水声技术和海底军事利用等的研究。

6. 军事航天技术

军事航天技术即通过将航天器送入太空以完成侦察、摧毁、通信、导航、气象测报、军事指挥和武器研制等项军事任务的综合性工程技术。军事航天技术主要包括航天发射运输技术、航天器技术和航天测控技术等。

7. 军事纳米技术

纳米技术是指研究电子、原子、分子在0.1～100纳米尺度空间内内在运动规律、内在运动特性，并利用这些特性制造具有特定功能设备的高技术。目前各军事大国相继制定了军事纳米技术开发计划，诸如利用纳米技术研制新型导航与制导系统、新概念太阳能光电转换器件，以加速武器装备小型化、信息化和一体化进程；研制性能独特的纳米隐身材料，促进隐身兵器的发展；开发专用集成微型仪器，制造尺寸缩小到最低限度的纳米卫星，等等。

（二）按照军事高技术在战场中的功效分类

1. 精确制导技术

精确制导技术是采用导引和控制的方法，调整受控对象的运行轨迹，使其命中目标的概率超过50％的技术。精确制导技术主要应用于精确制导武器或无人驾驶的作战平台。

2. 隐身伪装技术

隐身技术即低可探测技术或目标特征控制技术，它通过改变目标的可探测信息特征使其难以被发现或被发现的距离缩短。主要应用于飞机、导弹、舰船、坦克等突击兵器上。从广义上说，伪装技术包含隐身技术但涉及的面更为宽泛，可归纳为"隐真示假"四个字。

3. 侦察监视技术

侦察监视技术是使用探测器接受目标发射、反射的电磁波等目标特征信息并通过对其处理进而发现、区分、识别、定位、监视和跟踪目标的技术。其技术设施可以使用在各种作战平台上。

4. 电子对抗技术

电子对抗技术，即指利用电子设备、武器、器材破坏敌方电子设备的效能，同时保护己方电子设备运行的综合性技术，可包括雷达对抗、无线电通信对抗、光电子对抗、水声对抗以及网络电子对抗等方面。

5. 指挥控制技术

指挥控制技术是一门以信息技术为基础、以提高战争运作效率为目的、以各主要军事技术的有机整合为内容的人－机系统工程技术，一般称为C4ISR。

另外，还有如核武器技术、生化武器技术、定向能武器技术、动能武器技术、次声武器技术、环境武器技术等和一些与传统的武器概念不同的新武器。

第二节 侦察与监视技术

"知彼知己、百战不殆"是军事家们恪守的格言。从近一、二十年发生的局部战争，特别是从海湾战争来看，侦察对于战前备战、战争中监视观察敌方活动、作战效果均是必不可少的。特别是海湾战争，各种高新技术的现代军事侦察和监视装备为战争的进程和胜负起了关键性的作用。

一、基本概念

现代侦察监视技术是指发现、识别、监视、跟踪目标并对目标进行定位所采用的技术。现代侦察监视的基本技术的原理是：利用多种媒介传感器，探测目标的红外线、光波、声波、应力（振动）波、无线电波等物理特征信息，从而发现目标并监视其行动。各种侦察监视器材装备搭载不同的作战平台，就形成了对战场侦察监视的不同手段。

二、侦察与对抗侦察技术

侦察监视技术有：①无线电侦察技术，②照相侦察技术，③雷达侦察技术，④传感器侦察技术，⑤其他侦察技术（如战场窃听、战场电视侦察）。

侦察监视手段有：①航天侦察，②航空侦察，③地面侦察，④海上侦察。

传统的对抗侦察监视技术主要是指无源干扰技术，它使用能反射电磁波和吸收电磁波的器材形成干扰。1973年，第四次中东战争中，当以色列的干扰机不足以对付埃及防空系统新频段、新体制的雷达和导弹系统时，美军为以军紧急空运了大量的金属箔条作为以色列的主要干扰手段，从而减少了飞机的损失。1991年海湾战争中，拥有强大电子技术优势的美军在突防过程中，仍然采用了干扰丝，从而有效地实现了飞机机群的突防。可见，传统技术在高技术林立的现代战场上仍有广阔的用武之地。使用无源干扰投放设备，在目标上空撒布金属箔条、气溶胶等，形成反红外、反雷达、反可见光干扰云带或云团，便可使敌无法对我目标实施准确的侦察监视。

此外，要有效地对抗敌电子侦察监视，还需隐真示假，造成敌方信息污染，使敌判断失误。1968年，苏军大批空运部队避开美国和北约军事集团大量雷达站、电子侦察站等先进侦察监视系统，仅用22小时便占领了捷克斯洛伐克。在这次军事行动中，苏军利用飞机发动机、火箭喷气发动机将金属微粒的气悬体喷出，在空中形成了一道能反射雷达波的"屏障"，雷达波探测到这片"屏障"后，在荧光屏上显示出一大片亮斑，从而掩盖了其在空中飞行的飞机。另外，利用激光诱饵、红外诱饵等实施假目标干扰，也可对敌实施欺骗。越南战场上，美国曾发射红外诱饵弹对越军"萨姆－7"红外制导导弹实施干扰，眼看导弹在飞向美机时却又很快改变方向打了"空炮"。在战场上，这些传统技术简便易行，灵活使用将有效对抗敌侦察监视和精确打击。

在北约空袭南联盟的79天中，北约派出了世界上一流的侦察系统。共出动4万架次飞机，投下了成千上万吨的炸药，但塞军仅损失了其300辆坦克中的13辆。这不能不算奇迹。北约几乎动用了世界上最先进的精确制导武器，其误差可谓微乎其微，但战果何以如此，原来是南联盟透过北约强大的外表，看到了其薄弱的实质：武器先进，但辨假率低；精确制导，但不能抵近观测。遂决定隐真示假，以假乱真。一时间，假炮、假桥、假飞机、假坦克遍设。南联盟的成功给我们一个深刻启示，在高技术条件下，发展中国家对抗敌侦察监视系统，只要方法得当，以低制高是办得到的。

传统技术极大地丰富了对抗敌侦察监视系统的内容。招数虽"土"，但效果不俗。随着科学技术的发展，传统的防侦察监视技术也产生了飞跃，其内容也变得越来越丰富。懂得和掌握各种侦察监视原理、工作性能、使用范围、使用方法等，运用传统技术仍可以奇法迭出，妙方无穷，从而取得对抗敌侦察监视技术的胜利。

在侦察活动中，美国空军常态化使用无人机，目前美国无人机主要包括三种：较大型的 RQ-4"全球鹰"无人机，主要进行战略侦察任务；中型的 MQ-9"死神"无人机和小型的"捕食者"无人机，则能完成"察打一体"任务。

其中"死神"和"捕食者"最为活跃，它们对机场设施要求较少，而控制系统位于美国本土，美国可以方便地利用 C-17 将它们部署到前沿基地。在空袭利比亚的行动后期，美国也向利比亚派遣"捕食者"无人机。相比之下，"全球鹰"的部署对基地要求较高，目前它的主要部署地仍然是亚太地区，除本土以外，美国主要将"全球鹰"部署在关岛的安德森基地。"全球鹰"的最远航程超过 2 万千米，甚至还可以自主空中加油，此前的洲际飞行证明它的滞空时间超过 30 小时，机上携带高端的侦察装备，即便在关岛部署，它也完全可以飞抵亚洲大陆东岸进行长时间侦察监视。

尽管目前美国已构建庞大而完善的太空侦察卫星网络，但利用无人机实施侦察仍然不可或缺。利用卫星实施侦察最大的问题就是灵活性很差，它只能在相对固定的轨道上以一定周期对相对固定的区域实施过顶侦察，而对方可以根据侦察卫星的运行周期采取隐蔽和伪装行动。相比之下，无人机实施侦察的灵活性非常高，它能按需求前往战区，甚至可以在目标上空进行长时间的视频监视，这也是卫星无法做到的。此外，由于无人机可以更靠近目标，因此能获得分辨率更高的图像，也能够捕捉到更细微的无线电信号。不过"全球鹰"、"捕食者"和"死神"都没有隐形能力，靠近对手防空领域时容易遭受攻击。

《纽约时报》称，在轨的监视卫星一次观察目标的时间只能持续几分钟，而无人机能够监视几小时，连续发出目标附近人员活动的图像，这种"现场直播"能够提供更有价值的信息。美国"全球安全"网站负责人约翰·派克说："这就像监视黑手党的俱乐部，如果我只是想寻找具体目标，有卫星就足够了。但如果我想看那些人全天都在干什么，那么无人机的优势更大。"报道还说，除视频相机外，无人机通常还会携带通信截获装备，并且能够发现微量放射性同位素以及其他核材料的装备，具备更广泛用途。

第三节 伪装与隐身技术

随着电子信息技术高速发展及其在军事领域中的广泛应用，战场军事侦察的技术手段已经实现了高技术化。精确制导武器的广泛应用，意味着战场目标"发现即可命中"，这就促使了反侦察技术的发展。现代战争中，伪装和隐身技术作为高技术反侦察手段已成为战场重要组成部分。

一、伪装技术概述

实际上伪装术在自然界也常可见到，如活动在冰天雪地中全身白毛的北极熊、趴伏在树上形似嫩枝的杆状昆虫、游动在草丛中的青蛇、随时改变保护色的变色龙、飞舞在花圃中的彩蝶等。不过，这些都是出自动物本能的伪装术。

伪装技术是为了隐蔽自己和欺骗、迷惑敌人所采取各种隐真示假的技术措施，是军队战斗保障的一项重要内容。

二、伪装技术的发展趋势

在古代战争中，曾有许多实施伪装的成功战例，如我国春秋时期的平阴之战、战国时期的即墨之战。伪装自古就为兵家所重视，《孙子兵法》中就指出："兵者，诡道也。故能而示之不能，用而示之不用，近而示之远，远而示之近。"这是关于在战争中如何运用伪装的最早论述。

在第一次世界大战之前，人们探测目标靠的是眼睛和可见光设备。探测能力依赖于目标的尺寸、色彩、光泽及其背景的对比度。伪装术是这一时期出现的一种反目视探测技术，也可说是早期最简单的伪装术。伪装术有天然伪装和人为伪装两种：天然伪装主要利用地形、地物、气象等自然条件进行伪装；人工伪装主要用迷彩、烟幕、灯火、音响等设置遮障，构筑假目标、假工事、假阵地等进行伪装。

到了近现代，伪装得到进一步的广泛运用，成为保障军队作战必不可少的战斗措施。在第二次世界大战的诺曼底登陆战中，在朝鲜战争中，在第四次中东战争、马岛战争、海湾战争、科索沃战争等高技术战争中，伪装在新的技术基础上得到广泛运用，所采用的隐蔽、佯动、设置假目标、施放烟幕和兵器隐身等技术措施，发挥了很大作用。以军用航空来说，人们为了减小飞机的可探测性，在飞机上使用迷彩涂料，即在漆料中调以颜料，用色彩和表面花纹，使飞机反射光线的强度和色彩与背景相同。例如，为了不使地面的敌人仰视看清飞机，在飞机底部涂成较淡的蓝灰色，且无光泽，使飞机与天空背景的色彩、光泽相近。

三、隐身技术概述

隐身技术又称隐形技术或低可探测技术，是改变武器装备等目标的可探测信息特征，使敌方探测系统不易发现或发现距离缩短的综合性技术。隐身技术是传统伪装技术的一种应用和延伸，是现代内装式伪装的典型代表。

"隐身"这一术语对多数人来说并不陌生。人们早就从古典神话小说中熟知

"隐身法"、"隐形人"之类的故事。这些神话故事从古到今不知吸引了多少人。当然，在现实生活中并不存在这样虚幻的事例。但是，隐身技术与神话小说中所谓的"隐身法"有本质的区别：它不是神话，而是一种综合运用电磁学、光学、声学、材料学等科学理论和技术成果的科学技术。从广义上说，隐身技术是一种研究如何减小目标的可探测性，使目标不易被探测器发现的技术。因此，从这个含义上说，隐身技术是人们在长期的探测和反探测斗争中，不断探索逐步发展起来的一种反探测技术。

四、隐身技术的发展趋势

现代隐身技术首先应用于航空领域，在21世纪30年代初，随着无线电技术特别是雷达的问世，最早的"隐身"材料也出现了，如荷兰科学家研制的雷达用吸波材料，以及日本人开发的铁氧体材－硅钢片。雷达是一种利用无线电波发现目标并测定其位置的装置。其简单工作原理是：由雷达发射装置发出无线电波束（脉冲无线电波束和连续无线电波束）；碰到目标后，其中的一小部分波束就反射到雷达接收装置，由此来测定目标的距离、方位和高度等参数。雷达的问世，使人类的探测技术和能力跨上了新的台阶；同时，也向反探测技术提出了新的挑战。

二战期间，美国及纳粹德国，开始研制新型吸波材料，并在飞机和舰艇上使用，使敌方雷达的探测距离大大缩短。

20世纪50年代，为了获取情报而又能隐蔽飞行，美军在侦察飞机上涂上了吸波材料，以减弱电磁波反射强度。以后，又采用了更先进的隐身吸波涂层，使其防雷达探测性能有很大提高。在越南战争中，美军还使用了一种采用红外特征减弱措施的武装直升机，从而大幅度降低了苏制红外制导地空导弹的命中率。

随着高技术侦察器材的广泛运用，隐身技术的发展进入了一个新的发展阶段。以美国为首的发达国家竞相开展隐身技术的开发研制工作。20世纪80年代以来，美国的多种隐身作战飞机开始装备部队，并在局部战争中发挥了令人瞠目的巨大作用。

五、隐身技术原理

隐身技术的一项主要工作是提高反雷达探测的能力，也就是提高目标在雷达探测下的隐身性能，通常用目标的雷达散射截面（RCS）表示。所谓目标的雷达散射截面，是指目标被雷达发射的电磁波射中时，其反射电磁波能量的程度。雷达散射截面的大小，反映了目标反射电磁波能量的强弱：其越小，雷达就越不易探测到目标。在无人机上，常从以下几方面来减小RCS：

1. 采用复合材料

雷达发射的电磁波碰到金属材料（如铝合金蒙皮）时，由于它是电导体，在金属材料中易感应生成相同频率的电磁流。电磁流的流动，会建立起电磁场，向雷达二次辐射能量。复合材料是由一些非金属材料（如碳）和绝缘材料（如环氧树脂）组成的，其电导率要比金属材料低得多。因此，当雷达发射的电磁波碰到复合材料时，难以感应生成电磁流和建立起电磁场，所以向雷达二次辐射能量会少得多。无人机的尺寸要比有人飞机小得多，大多数无人机的最大尺寸在5米以下，因此，在其机体上，部分或大部分使用复合材料比有人飞机要容易实现。采用复合材料就成了无人机最普遍使用的隐身措施。无人机上采用的复合材料主要有：玻璃纤维加强合成树脂、石墨与环氧树脂、以芳纶纤维为基础的凯芙拉、雷达吸波材料。

雷达吸波材料是一种多层结构形成的材料。它至少有三层：最外层是透波层；中间层（蜂窝芯或泡沫芯）是电磁波损耗层；最内层是基板，具有反射抵消雷达波的特性。当雷达能量辐射到此材料结构上时，就会被大量吸收和抵消。无人机常用的吸波结构材料有：聚氨基甲酸酯泡沫芯和芳纶－环氧树脂蒙皮、聚苯乙烯泡沫芯和胶合板（尼龙）蒙皮或碳纤维蒙皮、Nomex 蜂窝芯和芳纶蒙皮、玻璃纤维蜂窝芯和石墨复合蒙皮。

2. 避免使用大而平的垂直面

当雷达的无线电波射入两个互相垂直面中的任一个面时，由于无线电波的"镜面反射"效应，就会形成二次"反弹"，最后以与入射波束相同的方向反射波束到雷达。无人机的立尾与水平尾翼、机翼上的垂直安定面、机翼下挂架、翼身连接处等都会形成强烈的雷达反射区域。为减小 RCS，在无人机上采用内倾的双立尾、翼端（或翼上）安定面、机身侧边等构型。

3. 采用光洁平滑的外形

无人机在雷达探测下，其蒙皮上生成电磁流。当这些电磁流流动到不连续处时，就被"耗散"或者辐射电磁能，而其中一部分电磁能就会反射回雷达。因此，无人机形状轮廓等剧变状况，或是尖削的翼后缘与翼尖、操纵面以及机体连接处等的不连续性，都会使其成为雷达能量的良好散射体。当不连续处垂直于雷达波束时，这种效应最强。

基于上述原因，无人机在外形上采用机翼、机身、尾翼和短舱连接处光滑地过渡，或机翼与机身高度融合的构型。机翼为下单翼时，采用平整的翼身组合下侧面、平滑的曲面外形、后掠的机翼后缘和尾翼后缘。

4. 注意凹状结构的隐身

凹状结构具有角反射器的特性。角反射器是由三个互成 90°的表面角连接而成的。当雷达的无线电波射入这三个表面中的任一表面时，可能形成三次"反弹"，从而在宽的视界角范围内返回强的电磁波能量到雷达。发动机进气道、尾喷管、排气口等都可看作凹状结构，具有较大的雷达信号特征（对发动机尾喷管来说还有红外辐射特征),因此对这类凹状结构应采取隐身措施。

一般采用的隐身方法有:

(1)遮蔽法。这种方法是利用机体的某一部分遮蔽发动机的进气道或尾喷口,以减小雷达探测的视角范围。例如,将发动机装在机身背上,由机身挡住发动机进气道和尾喷口,以免上视雷达探测;把发动机装于机身中,发动机进气口设在机身顶上或机翼上方的机身两侧,由机身或机翼挡住进气口,以免上视雷达探测。

(2)进气道上装屏蔽罩。例如,在进气口上装金属丝网屏避罩,可抑制长波雷达探测。

(3)进气道上采用高吸收率综合保护层结构。

5．反红外(热)探测

隐身技术的另一项重要工作是提高反红外(热)探测的能力,也就是减小目标的红外(热)信号特征。发动机的尾喷管或排气口是红外探测器的主要红外(热)源。因此,减小无人机的红外(热)信号特征,主要是要减小发动机尾喷管或排气口的红外(热)辐射。

六、无人飞机

美国是世界上最早把隐身技术用于无人机的国家。早在1960年初,美国就在Q-2无人机上部分地采用了隐身技术,其隐身特征是:用金属丝网罩住发动机进气道;在机身两侧贴敷雷达吸波材料覆盖层;机头涂不导电的油漆。自此以后,便有越来越多的无人机采用隐身技术。除美国之外其他一些国家也开始研制生产这类无人机。根据隐身要求、方法和程度的不同,无人机隐身可以分为部分隐身和全面隐身两种。

1．全面隐身（或隐身程度高）的无人机

蒂尔Ⅲ-"暗星":美国1996年3月首次试飞成功的最新隐身无人机,同年4月第二次试飞失败。该机的隐身特征是:无尾式翼身融合体构型;机体用复合材料制造;用全胶接方式连接;涡轮风扇发动机装在机身内,其进气口在机头上方;机体下涂黑色涂料。

D-21/GTD-21B:美国20世纪60年代中后期开始生产、改进的高空超音速无人侦察机。其隐身特征是:翼身融合体构型;冲压发动机装在机身中,有延长的尾喷管;机体中大量采用复合材料;于机翼和机身中部上下表面大面积敷设雷达吸波材料覆盖层。

"苍鹰"(YMQM-105):美国20世纪70年代中期开始研制,后经10多年改进研制的小型战术无人机。此机隐身特征为:无尾式翼身融合体构型;机体用复合材料制造;活塞式发动机的废气向上排出;木质推进式螺旋桨的周围有环形罩。

262型：美国1977年生产的小型战术无人机。该机的隐身特征是：光滑的三角形飞翼式机体；涵道式螺旋桨，其后两侧有内倾的安定面；机体以复合材料为主制成。

2．部分隐身的无人机

154型（AQM-91A）：美国20世纪60年代中后期开始研制的高空无人侦察机。其隐身特征为：涡喷发动机装在机身背部发动机舱内；两个立尾向里倾斜，机身两侧面向里倾斜；机身底部平坦，翼身组合的下侧面平整；大展弦比机翼大部分蒙皮用塑料制成。

YQM-98：美国20世纪70年代初期研制的长航时无人机。其隐身特征为：涡扇发动机装在机背发动机舱中；平坦的机身底部和平整的翼身组合下侧面；机身两侧内倾；机翼大部分用复合材料。

"稳眼"Mk4：英国20世纪80年代中期研制的小型无人侦察机。其隐身特征为：机身横截面呈近似三角形，底边平宽，两侧向里倾斜，平整的翼身组合下侧面；水平尾翼上的两个立尾向里倾斜；活塞发动机进气道设在机翼上方的机身两侧；机身采用玻璃钢蜂窝结构，机翼与尾翼由泡沫塑料芯和非金属蒙皮制成。

CL-227"哨兵"：加拿大20世纪70年代中期开始研制，于80年代后期研制成功的旋翼式无人机。该机的隐身特征是：外形像花生，表面光滑，曲率变化平缓；机体用复合材料和雷达吸波材料制造；两个共轴反向旋翼用芳纶制造；上机身内装涡轮轴发动机，中机身上装两个旋翼，其旋转时的下洗气流可将发动机的废气冲淡。

第四节 电子对抗

第一次电子对抗发生在日俄海战的时候，即清朝甲午战争不久后，日本和俄罗斯又打了一次海战。日本的侦查舰发送关于俄军军舰的情报，这时正好俄罗斯有艘军舰也在发电报，两个电报用了同一个频道，双方都受到了干扰，因此日本没能及时地将情报发给舰队。这是一次巧合，俄罗斯的发报员并不知道自己干了什么事情。这是人类历史上第一次电子对抗。

一、电子对抗概述

第一次世界大战中，在地中海游弋的英国"格罗斯特"号巡洋舰发现了两艘德国巡洋舰后，用无线电向海军军部报告，企图调集舰只予以消灭。德国巡洋舰侦听到"格罗斯特"与英海军军部之间的无线电通信联系后，立即实施无线电噪声干扰，破坏了英舰的监视和跟踪，安全逃到土耳其水域。这是战争史上首次成功地运用电磁波干扰敌方通信，以电子干扰代替枪炮作战的电子斗争。第二次世界大战期间，雷达的广泛应用促进了电子对抗的发展。1943年6月，英军在空袭汉堡的战斗中首次使用箔条干扰物。1944年6月，英、美军队在法国诺曼底登陆战役中，综合运用了各种电子对抗手段，对顺利登陆起了重要作用。20世纪60年代以来，电子对抗技术，特别是机载电子干扰系统，在对付高空侦察飞机和干扰防空导弹制导系统方面已成为有效的战争手段。

在空中、海上、陆上作战之前和作战进行过程中，实施强大的电子进攻，摧毁敌"大脑神经网络"系统，让对方有眼不能看，有耳不能听，有嘴无法交流信息，有脑无法思考更不能指挥四肢动作，这时他虽然"身体"依然健壮，但已经成为一个"植物人"。在海湾战争空袭行动开始的前5小时，多国部队从陆地、空中联合对伊军雷达、侦听和通信等系统实施猛烈的电子干扰，致使伊军雷达迷茫，通信中断，制导失灵，指挥不畅，处于一片混乱之中。

现代战争打的是导弹战、立体战、电子战。在导弹战中，电子对抗可掩护己方导弹突防，提高突防成功率，同时可干扰敌方各种制导方式的导弹攻击，破坏、削弱和降低敌导弹的攻击效果。受到干扰的导弹犹如无头的苍蝇，毫无战斗力。在空间战中，电子对抗可有效破坏敌侦察卫星、通信卫星、导航定位卫星的工作效能，进而影响联合作战的整体效能，是夺取太空"制高点"的重要"撒手锏"。

电子对抗拉开现代战争的序幕并贯穿战争的始终，形成了信息化战场上以夺取制电磁权进而夺取制信息权为目的的"无线战线"，并深刻地影响着以火力战为主的"有形战线"的作战效能。

电子对抗部队是担负电子对抗侦察和电子干扰任务的专业部（分）队、无线电对抗部（分）队等。电子对抗部队是陆军中的新兵种，主要在电磁频谱领域与敌人进行较量，通过搜索、截获敌方电子设备的信号，查明其有关技术参数和部署，以干扰敌方设备的正常工作，使其指挥系统失灵、兵器失控，等等。

二、电子对抗技术

1. 电子对抗侦察

电子对抗侦察又称电子支援措施，是用高灵敏度的探测系统搜索和截获敌方电磁辐射信号或声呐信号，经过分析、定位和识别获取敌方电子设备的技术参数和位置等情报，为实施电子干扰、电子防御和摧毁辐射源提供支援。

警戒接收系统是一种功能有限的电子对抗侦察系统。它在不太宽的频谱范围内搜索信号，并在运载器受到特定的雷达波照射且信号强度超过预定的电平阈值时告警。飞机、舰艇、坦克和车辆等各种运载器都可以携带警戒接收系统。

电子侦察卫星能进行全球性电子侦察。它具有覆盖面积大、侦察距离远的优点。当卫星飞到敌方照射区时，卫星上的定向探测系统在全频段上收集电磁辐射信号，经预处理后作短期存贮。当卫星转回己方照射区时，卫星上的遥测系统快速地将存贮数据发回地面；地面及时分析，提取特征信号，确定敌方电子设备的技术参数。卫星飞经每个照射区的时间是准确已知的，根据探测系统接收到信号的时间可以推算出地面电子设备的位置。

2. 电子干扰

电子干扰是为了削弱或破坏敌方电子设备效能而采取的电子技术措施。这种技术人为地辐射和转发电磁波或声波，制造假回波或吸收电磁波，以达到扰乱或欺骗对方电子设备，使其失效或降低效能。电子干扰按是否辐射能量可分为有源干扰和无源干扰；按干扰效果可分为杂波干扰和欺骗干扰。新式电子干扰系统均兼有杂波干扰和欺骗干扰两种工作状态，以造成恶劣的环境和虚假的多目标。干扰设备种类繁多。有源干扰有瞄准式、杂波－阻塞式、回答式和投掷式（辐射电磁波或红外线）。无源干扰包括无源诱饵和干扰物（反射材料）投放器。干扰物除箔条外，还有敷金属气悬体、激光干扰气悬体和空气电离气溶胶等。20世纪70年代以来，旨在降低飞机雷达散射截面和红外辐射强度的隐身技术有了新的突破。它能使敌方雷达（包括热雷达）的探测距离缩短一半或更多。

3. 电子防御

电子防御即为了保护己方电子设备免受敌方侦察、干扰、定位和摧毁所采取的各种电子技术措施。这些措施可归纳为：①扩展频谱技术：利用扩频技术对自己的电子设备进行波形设计。调制的结果产生宽带低功率密度的伪噪声发射波形，它不易被敌方电子对抗侦察系统识别，只有通过对本机产生的复制信号进行相关处理，才能解调输出。②自适应天线技术：自适应地控制天线方向图，使其主波瓣指向所需信号，而将方向图的零值点对准各干扰源方向。③电子防御还有一些其他新的体制，如双基地雷达体制等。

4. 机载自卫系统

机载自卫系统是兼有机载警戒和干扰功能的综合电子战系统。现代战斗机和轰炸机用它挫败敌方电子设备，突破敌方防御。它包含如下各主要设备：电磁波和红外线警戒接收机，各种噪声调制的干扰源，能实行距离、角度与速度欺骗的转发器，箔条和红外诱饵弹的投放器。全部警戒和干扰设备通过计算机组成程序可控的综合系统。它按威胁的严重程度排列顺序，适时地投放诱饵弹，选择最佳的干扰模式，分配干扰功率，引导干扰频率和瞄准干扰方向。它同时还监视威胁信号的变化，鉴定干扰效果，自适应地调整干扰模式。自卫系统还兼有为发射反辐射导弹提供目标参数的功能。

5. 弹载突防系统

弹载突防系统即采用干扰、欺骗和隐蔽等多种手段的综合电子系统。弹道导弹为突破敌方反弹道导弹防御系统，在外层空间可按程序连续地投放箔条，形成干扰走廊；还可投放充气金属化气球，造成虚假多目标，使反弹道导弹防御系统饱和。弹体碎块和贮箱也能构成假目标。再入大气层后，原先施放的箔条和气球会受大气过滤、摩擦和烧毁，这时可向弹头前方发射小型火箭作为诱饵。诱饵自备能源，能辐射电磁波和红外线，也可从再入体中施放系链式干扰物或再生干扰物。此外，弹头本体也采用隐身技术，例如改进外形，涂以吸波材料，以及控制弹头姿态使其始终指向防御雷达站等，以减小雷达散射截面。

三、电子对抗技术的发展趋势

20世纪80年代初，美军提出了研制AGM-136A"默虹"的计划。"默虹"实际上是弹长为2.54米、翼展为1.56米的巡航式导弹，也称反辐射无人机。它是自主式空地反辐射武器，具有发射后巡航时间长的重要特点。它在检测到目标信号之前，将按预编程序航线飞行，只要对方雷达开机，它就能立即对其实施攻击，使敌雷达在较长时间内不敢开机探测目标。

当前，电子战与电子战技术发展趋势主要表现在：

（1）C3I对抗与反对抗，这是电子对抗发展的重点。C3I即军队指挥自动化系统，这是国家和军队威慑力量的重要组成部分，是现代化军队的神经中枢。一旦C3I系统的生存受到威胁，其后果不堪设想。因此，在未来战争中，保护己方C3I系统，削弱、破坏敌方C3I系统，打乱其神经中枢，迫使其不能对部队实施有效的指挥和控制，已成为电子对抗的中心任务。

（2）隐形与反隐形技术，这是电子对抗技术发展的新领域。隐形技术是电子对抗的产物，当前隐形技术的应用已有了突破性进展，预计未来10年服役的新一代轰炸机、战斗机、预警机、水面水下舰船、地面战车等，将大都具有隐形能力。

第五节 航天技术

1957年10月，世界上第一颗人造地球卫星Sputnik 1在苏联发射成功，开创了人类航天新纪元，宇宙空间开始成为人类活动的新疆域，并且将这一年定为第一个国际空间年。半个世纪以来，航天技术已经在世界范围内取得了巨大的进展，航天技术已经广泛应用于科学活动、军事活动、国民经济和社会生活的许多部门，产生了极其重大而深远的影响。

一、航天技术概述

航天技术又称空间技术，是一项探索、开发和利用太空以及地球以外天体的综合性工程技术，是为航空航天活动的顺利进行而创立的一系列高级复杂的施工作业程序。它涉及人力资源配置、设备仪器搭配与安装使用等艰深的学术作业，是国家、民族乃至整个人类发展的高度追求。它是一个国家现代技术综合发展水平的重要标志。军事航天技术，是把航天技术应用于军事领域，为军事目的进入太空和开发利用太空的一门综合性工程技术。

航空航天技术使人类文明进入三维时代。航空是大气层内的飞行活动，航天是穿越大气层的飞行活动。

（一）航空技术

航空的基础理论是空气动力学。航空技术是综合高技术，在理论和设计的基础上，材料技术是关键，电子技术是灵魂。

航空指飞行器在地球大气层内的航行活动。气球、飞艇是利用空气的浮力在大气层内飞行，飞机则是利用与空气相互作用产生的空气动力在大气层内飞行。飞机上的发动机依靠飞机携带的燃料（汽油）和大气中的氧气工作。

（二）航天技术

航天技术是探索、开发和利用宇宙空间的技术。它是一门高度综合性的科学技术，涉及各类航天飞行器的设计、制造、发射和应用。载人航天是航天技术的最前沿。

科学家曾把航天器在太阳系内的航行活动称为航天，航天器在太阳系外的航行活动称为航宇，现在则把航天器在太阳系内和太阳系外的航行活动统称为航天。航天活动的目的是探索、开发和利用太空与天体，为人类服务。航天的基本条件是航天器必须达到足够的速度，摆脱地球或太阳的引力。第一、第二、第三宇宙速度是航天所需的特征速度。

按航天器探索、开发和利用的对象划分，航天包括环绕地球的运行、飞往月球的航行、飞往行星及其卫星的航行、星际航行（行星际航行、恒星际航行）。按航天器与探索、开发和利用对象的关系或位置划分，航天飞行方式包括飞越（从天体近旁飞过）、绕飞（环绕天体飞行）、着陆（降落在天体上面）、返回（脱离天体、重返地球）。

执行军事任务（具有军事目的）的航天活动，称为军用航天；执行科学研究、经济开发、工业生产等民用任务（具有非军事目的）的航天活动，称为民用航天；执行商业合同任务（以营利为目的）的航天活动，成为商业航天。有人驾驶航天器的航天活动，称为载人航天；没有人驾驶航天器的航天活动，称为不载人航天。

二、中国航天

2011 年是中国目前航天发射次数最多的一年，多次任务交叉并行，高密度发射已成为常态，全年19次航天发射任务的实施，特别是天宫一号目标飞行器与神舟八号飞船交会对接圆满成功，表明中国航天产品研发水平进一步提升，航天发射和测控能力显著增强，中国航天事业已进入稳步、快速发展时期。

（一）中国航天史

20世纪50年代，新中国百废待兴。党中央、国务院、中央军委从国家长远发展战略考虑，毅然作出了"两弹为主、导弹第一"的决策。1956年10月8日，国防部第五研究院诞生，拉开了中国航天事业发展的序幕。1958年5月17日，毛泽东主席在中共八届二次会议上发出了"我们也要搞人造卫星"的伟大号召，成立了专门研究人造卫星的581组。"两弹一星（导弹、原子弹和人造地球卫星）"的重大决策迈出了航天事业创建的第一步。

20世纪60年代中期，党中央又作出"八年四弹"的决策，使我国导弹火箭研制生产能力上了几个台阶，解决了我国战略导弹的有无问题，打破了核大国的垄断，增强了国防实力；20世纪70年代初，提出了以潜射固体火箭、静止轨道卫星和远程运载火箭为内容的"三抓"任务的重大决策，促使我国的战略核导弹和航天技术实现了跨越式发展。

20世纪80年代中期，"新三星一箭"重大决策，为航天科技服务于国民经济建设奠定了重要技术基础；20世纪90年代，我国实施载人航天工程；21世纪初，中央又实施了绕月探测工程重大决策，中国航天开始了深空探测的征程。

中国是第五个自行研制并发射卫星的国家，第三个掌握返回式卫星技术的国家，第三个独立研制发射极轨气象卫星的国家，第五个独立研制发射静止轨道卫星的国家，第三个掌握载人航天技术的国家，也是第五个进行探月飞行的国家。

经过50多年的发展，中国长征系列运载火箭已具备进入低、中、高等多种轨道的能力，低地球轨道运载能力可达9.5吨，地球同步转移轨道运载能力可达5.5吨，太阳同步轨道运载能力可达6.1吨，入轨精度达到国际先进水平，截至2012年6月，累计发射163次。

自1970年4月24日成功发射我国第一颗人造地球卫星——"东方红一号"以来，中国卫星的技术水平、应用水平以及长寿命、高可靠性逐步达到国际先进水平。中国航天科技集团公司研制并成功发射了八艘"神舟"号飞船和"嫦娥一号"月球探测器。

中国航天先后为国内外用户研制、交付各类卫星90余颗。从1990年成功发射"亚洲一号"卫星以来，长征系列运载火箭先后为国外和香港用户发射了35颗卫星。截至2011年12月底，长征火箭共进行过32次商业发射和6次搭载服务，早已成为国际市场上知名的高科技品牌。

（二）神舟五号

1999年11月20日至21日，中国载人航天工程第一艘"神舟"无人试验飞船飞行试验获得了圆满成功。2001年初至2002年底又相继研制并成功发射了"神舟"2～4号无人试验飞船，获得了宝贵的试验数据，为实施载人航天打下了坚实的基础。"神舟五号"飞船是在无人飞船基础上研制的我国第一艘载人飞船，于2003年10月15日将航天员杨利伟送入太空，在轨运行1天。整个飞行期间为航天员提供必要的生活和工作条件，同时将航天员的生理数据、电视图像发送地面，并确保航天员安全返回。

飞船由轨道舱、返回舱、推进舱和附加段组成，总长8860mm，总重7840kg。飞船的手动控制功能和环境控制与生命保障分系统为航天员的安全提供了保障。

飞船由"长征二号"F型运载火箭发射到近地点200km、远地点350km、倾角42.4°初始轨道，实施变轨后，进入343km的圆轨道。飞船环绕地球14圈后在预定地区着陆。

"神舟五号"飞船载人航天飞行实现了中华民族千年飞天的愿望，是中华民族智慧和精神的高度凝聚，是中国航天事业在新世纪的一座新的里程碑。

（三）神舟六号

"神舟六号"载人飞船是中国"神舟"飞船系列之一。"神舟六号"与"神舟五号"在外形上没有差别，仍为推进舱、返回舱、轨道舱的三舱结构，重量基本保持在8t左右，用"长征二号"F型运载火箭进行发射。它是中国第二艘搭载太空人的飞船，也是中国第一艘执行"多人多天"任务的载人飞船。

（四）神舟七号

"神舟七号"于2008年9月25日发射升空。飞船于2008年9月28日成功着陆于中国内蒙古四子王旗主着陆场，成功将翟志刚、刘伯明和景海鹏三位宇航员带回地球，"神舟七号"飞船共计飞行2天20小时27分钟。与"神舟五号"、"神舟六号"不同，"神舟七号"火箭在研制上的关键点是宇航服和气闸舱。

（五）神舟八号

"神舟八号"是中国神舟系列飞船的第八个，飞船为三舱结构，由轨道舱、返回舱和推进舱组成。飞船轨道舱前端安装自动式对接机构，具备自动和手动交会对接与分离功能。"神舟八号"为改进型飞船，全长9m，最大直径2.8m，起飞质量8082kg。"神舟八号"飞船在前期飞船的基础上，进行了较大的技术改进，全船一共有600多台套的设备，一半以上发生了技术状态的变化，在这中间，新研制的设备、新增加的设备就占了15%。它发射升空后，与"天宫一号"对接，成为一座小型空间站。

（六）神舟九号

"神舟九号"飞船是中国航天计划中的一艘载人宇宙飞船，是"神舟"号系列飞船之一。"神九"是中国第一个宇宙实验室项目921-2计划的组成部分，"天宫"与"神九"载人交会对接为中国航天史掀开极具突破性的一章。中国计划 2020 年将建成自己的太空家园，中国空间站届时将成为世界唯一的空间站。2012 年 6 月 16 日 18 时 37 分，"神舟九号"飞船在酒泉卫星发射中心发射升空，与在轨运行的"天宫一号"目标飞行器成功进行了载人交会对接。此次飞行乘组航天员开展了相关空间科学实验，在完成预定任务后返回地面。对接过程中，航天员实现了手控交会对接，全面验证交会对接技术。33 岁的刘洋也成为中国第一个飞向太空的女性。

航天技术有巨大的科学技术价值，应用范围十分广泛，已经通过应用取得了巨大的经济效益和显著的社会效益。如卫星通信信息容量大，传输距离远，传输质量好，能全天候通信，广泛用于国际通信、电视转播、移动通信、电视广播教育等。卫星定位系统可向地面提供全天候导航，气象卫星可观测气候变化，地球资源卫星可预报病虫害、探矿、监视环境污染。

第六节　航空母舰及其技术

一、航空母舰的诞生及发展

航空母舰（Aircraft Carrier）简称"航母""空母"，是一种以舰载机为主要作战武器的大型水面舰艇，苏联称之为"载机巡洋舰"，是一种可以提供军用飞机起飞和降落的军舰。舰体通常拥有巨大的甲板和坐落于左右其中一侧的舰岛。航空母舰一般总是一支航空母舰战斗群的核心舰船。

舰队中的其他船只提供其保护和供给，而航母则提供空中掩护和远程打击能力。发展至今，航空母舰已是现代海军不可或缺的武器，也是海战最重要的舰艇之一。依靠航空母舰，一个国家可以在远离其国土的地方不依靠当地的机场情况施加军事压力和进行作战。

航空母舰的出现堪称人类战争史上的奇观，它使传统的海战从平面走向立体，从而诞生了真正意义上的现代海战。强大的航母编队集防空、反舰、反潜以及对岸攻击的作战能力于一体，是当今海战场上最强大的力量。航空母舰是足以与核武器比肩的战略性武器，是可以为国家利益做出特殊贡献的"海上霸王"。

1910 年 11 月 14 日，美国飞行员尤金·伊利驾驶一架"冠蒂斯"双翼机首次从前甲板铺有 25 米木制跑道的"伯明翰"号巡洋舰上起飞。翌年 1 月 8 日，伊利又驾同一飞机在后甲板铺有 36 米跑道和 22 根阻拦索的"宾夕法尼亚"号巡洋舰上首次降落成功。1912 年和 1917 年，英国的萨姆逊中尉和邓宁中校又分别驾机从行驶的军舰上完成了起飞和降落。这些勇敢者的试验，孕育了航空母舰的诞生。

1917 年 6 月，英国将一艘巡洋舰改装为世界上最早的航空母舰"暴怒"号，它载机20架，但是原巡洋舰中部的建筑未拆除，甲板分为前后两块，飞机起落既不方便又很危险。1918年英国又将建造中的"卡吉士"号邮船改建为航空母舰，更名为"百眼巨人"。它是第一艘有直通甲板的航空母舰，飞行甲板长168米。甲板下是机库，有多部升降机可将飞机升至甲板上，可载机20架。

英国于1918年开始建造"赫姆斯"（又译作"竞技神"）号航空母舰。但世界上第一艘真正的航空母舰的桂冠却未能属于它。日本1919年参照"赫姆斯"的方案设计了"凤翔"号航空母舰。并于1922年11月首先建成服役，成为世界上第一艘专门设计建造的航空母舰。而"赫姆斯"于8个月后才建成服役。"凤翔"和"赫姆斯"均载机20余架，都建有直通甲板、舰桥。桅杆、烟囱等突出建筑物都移于飞行甲板右侧，这一布局特点为后来的航母所仿效。此后，美国、法国等国也相继建造了航空母舰。

但是，当时各国海军中有许多人墨守成规，把重炮巨舰视为海战制胜的主要力量，而航母只是舰队的辅助力量，主要任务是侦察。航空母舰初建功勋是在1940年11月11日，英国海军的20架老式"旗鱼"式双翼鱼雷轰炸机从"光荣"号航母上起飞，击毁了塔兰托港内的3艘意大利战列舰。在后来的1941年5月追歼击沉德国最大的战列舰"俾斯麦"号的海战中，英军的航母与舰载机也发挥了重要作用。尽管这些战争实例充分说明了以战列舰为代表的重炮巨舰在海军航空兵面前显得多么脆弱，但传统观念很强的英国海军仍未充分认识航空母舰与舰载机的作用，致使英国在此后的太平洋海战中吃了大亏。相反，以山本五十六为代表的日本海军对此却极为重视，专门派人收集研究塔兰托之战的情报。后来的珍珠港事件，实际就是塔兰托之战的重演。

1941年12月7日清晨，从6艘航空母舰上起飞的354架日本飞机袭击了珍珠港的美国太平洋队，炸沉和重创美国战列舰各4艘、巡洋舰和驱逐舰16艘，炸毁飞机188架，官兵死伤约4500人。美国太平洋舰队除航空母舰外几乎全军覆没，而日军仅损失飞机29架。

1942年5月4—8日发生的珊瑚海大海战则完全是一场航母对航母、由舰载机决胜负的全新型远距离海战。此战中，美国有2艘航母和122架飞机参战，日本有3艘航母和121架飞机参战。结果是美国1艘航母被击沉，另1艘受伤，损失飞机65架；日本1艘航母沉没，2艘受重创，损失飞机85架。而双方的舰队始终未互相见面，也未互射一炮。这一战改变了传统海战的面貌。在此后一系列太平洋海战中，美国在大部分海战中取得了胜利。可以说，美国正是借助航母最终取得了太平洋海战的胜利。航空母舰已成为新时代海战的主宰力量。

20世纪50年代，英国研制和采用了斜角飞行甲板和蒸汽弹射器。对航母的发展，各国海军中现役航母数量虽然减少了，但性能和攻击能力大幅度提高，排水量越来越大，舰载机数量越来越多，飞机性能越来越好。在20世纪80年代后发生的英阿马岛战争、美军空袭利比亚和海湾战争中，航空母舰都发挥了极其重要的作用。世界上第一艘核动力航空母舰是美国于1958年2月开工建造，1961年11月25日建成服役的"企业"号。航母采用核动力的最大好处是提高续航能力。目前常规动力航母的续航能力一般为1.5～2.7万公里，而核动力航母可50倍于此，这极大地增强了远洋作战和连续值勤的能力。继"企业"号之后，美国于20世纪70年代后又建造了7艘"尼米兹"级核动力航母。"企业"和"尼米兹"的满载排水量均为9万余吨，可载机90架，后者外形稍大，续航能力为前者的2倍。"尼米兹"级还是目前世界上最大的航空母舰，也是当今最大的军舰。

时至今日，航空母舰已是现代海军不可或缺的利器，也成为一个国家综合国力的象征。

目前全球航空母舰统计如表6-1所示。

表6-1 全球航空母舰统计

国家	军队	现役	后备	改装中
美国	美国海军	11	1	0
意大利	意大利海军	2	0	0
中国	中国人民解放军海军	1	0	0
英国	英国皇家海军	1	0	0
印度	印度海军	1	0	1
俄罗斯	俄罗斯海军	1	0	0
法国	法国海军	1	0	0
巴西	巴西海军	1	0	0
西班牙	西班牙海军	2	0	0
泰国	泰国皇家海军	1	0	0
总计		21	1	1

二、当代航母的构造及技术

（一）起飞装置

1. 蒸汽弹射起飞

使用一个平的甲板作为飞机跑道。起飞时一个蒸汽驱动的弹射装置带动飞机在两秒钟内达到起飞速度。目前只有美国具备生产这种蒸汽弹射器的成熟技术。在工作原理上，蒸汽弹射器是以高压蒸汽推动活塞带动弹射轨道上的滑块，把与之相连的舰载机弹射出去的。它体积庞大，工作时要消耗大量蒸汽，功率浪费严重，只有约6%的蒸汽被利用。为制造和输送蒸汽，航母要备有海水淡化装置、大型锅炉和无数管线，工作维护量惊人。它的最大缺陷在于因为弹射功率太大而无法发射无人机，现役的无人机因为重量轻，在弹射时机体会被加速度扯碎。

（1）前轮牵引式弹射

美国海军1964年试验成功前轮牵引式弹射。舰载机的前轮支架装上拖曳杆，前轮就直接挂在了滑块上，弹射时由滑块直接拉着飞机前轮加速起飞。这样就不用8～10位甲板人员挂拖索和捡拖索了。弹射时间缩短，飞机的方向安全性好，但这种舰载机的前轮要专门设计。美国海军核动力航母都采用了这种起飞方式。

（2）拖索式弹射

拖索式弹射方式比较老，各方面都不如前轮牵引式好，目前只有法国的"克莱蒙梭"级航母使用。拖索式弹射时，甲板人员先用钢质拖索把飞机挂在滑块上，再用一根索引释放杆把其尾部与弹射器后端固定住。弹射时，猛力前冲的滑块拉断索引释放杆上的定力拉断栓，牵着飞机沿轨道迅速加速，在轨道末端把飞机加速到直起飞速度抛离甲板，拖索从飞机上脱落，滑块返回弹射器起点准备下一次工作。

2．斜板滑跳起飞

有些航空母舰在其甲板前端有一个"跳台"帮助飞机起飞，即把甲板的前头部分做成斜坡上翘，舰载机以一定的尚未达到起飞速度的速度滑跑后沿着上翘的斜坡冲出甲板，形成斜抛运动，在刚脱离母舰的一段距离（几十米）内继续在空中加速以达到起飞速度。这种起飞方式不需要复杂的弹射装置，但是飞机起飞时的重量不如蒸汽弹射起飞，使得舰载机的载油量、载弹量、航程以及作战半径等受到一定的制约。英国、意大利、印度和俄罗斯等国由于技术限制，无法研制真正在技术和工艺上过关的蒸汽弹射器，因此只能在本国航母上采用滑翘甲板。采用滑跃起飞舰载机的航空母舰在载机起飞时都必须以20节（36公里/小时）以上的速度逆风航行，以加大载机相对速度来帮助舰载机起飞。

3．垂直起降

垂直起降技术顾名思义就是飞机不需要滑跑就可以起飞和着陆的技术。它是从20世纪50年代末期开始发展的一项航空技术。英国、美国、俄罗斯的一些航空母舰采用这种技术。

使用垂直起降技术的飞机机动灵活，具有常规飞机无可比拟的优点：首先，具有垂直起降能力的飞机不需要专门的机场和跑道，降低了使用成本。其次，垂直起降飞机只需要很小的平地就可以起飞和着陆，所以在战争中飞机可以分散配置，便于伪装，不易被敌方发现，大大提高了飞机的战场生存率。最后，由于垂直起降飞机即使在被毁坏的机场跑道上或者是前线的简易机场上也可以升空作战，因此出勤率也大幅提高，并且对敌方的打击具有很高的突然性。

4. 电磁弹射起飞

电磁弹射器是下一代航母舰载机弹射装置，与传统的蒸汽式弹射器相比，电磁弹射具有容积小、对舰上辅助系统要求低、效率高、重量轻、运行和维护费用低廉的好处。

电磁弹射就是采用电磁的能量来推动被弹射的物体向外运动，与蒸汽弹射器相比电磁弹射器的优点主要是体积减小了很多，操纵人数也要少百分之三十左右，而且电磁弹射器的弹射力度可控，可以弹射无人机，缺点是耗电，但对于全电力推动的航母和核动力航母来说不是太大的问题。

(二) 降落装置

斜角甲板：观察美军的尼米兹级航母可以发现，航母上有两条跑道，一条直的一条斜的，斜的那条就是斜角甲板，设置这两条跑道的目的是为了可以让航母同时进行起飞和降落作业，如果只有一条直通甲板的话，飞机起飞时，只得让停放的飞机挤在飞行甲板后半部，而将前半部用作起飞的跑道。这样做不仅影响了飞机的滑跑距离，还必须等飞机起飞腾出跑道，空中的飞机才可以降落，并且稍有不慎，后降落的飞机很容易碰撞到先降落的飞机上。

(三) 降落过程

1. 滑跑-拦阻降落

固定翼舰载机在航空母舰上滑跑降落，尤其是在夜间或在天气不好的情况下，是最困难的飞行技巧了。

拦阻索是由液压制动的，它在挂住飞机后可以在两秒钟和 50 米内使飞机停下来。飞行员会依照甲板上的地勤人员的指示将发动机的推力降低到慢车并且离开降落区。在紧急情况下，比如飞机的挂钩损坏了，飞机无法使用拦阻索降落停下来，在甲板上可以拉起拦截网来协助飞机迫降。

2. 拦阻网

阻拦网是在舰载机处于危急状态下着舰使用的应急装置。如果着舰时没有钩上阻拦索，飞机可打开全部发动机沿飞行甲板再次起飞，在空中低空飞行后重新着舰。而一旦舰载飞机因尾钩放不下或尾钩损伤或舰载机受伤、燃油不多及其他原因而无法复飞，就需采用迫降的方法使飞机降落。阻拦网平时并不设置，而放在跑道左舷边。

(三) 航母主要分类

1. 按舰载机分类

按舰载机可分为有固定翼飞机航空母舰和直升机航空母舰，前者可以搭乘和起降包括传统起降方式的固定翼飞机和直升机在内的各种飞机，而后者则只能起降直升机或是可以垂直起降的固定翼飞机。现在有的国家（如美国），已经在航母上装备折叠翼战机。

2. 按动力装置分类

按动力装置可分为核动力航空母舰和常规动力航空母舰。核动力航空母舰以核反应堆为动力装置。常规动力航空母舰以蒸汽轮机为基本动力装置。核动力航母的续航时间比常规动力航母要长得多，一般核动力航母满载的核燃料可以连续使用30年不用加燃料。

3. 按任务分类

根据执行任务类型可分为攻击航空母舰、反潜航空母舰、护航航空母舰和多用途航空母舰。攻击航空母舰主要载有战斗机和攻击机，反潜航空母舰载有反潜直升机。多用途航空母舰既载有直升机，又载有战斗机和攻击机。现在各国装备的航母多为多用途航空母舰。

4. 按排水量分类

按排水量可分为大型航母（排水量6万吨及以上）、中型航母（排水量3～6万吨）和小型航母（排水量3万吨以下）。

5. 其他分类

一些国家的海军还有一种外观类似的舰船，称作"两栖攻击舰"，也能搭乘和起降军用直升机或是可垂直起降的定翼机。这种两栖登陆舰好似被缩小的航母，用途也很广泛，主要是作为抢滩登陆的运输工具。

（四）地勤人员颜色标识

以美国海军为例，航空母舰飞行甲板上的地勤人员多达千余人，为了在飞机起降过程中便于组织，他们主要以所穿的工作服和所戴的头盔颜色作为区别标志，工作服和救生背心上还要标上各自的职衔和编号，通常按照司职分为七大类。

1. 蓝色

在航母上工作最简单的就是那些穿蓝装的舰员了。身着蓝色工作服、头戴白色头盔的升降机操作员会根据指示将舰载机从机库升至舰面；如果遭受意外攻击，他们会立即将飞机封藏在机库里。飞机轮挡员穿蓝服、戴蓝盔。他们负责抽除和垫上轮挡。穿蓝服、戴蓝盔且工作服上印有"T"字符号的为传令兵，而穿蓝服、戴蓝盔、工作服胸背印有牵引机符号的则是舰上的牵引机司机。

2. 黄色

飞机准备升空时，航空母舰便转向适合飞机起飞的航向上。这时引导飞机向前移动的是身穿黄色工作服的飞机起飞指示人员。他们的任务是将飞机准确地放置在蒸汽弹射器上。

3. 绿色

随后，身穿标有"C"字绿色工作服的弹射器操纵员通过前起落架牵引系统和夹紧装置，将飞机的前起落架与弹射器的往复车紧密相连。准备就绪后，飞行员即按照穿黄色工作服、戴黄帽的指示人员给定的信号，松开刹车，加大功率。随后穿黄服、戴绿帽的飞机弹射官以手势发出起飞信号。航母上采用阻拦索以保证飞机减速降落。它能使舰载机在100米内停住。这项工作由身穿绿衣、戴绿头盔的阻拦索操作员承担。

4. 红色

穿红色服装的舰员通常承担极具危险性的工作。如飞机失事救护员、爆炸物处理员、消防员和飞机军械员，都身穿红色工作服、戴红头盔。

5. 褐色

直升机器材检查员穿褐色工作服、戴红帽，外场机械员则为褐服绿帽。

6. 白色

美国航空母舰上穿白色服装的人数比较多。飞机降落指挥官身着标"LSO"的白色工作服，不戴头盔。他指挥的位置位于左舰后部的一个平台。他需要详细了解降落飞机的特性、气象情况、飞行员情况，并随时与飞行员联系，及时准确操纵灯光信号，确保飞机安全着舰。中队飞机检查员穿白服、头戴绿盔，工作服上涂有黑白交叉排列图案及中队符号。白服上标有"LOX"符号、戴白头盔的为液氧员；标有"SAFETY"符号的是安全员。医务人员则是白衣白盔且胸背均标有红十字。

7. 紫色

航空燃料员一般是紫服紫帽，工作服上还印有"F"标志。

三、中国辽宁号航空母舰

辽宁号航空母舰，简称"辽宁舰"，舷号16，是中国人民解放军海军第一艘可以搭载固定翼飞机的航空母舰。前身是苏联海军的库兹涅佐夫元帅级航空母舰次舰瓦良格号，改装后中国将其称为001型航空母舰。

20世纪80年代中后期，瓦良格号于乌克兰建造时遭逢苏联解体，建造工程中断，完成度68%。1999年，中国购买了瓦良格号。瓦良格号于2002年3月4日抵达大连港。2005年4月26日，开始由中国海军继续建造改进。解放军的目标是对此艘未完成建造的航空母舰进行更改制造，及将其用于科研、实验及训练用途。2012年9月25日，正式更名为"辽宁号"，交付予中国人民解放军海军。

2013年11月，辽宁舰从青岛赴中国南海展开为期47天的海上综合演练，期间中国海军以辽宁号航空母舰为主编组了大型远洋航空母舰战斗群，战斗群编列近20艘各类舰艇。这是自冷战结束以来除美国海军外西太平洋地区最大的单国海上兵力集结演练，亦标志着辽宁号航空母舰开始具备海上编队战斗群能力。

第七节 精确制导武器

精确制导武器这一术语起源于20世纪70年代中期。美国在越南战争中大量使用了精确制导炸弹。由于它具有精确的制导装置,在战场上取得了惊人的作战效果,因而引起人们的极大注意。

一、精确制导武器概述

精确制导武器是采用精确制导技术,直接命中概率在50%以上的武器。主要包括精确制导导弹、制导炮弹、制导地雷等。直接命中指制导武器的圆概率误差(也叫圆公算偏差,Circular Error Probable,CEP)小于该武器弹头的杀伤半径。通常采用非核弹头,用于打击坦克、装甲车、飞机、舰艇、雷达、指挥控制通信中心、桥梁和武器库等点目标。

1972年,美国在越南战争中大量使用激光和电视制导炸弹,作战效能约比无制导武器高百倍,西方称之为"灵巧炸弹"。在1973年第四次中东战争中,埃及使用的苏制雷达制导SA-6地空导弹和有线制导AT-3反坦克导弹,以色列使用的美制电视制导的"小牛"空地导弹和有线制导"陶"式反坦克导弹,作战效果引人注目。自1974年以后,西方军事界把这些导弹和制导炸弹统称为"精确制导武器"或"精确制导弹药",西方国家为抵消苏联在坦克、装甲车、飞机等武器装备上的数量优势,非常重视发展精确制导武器。美国装备的电视和激光制导炸弹,命中目标的圆概率误差均已减小到2m左右。1981年装备的"铜斑蛇"激光制导反坦克炮弹,由155mm口径榴弹炮发射,最大射程17km,直接命中概率达80%以上。

二、精确制导技术

随着光电器件、微波半导体器件、集成电路和信息处理等技术的迅速发展,相继制成了各种小型化、高精度、低成本的制导系统。它们可装在弹体很小的导弹、炮弹和炸弹上,使打击面目标的无制导弹药变为能攻击点目标的精确制导武器。其制导方式,已采用的有:有线指令制导、电视制导、红外制导、激光制导和微波雷达制导等。射程较远的则通常采用复合制导,先用精度较低的制导系统把武器引导到目标附近,后用高精度末制导系统引向目标。20世纪80年代初使用的精确制导系统,在全天候、自主寻的制导、抗干扰能力和制导精度等方面,还存在一些缺陷,现在改进现有制导系统的同时,发展综合性能较完善的由红外成像、毫米波和合成孔径雷达探测器等构成的制导系统。精确制导武器的发展,对未来战争的战略战术运用、武器系统的发展和装备体制均将产生深远的影响。

(一) 精确制导武器的作战特点

1. 直接命中概率高

直接命中概率高,这是精确制导武器名称的根本由来,也是精确制导武器最基本的特征。目前,一些有代表性的精确制导武器的命中概率可达80%以上,激光制导炸弹和电视制导炸弹,其圆概率误差约在2m以内。如海湾战争中,美国空军在100km外向伊拉克的一个水电站发射了两枚"斯拉姆"空对地导弹,结果是两枚导弹先后从同一个洞穿入发电厂,彻底摧毁了目标。现在已经出现了完全依靠弹体的动能直接撞毁目标而根本就不需要装药战斗部的精确制导武器。例如,英国宇航公司研制的高速防空导弹,其飞行速度可达4马赫,导弹没有爆破战斗部,它靠弹体高速飞行的动能来击毁目标。

2. 具有自主制导能力

随着电子技术的发展,高性能的毫米波制导系统、红外探测器以及人工智能计算机的采用,精确制导武器不仅具有较高的直接命中概率,而且还通常具有"发射后不用管"的自主制导能力,它可完全依靠弹上的制导系统独立自主地捕捉、跟踪和击中目标,不需要人工或其他辅助设备进行干预。例如,美国的"黄蜂"空对地导弹,由于采用了人工智能技术和先进的信号处理技术,已经具有初步的智能化特征。它可在复杂的地物背景中鉴别出是否是要攻击的目标。如果不是,则继续搜索目标;如果是,则作进一步信号分析,鉴别和判断所探测目标是真目标还是背景或假目标。如果不是真目标,弹上探测器便重新进行目标搜索;如果确认是真目标,则进一步判断目标是否处在战斗部杀伤范围内。如果是在杀伤范围之内,则自动估算出最佳爆炸高度,将战斗部引爆,从坦克顶部将其击毁;如果不在杀伤范围之内,则继续对目标进行锁定跟踪,直到进入有效杀伤范围为止。如果发现有两枚以上导弹同时跟踪同一个目标,后面跟踪的导弹就立即自动离开,探测器重新进行目标搜索、捕获、跟踪和攻击新的目标。

3. 作战效能好

精确制导武器虽然技术比一般武器复杂,制造成本高,但由于精确制导武器具有较高的直接命中概率,因而它的作战效能好、经济效益高。同无制导的武器相比,精确制导武器在完成同一作战任务时,其弹药消耗量小,所需作战费用远远低于常规弹药。在英阿马岛战争中,阿根廷空军仅用一枚价值25万美元的"飞鱼"导弹,就击沉英国海军一艘造价近2亿美元的"谢菲尔德"号驱逐舰。

(二) 精确制导武器对作战的影响

1. 使超视距、多模式、多目标精确打击成为可能

巡航导弹的打击距离达千公里以上,可从陆地、空中、海上多方式发射,自行打击各种重要战略目标。如美国"爱国者"地空导弹就配备了相控阵雷达和100万次/秒的计算机,可同时跟踪50～100个目标,或同时控制9枚导弹攻击

不同方向、不同高度的目标。

2. 旷日持久的局部战争将被速战速决取代

精确制导武器最本质的作战特点是快速、敏捷、高效，具有速战速决的能力。在过去发生的局部战争中，据统计，战争持续的时间与精确制导武器的投入量成反比，例如1986年4月，美国空军从英国本土出动机群绕过欧洲数个国家偷袭非洲国家——利比亚，倾泻了大批激光制导炸弹和带"眼睛"的集束炸弹，摧毁了利比亚首都的黎波里的阿齐齐亚兵营和利军总参谋部、恐怖活动总指挥部（美国认定的重点目标）、亚迪比拉勒港海军突击队训练基地、的黎波里军用机场以及班加西的军用机场和卡扎菲备用指挥部民众国兵营等6个地方的重点目标。有趣的是美国的飞机已经空袭完毕返航时，利军才组织火力还击。且正当利比亚炮火打得异常热闹的时候，美国白宫发言人已在记者招待会上宣告空袭成功，空袭时间仅为30分钟，一场战斗就结束了。

3. 远程火力袭击的突然性空前增大

精确制导武器由于不断采用高技术，可在远距离上发现和识别目标，并实施准确攻击。远程精确制导武器和远距离立体侦察定位系统的结合使用，将使在后方集结的预备队、指挥控制中心和后方基地处于远程精确制导武器的直接威胁之下，远程火力袭击的突然性将空前增大。由于精确制导武器具有准确的远程作战能力、牵连损伤（也称附带杀伤）有限、作战持续时间短和军事行动的国际影响度也相对降低，使得某些大国敢于"说出手时就出手"，对远离国界的敌对势力的要害目标实施"外科手术"。阿富汗的军事训练基地、苏丹的"化学工厂"和波黑的弹药库被毁就是最好的例证。这一新情况，就连美国自己也担心：如果核武器或远程精确制导武器一旦落入不负责任的国家或恐怖分子手中，"情况将是十分严重的"。

4. 传统重型兵器受到严重威胁

坦克、飞机、军舰等大型武器将成为精确制导武器打击的首选目标。

（三）精确制导武器

20世纪50年代以后，精确制导武器发展十分迅速。从总体上来说，精确制导武器多数已发展到第三代，个别品种已发展到第四代。

1. 巡航导弹

世界上第一枚巡航导弹是纳粹德国在二战中研制成功的 V-1 型导弹。二战后，美、苏、英、瑞士等国，在20世纪50年代相继研制成功第一代巡航导弹，如"天星狮"、"沙道克"等；20世纪70年代诞生了以"战斧"巡航导弹为代表的第二代巡航导弹。目前世界上先进的战略巡航导弹有：美 AGM-86B、"先进巡航导弹"、俄 AS-15 等。

1991年的海湾战争，就是以1枚"战斧"巡航导弹击中伊拉克的通信指挥大楼而拉开战幕的。海湾战争，也是美第一次使用"战斧"巡航导弹，共发射288枚，第一天就发射100多枚，其中，首次突击使用了52枚，命中率高达98%，初次显示了远程精确制导武器的威力。

1995年9月10日，为打击波黑塞族机场，美国海军夜间从"诺曼底"号巡洋舰上发射13枚"战斧"巡航导弹，全部命中了目标。

2. 防空导弹

防空导弹包括地空和舰空导弹。最早研制的也是纳粹德国，在二战期间研制的"龙胆草"、"莱茵女儿"等，但未投入实战。现在有14个国家研制了100多种防空导弹，迄今已发展到第四代。防空导弹按射高可以分为4种，较先进的分别为：

高空：美"爱国者"、俄S-300等；

中空：美"霍克"、俄SA-6、法SA-90等；

中低空：美"小榭树"、"复仇者"，俄SA-13，英"长剑"、"星条"，法德"罗兰"等；

便携：美"红眼睛"、"毒刺"，俄SA-7、SA-18，英"吹管"、"标枪"，法"西北风"，瑞典"RBS-70"等；

舰空导弹：美"宙斯盾"、"标准"，英"海标枪"、"海狼"，法"海响尾蛇"等。

1959年10月7日，我中国人民解放军空军用苏制SA-2导弹击落了国民党的美制RB-57D高空侦察机，成为世界上第一次使用防空导弹击落飞机的实例。1960年5月1日，苏联防空部队使用SA-2导弹击落一架从巴基斯坦起飞，飞越苏联上空进行侦察的美军U-2高空侦察机。在苏联与阿富汗战争的后期，阿富汗使用美制"毒刺"防空导弹，击落苏联飞机近300架。第四次中东战争阿拉伯使用苏制SA-6导弹击落了以色列飞机47架；而以色列发射22枚美制"霍克"地空导弹竟打掉阿拉伯25架飞机，可以说是创下了一个奇迹。海湾战争中美国"爱国者"导弹多次成功拦截伊拉克"飞毛腿"导弹。当伊拉克的"飞毛腿"导弹发射升空90～120秒以后，美国部署在太空的预警卫星就可以测出其发射点的位置、射向和落点的范围，并向空中的雷达预警飞机发出警告，由雷达预警飞机将情报传送给地面的指挥中心，指挥中心在接到雷达预警飞机的情报后迅速向"爱国者"导弹系统下达指令，在"飞毛腿"导弹飞至距落点约90秒的位置时，"爱国者"导弹系统的雷达开始搜索、跟踪目标，当发现目标后"爱国者"导弹发射升空，"爱国者"导弹初段采用的是自主式制导进入一定高度，这样可以快速反应，争取时间，中段则采用遥控式制导接近目标，而末段采用寻的制导捕捉、跟踪、攻击目标，将"飞毛腿"导弹击毁在空中。

3. 反坦克导弹

反坦克导弹被称为坦克的"克星"。法国1955年研制成功SS-10，成为第一个装备反坦克导弹的国家。迄今反坦克导弹已发展到第三代，共有30多个型号，总数量突破200万枚大关。目前性能较好的第二代反坦克导弹成为许多国家主要的反坦克武器。如美"龙式"、"陶式"，法SS-12，俄AT-4、AT-5，德法共同研制的"米兰"、"霍特"、"小羚羊"，日"超马特"，瑞典"比尔"（RBS-56）、"卡尔库斯塔夫"等。

第三代"打出去不用管"的反坦克导弹现在正在发展，它可以对付20世纪90年代的多种装甲目标。如美"海尔法"，法"阿拉克"，俄AT-6（螺旋）、AT-7（混血儿或萨克斯管）、"短号"，法德英"崔格特"等。美、瑞士共同研制的"阿达茨"既可对付低空飞机，又可打坦克。

第四次中东战争中，以色列损失坦克800辆，有80%是被反坦克导弹击毁的。其中，190装甲旅的120辆M-60坦克，全部被埃军的反坦克导弹击毁。最后的85辆在与反坦克导弹的对阵中仅仅3分钟就全部化为焦铁。

在海湾战争100小时的地面战斗中，多国部队使用反坦克导弹共击毁伊军前线部署的4000辆坦克中的3000辆、2870辆装甲车中的1900辆和3110门火炮中的2100门。其中美军一个"阿帕奇"武装直升机营的36架直升机曾一举击毁伊拉克共和国卫队一个坦克纵队的84辆坦克和装甲车辆、4个防空系统、8门火炮和38辆轮式车辆。

4. 空空导弹

空空导弹被誉为现代空战的"杀手锏"，迄今世界各国已研制出60种左右，已经发展到第四代。空空导弹在发展过程中命中概率提高较快，20世纪50年代仅为10%，60年代为30%，70年代达到50%，80年代提高到88%，到了90年代已经达到了95%。

空空导弹分为拦射导弹和格斗导弹。

拦射导弹是指射程在20km以上的，它又可以分为远程拦射和中程拦射。远程拦射导弹，射程在100km以上，比如美国的"不死鸟"（AIM-54C）空空导弹，俄AA-9（"毒辣"或"阿摩斯"）。中程拦射导弹的射程为20～100km，比如美国的"麻雀"，俄AA-7（"尖顶"）、AA-10（"时髦"）、AA-12，英"空中闪光"、AIM-120先进中距空空导弹（"阿姆拉姆"）。

格斗导弹是指射程在20km以内的，比如美国"响尾蛇"的12种型号，英德AIM-132先进近距空空导弹（"阿斯拉姆"）、俄AA-8（"蚜虫"）、AA-11（"击剑手"），法"玛特拉"（R.530），以色列"怪蛇"（声称是世界上第一种"瞄准即可击中"的空空导弹）。

在第四次中东战争中，以色列空军使用空空导弹击落叙利亚等国飞机220架，占击落总数的60%，命中率为50%。

在1982年的黎巴嫩空战中，叙利亚两天损失战斗机81架，其中94%是被以色列空军使用空空导弹击落的,而以色列的飞机则无一损伤。

在海湾战争中,多国部队使用空空导弹,击落伊拉克固定翼飞机35架、直升机4架,占击落伊飞机总数41架的95%。

5. 反舰导弹

迄今已研制50余种反舰导弹,世界上有70多个国家装备。

反舰导弹最主要有舰舰导弹和空舰导弹(另外还有少量的岸舰和潜舰导弹)。舰舰导弹,最早是苏联在20世纪50年代针对西方国家海上优势研制的SS-N-1型。空舰导弹,最早是德国在1943年7月研制成功的HS-293A-1空舰导弹。1967年10月21日第三次中东战争中,埃及用"蚊子"级导弹艇发射苏制"冥河"式第一代反舰导弹,一举击沉了以色列"艾拉特"号驱逐舰,创下小艇击沉大舰的范例,也引起西方国家的警觉,促使其加快研制步伐。先后研制出的有:法国的"飞鱼"、美国的"渔叉(捕鲸叉)"、以色列的"迦伯列"等。20世纪80年代各国又发展第二代舰舰导弹,如法国和德国共同研制的"安斯"、美国的"先进反舰导弹"、英国的"海鹰"、意大利的"奥托马特"、俄AS-17近程超音速空舰导弹等。

1973年10月进行的第四次中东战争,双方损失的59艘军舰,全部是被导弹击沉的。

在马岛海战中,阿根廷发射法制"飞鱼"导弹,击沉了英国的"谢菲尔德"号驱逐舰、"大西洋运送者"号运输船、击伤了"考文垂"(一说为"格拉摩根")号驱逐舰。

6. 反辐射导弹

反辐射导弹又称反雷达导弹。迄今已发展到第三代。

世界上第一种反辐射导弹是美国研制的"百舌鸟"空地导弹,它在越战中有突出的战绩。1968年美国又研制成功了"标准"第二代反辐射导弹,20世纪70年代中后期反辐射导弹发展到第三代,如美国的"哈姆"、"默虹",俄罗斯的AS-12,英国的"阿拉姆",法国的"阿玛特"等。

海湾战争中,机载的"哈姆"和"阿拉姆"反辐射导弹,充当了空袭的先锋,为摧毁伊军预警雷达和火控雷达发挥了十分突出的作用。

7. 空地导弹

空地导弹分为战略和战术两类,共90余种,现已发展到第三代,如美"斯拉姆"远程空地导弹、"小牛(幼畜)"空地导弹、AGM-130防区外空地导弹,俄AS-13(kh-59M)中程空地导弹,以"突眼1"中程防区外对陆攻击导弹。

海湾战争中,美国两架飞机从"肯尼迪"号航母上起飞,奉命去轰炸伊拉克一座水电站。A-6E攻击机飞到距目标100km处,发射了一枚"斯拉姆"导弹,这枚导弹由A-7E控制,命中水电站的保护外层,炸开了一个直径近10m的洞;

2分钟后，A-6E又发射第二枚导弹，这枚导弹竟然从第一枚导弹炸开的洞中飞进去，彻底摧毁了水电站的内部设施，令人叫绝。

（四）中国的精确制导武器

1. 中国战略导弹发展概况

1960年9月10日，仿制苏联P-2导弹，造出中国自己的第一枚地地近程弹道导弹DF-1号；

1964年10月，成功试验发射自行设计和制造的DF-2号中程战略导弹；

1966年成功发射DF-3号地地中程战略导弹；

1969年成功发射DF-4号地地远程战略导弹；

1980年成功发射DF-5号洲际弹道导弹；

1981年实现"一箭三星"；

1982年用潜艇从水下向预定海域成功发射固体潜射战略导弹"巨浪2号"；

1995年5月，成功试射了新型洲际导弹DF-31。

1996年，东风-31洲际导弹研制成功。3月8日及13日，江西乐平、福建永兴岛与东山岛，向台湾海域各发射2枚改良型东风-15。

1999年8月2日，中国对外宣布试射"新型远程导弹"成功。

2. 中国战术导弹发展概况

（1）防空导弹

中国从20世纪50年代后期开始研制地对空导弹，现已发展为HQ-1至HQ-9等红旗系列车载、舰载防空导弹。主要型号有：中高空的"红旗2"、中低空的"红旗61"、低空超低空的"红旗7"（"飞蠓80"）等。

便携式防空导弹：中国研制单兵防空导弹的最初型号为"红樱5号"，此后于20世纪90年代初又发展出"前卫1号"，其很多指标都超过了美国的"毒刺"。"ET2000"地空反辐射导弹：这是世界上第一种大型地空反辐射导弹，专门对付敌人的雷达预警机和电子干扰机。

（2）空空导弹

中国于1959年开始研制空对空导弹，现已发展"霹雳"系列空对空导弹。

"……实际上，在一些关键领域，如短程空对空导弹技术方面，中国已经领先于美国……"（美亚太研究中心主任詹姆斯·普里斯特《外交与威慑·美国对华战略》）这就是指"霹雳"系列空空导弹。其中最引人注目的是"霹雳5E"和"霹雳9C"。

（3）反舰导弹

岸舰导弹："海鹰"系列。HY导弹是中国20世纪60年代末研制的反舰导弹。主要有HY-1-2-3-4，其中HY-3为超音速岸舰导弹，HY-4为中程反舰导弹。

舰舰导弹：上游系列。主要有SY-1-2。

空(潜)舰导弹:"鹰击"系列。主要有 YJ-6 和 YJ-8 (C-801)。YJ-8 被誉为"中国的飞鱼",采用固体发动机和箱式发射等先进技术,具有超低空掠海飞行、突防能力强、命中精度高、一弹多用和小型化等特点。

C701 反舰导弹:该弹长度2.5m,不足 YJ-8 的一半,性能相当于美国的"小牛"导弹。不过 C701 可以从舰上和飞机上发射,这是"小牛"导弹所不及的。

(4) 反坦克导弹

中国于 20 世纪 50 年代末开始研制反坦克导弹,70 年代初研制成"J-201"型反坦克导弹。1978 年研制成功"红箭 – 73"型第一代反坦克导弹。80 年代中期又研制成功"红箭 – 8"第二代反坦克导弹,该弹既可由步兵携行,又能装在各种车辆和直升机上。它与美国主要装备的"陶"式反坦克导弹性能相近,作战效能更是全面超过德、法的"米兰"反坦克导弹。

(5) 地地战术导弹

东风系列:主要有 DF-11、DF-15 和 DF-21。

1995 年 7 月和 1996 年 3 月,我地地导弹部队在台湾海峡进行了举世瞩目的弹道导弹发射训练,两次演习共发射 10 枚导弹,全部导弹都准确命中千里之外的预定弹着区,其精度之高令一旁观望的美、台军方"心惊良久"。

(6) 巡航导弹

中国已经研制成功了自己的巡航导弹,并已开始向部队进行装备。这种巡航导弹的性能与美国"战斧"巡航导弹类似,最大射程近 2000km,采用复合制导,在海平面或沙漠等地形平缓的地方最低飞行高度可低至 15～20m,可携带各种常规弹头或核弹头,对固定目标的射击精度可达 5m。

第八节 军队指挥自动化

第二次世界大战以来,随着科学技术的飞速发展,特别是导弹、核武器等新式武器的装备、使用,使现代战争具有许多新的特点。只有改革传统的指挥方法,把提高指挥人员的素质与采用新的指挥手段结合起来,才能适应现代战争的要求。从 20 世纪 50 年代开始,一些国家相继开展军队指挥自动化的研究工作,并陆续建立了一些自动化指挥系统。虽然各国的发展进程不尽相同,但一般都是从武器控制、防空情报传递处理、后勤保障等方面开始,先局部自动化,然后逐步实现军队指挥的全盘自动化。

一、军队指挥自动化概述

在军队指挥系统中,运用以电子计算机为核心的自动化设备和软件系统,使指挥员和指挥机关对所属部队的作战和其他行动的指挥,实现快速和优化处理的措施。目的是提高军队指挥效能,最大限度地发挥部队的战斗力。

现代战争中,军事行动速度加快,规模增大,紧张程度提高,敌对双方争夺空间和时间的斗争极其激烈。传统的指挥方法和设备,速度慢,效率低,准确性差,无法在战况瞬息万变的条件下,在最短的时间内,获取和处理大量的信息。因此,实施有效的组织指挥,已不能依靠单纯强化指挥人员的智力和体力活动来实现,而必须把提高指挥人员的素质与采用新的指挥手段结合起来,配备高水平的专业人员,进行指挥方法的变革。有些国家对其作用给予很高评价,有的认为它与武器系统具有同等重要的地位,有的把它看成是继导弹核武器出现之后军事上的"第三次革命"。几十年来,指挥自动化的应用范围,遍及作战指挥、情报处理、武器控制、作战保障以至军事训练演习、科研试验等多方面,而且越来越强调体系综合和整体效能。

实现军队指挥自动化,能减少军队兵力、兵器和物资器材的消耗,充分发挥其战斗力;可以迅速、准确地获取、传递和处理情报;可以进行快速精确计算和自动控制,提高己方武器的使用效能;可以优化方案,辅助决策,提高指挥员定下决心的速度;可以把指挥人员从大量简单、重复劳动中解脱出来,集中精力从事创造性的指挥活动;可以加强各级指挥机关与作战部队之间的紧密联系,使整个军队指挥系统运转更为迅速、精确、灵活和富有成效。电子计算机和信息处理技术用于作战指挥和军事训练,导致军队指挥及有关业务广泛而深刻的变革,推动指挥方式、管理方法的改进和武器系统的发展,促进体制编制的改革和人员素质的提高,有助于军事科学理论与现代科学技术的结合,对军队现代化建设具有深远的意义。

军队指挥自动化是在现代社会的经济、技术发展和信息革命、科学管理的基础上,为适应现代条件下军队指挥的要求而产生和发展起来的新兴事物。它涉及社会科学、自然科学、技术科学和军事科学的广泛领域,综合应用了系统论、控制论、信息论和军队指挥理论,以及运筹学、模糊数学、仿生学、行为科学、电子科学、计算机科学等各种现代科学技术理论的成就。但是,还有许多理论和方法问题,特别是以人为主体的构成指挥自动化理论基础的能描述人—机—环境关系的系统理论,尚待研究解决。实现指挥自动化,需要解决一系列理论原则、组织管理和技术保障问题。这些问题包括:研究军队指挥过程的数据处理和模拟;确定军队指挥系统的信息流程和组织功能;制定信息搜集、处理、存储、分配的工作程序;统一系统和设备的战术技术性能;研究开发自动化设备和软件系统,以及提高军队指挥人员的指挥能力和专业人员的业务、技术水平等。在指挥自动化建设上,加强统筹规划能力,设立权威的计划和管理机构,是不少发达国家在实践中的普遍经验。发展中国家的军队指挥自动化建设受经济、技术及军队现代化程度低的制约,它不仅要解决建立系统、开发软件等问题,而且要结合各自的国情和军队特点，注重解决指挥自动化赖以产生和发展的社会经济、技术进步和军队本身现代化程度问题，才能顺利发展，并有效地发挥作用。

在实现军队指挥自动化的过程中，要重视人的因素，正确评价人与自动化技术设备的关系。用于军队指挥自动化的各种自动化设备，虽能在指挥人员的干预和管理下，完成人因受生理局限而无法达到的某些高速度、高精度、高强度的指挥控制功能，而且随着军事科学理论和科学技术的发展，将会有更多更复杂的指挥活动和军事业务交给机器去完成。但归根结底，它不能完全代替指挥人员的思维判断能力、高超的指挥艺术和创造性的指挥活动。自动化设备只能按照事先编排好的程序工作，只有使自动化设备的功能与指挥人员的创造性、主动性、灵活性结合起来，才能真正发挥军队指挥自动化的优越性，在军队建设和未来战争中发挥巨大作用。

在军队指挥系统中，综合运用以电子计算机为核心的各种技术设备，实现军事信息收集、传递、处理自动化，保障对军队和武器实施指挥与控制的人—机系统。俄罗斯将其称为"军队自动化指挥系统"，美国称为"指挥、控制、通信、计算机、情报、监视、侦察系统"，简称为C4ISR系统。随着遥感遥测、新一代计算机、自适应结构的通信网络和人工智能等新技术的采用，C4ISR系统将朝着分布式和智能化方向发展，并将进一步提高系统的快速反应能力、抗毁生存能力、机动能力和适应能力。各类C4ISR系统将形成整体、协调、有效的配套体系。战略级别的C4ISR将进一步受到重视，战术级别的C4ISR将得到更快发展，与武器系统的结合更加紧密。

二、军队指挥自动化系统

军队指挥自动化系统按军种、兵种可分为陆军指挥自动化系统、海军指挥自动化系统、空军指挥自动化系统、战略导弹部队指挥自动化系统等；按用途可分为作战指挥自动化系统、武器控制指挥自动化系统、防空指挥自动化系统、后勤指挥自动化系统等；按作战任务范围可分为战略指挥自动化系统、战役指挥自动化系统、战术指挥自动化系统等。各国情况不同，指挥自动化系统涉及范围和分类方法亦不尽相同。但一个完整的指挥自动化体系应该是各军种、兵种密切协同的战略、战役、战术指挥自动化系统群体。

军队指挥自动化系统一般由下列分系统组成：信息收集分系统、信息传递分系统、信息处理分系统、信息显示分系统、决策监控分系统和执行分系统。这些分系统有机结合，构成一个统一的整体。

（一）信息收集分系统

信息收集分系统由分别配置在地面、海上、空中、外层空间的各种侦察设备（如侦察卫星、侦察飞机、雷达、声呐、光学摄影机、遥感器及其他侦察、探测设备）组成。它能及时地收集敌我双方的兵力部署、作战行动及战场地形、气象等情况。

（二）信息传递分系统

信息传递分系统主要由信道终端、交换、线路和用户设备组成。信道终端设备主要有有线电载波通信、微波接力通信、散射通信、卫星通信及光通信设备等；交换设备主要有电话、电报、数据交换机等。通常由这些设备组成具有多种功能的通信网，迅速、准确、保密、不间断地传输各种信息。

（三）信息处理分系统

信息处理分系统由电子计算机硬件和软件组成。硬件系统主要包括中央处理器、存储系统和输入输出设备。软件系统主要包括系统软件，如计算机操作系统、多种高级语言处理程序等；应用软件，如网络软件、数据库管理系统、文字编辑和图形处理软件等。信息处理是将输入计算机的信息，通过按预定目标编制的各类软件，进行信息的综合、分类、存储、检索、计算等，并能协助指挥人员拟制作战方案，对各种方案进行模拟、比较、选优。常用的军事信息处理有文电处理、数据处理、情报检索、图形处理、图像处理等。

（四）信息显示分系统

信息显示分系统由各种输出可视信息的设备组成。显示设备通常有供单人使用的管面显示器和供指挥人员共同使用的大屏幕显示器两种。其功能是把信息处理分系统输出的各种信息，包括军事情报、敌我态势、作战方案、命令和命令执行情况等，用文字、符号、表格、图形、图像等多种形式，协调地显示在各个屏幕上。

（五）决策监控分系统

决策监控分系统由监视器、键盘、打印机、多功能电话机、记录装置等组成。通常组装成工作台形式，实现人机交互，用以辅助指挥人员作出决策、下达命令、实施指挥。还可用来改变指挥自动化系统的工作状态并监视其运行情况。

（六）执行分系统

执行分系统可以是执行命令的部队的指挥自动化系统，也可以是自动执行指令的装置，如导弹的制导装置、火炮的火控装置等。命令的执行情况和武器的打击效果可通过信息收集系统反馈到决策监控分系统。

随着遥感遥测、新一代计算机、自适应结构的通信网络和人工智能等新技术的采用，指挥自动化系统将朝着分布式和智能化方向发展，并将进一步提高系统的快速反应能力、抗毁生存能力、机动能力和适应能力。各类指挥自动化系统将形成整体、协调有效的配套体系。战略指挥自动化系统将进一步受到重视，战术指挥自动化系统将得到更快发展，与武器系统的结合将更加紧密。

第九节 新概念武器

高技术的发展，正在引起军队武器装备的巨大变革，也为发展全新的非核武器开辟了广阔的前景。不久的将来，会陆续研制成新的、更具有威力的武器系统，并将投入到战争中使用。

一、新概念武器概述

新概念武器指与传统武器相比，在基本原理、杀伤破坏力和作战方式上都有本质区别，尚处于研制或探索之中的一类新型武器。新概念武器主要包括定向能武器、动能武器和军用机器人。定向能武器是指武器的能量是沿着一定方向传播的，并在一定距离内，该武器有杀伤破坏作用，在其他方向就没有杀伤破坏作用，如激光武器、微波武器和粒子束武器。动能武器指的是一类能够发射高速（5倍于音速）弹头，利用弹头的动能直接撞毁目标的武器。主要有：动能拦截弹（分为反卫星、反导弹两种）、电磁炮（分为线圈炮、轨道炮和重接炮三种）、群射火箭等。军用机器人（具有某种仿人功能的自动机器的总称），可以用于执行战斗任务、侦察情况、实施工程保障等。目前正在研制的新概念武器，还有气象武器、深海战略武器等。

（一）新概念武器的内涵和基本特征

新概念武器是相对于传统武器而言的高新技术武器群体，目前正处于研制或探索性发展之中。它在原理、杀伤破坏机理（杀伤效应）和作战方式上，与传统武器有显著的不同，投入使用后往往能大幅度提高作战效能与消费比，取得出奇制胜的作战效果。

（二）新概念武器的主要特征

创新性——与传统武器相比，新概念武器在设计思想、工作原理和杀伤机制上具有显著的突破和创新，它是创新思维和高新技术相结合的产物。

高效性——一旦技术上取得突破，可在未来的高技术战争中发挥巨大的作战效能，满足新的作战需要，并在体系攻防对抗中有效地抑制敌方传统武器作战效能的发挥。

时代性——新概念武器是一个相对的、动态的概念。随着时代的发展和科技的进步，某一时代的新概念武器日趋成熟并得到广泛应用后，也就转化为传统武器。

探索性——新概念武器与传统武器相比，高科技含量大，技术难度高，在技术途径、经费投入、研制时间等多方面的不确定因素多，因而探索性强，风险也大。

二、新概念武器的分类

(一) 网络战武器

计算机病毒对信息系统的破坏作用，已引起各国军方的高度重视，发达国家正在大力发展信息战进攻与防御的装备与手段，主要有计算机病毒武器、高能电磁脉冲武器、纳米机器人、网络嗅探和信息攻击技术及信息战黑客组织等。研究的内容主要包括：病毒的运行机理和破坏机理、病毒渗入系统和网络的方法、无线电发送病毒的方法，等等。为了成功地实施信息攻击，发达国家还在研究网络分析器、软件驱动嗅探器和硬件磁感应嗅探器等网络嗅探武器，以及信息篡改、窃取和欺骗等信息攻击技术。在黑客组织方面，美国国防部已成立信息战"红色小组"，这些组织在和平时期的演习中，扮作假想敌，攻击自己的信息系统，以发现系统的结构隐患和操作弱点并及时修正；同时也入侵别国的信息系统和网络，甚至破坏对方的系统。另外，美国防高级研究计划局还在研究用来破坏电子电路的微米/纳米机器人、能嗜食硅集成电路芯片的微生物以及计算机系统信息泄漏侦测技术等。

(二) 基因武器

基因武器，也被称作遗传工程武器或 DNA 武器。它运用遗传工程技术，用类似工程设计的办法，按人们的需要重组基因，在一些致病细菌或病毒中"植入"能抵抗普通疫苗或药物的基因，或者在一些本来不会致病的微生物体内接入致病基因而制造成生物武器。基因武器的使用方法简单多样，可以用人工、飞机、导弹或火炮把经过遗传变异过的细菌、细菌昆虫和带有致病基因的微生物投入他国的主要河流、城市或交通要道，让病毒自然扩散、繁殖，使人、畜在短时间内患上一种无法治疗的疾病，使其在无形战场上静悄悄地丧失战斗力。由于这种武器不易被发现且难以防治，一些科学家认为，它的现实破坏性远远超过核武器。

(三) 束能武器

束能武器能以陆基、车载、舰载和星载的方式发射，突出特点是射速快，能在瞬间烧穿数百公里甚至数千公里外的目标，尤其对精确制导高技术武器有直接的破坏作用，因此被认为是战术防空、反装甲、光电对抗乃至反战略导弹、反卫星的多功能理想武器。目前，这一崭新机理的"束能技术"发展很快，X 射线激光器、粒子束武器、高能微波式武器等已走出实验室，准分子激光器、短波长化学激光器、等离子体炮、"材料束"武器等在加速研制中。束能武器中，微波射频武器被誉为"超级明星"，其强电磁干扰能使敌方雷达、通信混乱，能破坏敌方电子设备中的电路，发射强热效应可造成人体皮肤烧灼和眼白内障，甚至烧伤致死。

(四) 次声波武器

次声波武器是一种能发射 20Hz 以下低频声波即次声波的大功率武器装置。在空中，它能以 1200km/h 的速度传播，在水中能以 6000km/h 的速度传播，可穿透 1.5m 厚的混凝土。它虽然难闻其声，却能与人体生理系统产生共振而使人丧失功能。目前研制的次声波武器分神经型和内脏器官型两种，前者能使人神经错乱，癫狂不止；后者能使人体脏器发生共振，周身产生剧烈不适感，进而失去战斗力。由于次声波能穿透建筑物和车辆，因而躲在工事和装甲车里的人员也不能幸免。在波黑战争中美军就曾使用次声发生器发射次声波，几秒钟后使对方大批人员丧失了战斗力。次声波武器已被列为未来战争的重要武器之一。

(五) 幻觉武器

幻觉武器是运用全息投影技术从空间站向云端或战场上的特定空间投射有关影像、标语、口号的一种激光装置。可谓最直接的心理战武器。它的作用是从心理上骚扰、恫吓和瓦解敌军，使之恐惧厌战，继而放弃武器逃离战场。据报道，美国在索马里就曾使用过这种幻觉武器进行了一次投影效应实验，把受难耶稣的巨幅头像投射到风沙迷漫的空中。另外还有动能、智能、超微型、闪电、地震、气象等武器也正在研究中。

(六) 无人作战平台

21 世纪，随着微机电、微制造技术的快速发展，微型无人作战平台在军事领域越来越显示出巨大的应用价值。目前，世界研究的微型无人作战平台主要有两大类：微型飞行器和微型机器人。

(1) 微型飞行器。微型飞行器具有良好的隐蔽性，因此可执行低空侦察、通信、电子干扰和对地攻击等任务。美国 1997 年推出了为期 4 年的微型飞行器计划。其中的"微星"项目是一种可由单兵手持发射的微型飞行器，长度小于 15cm，重量不足 18g。因为形体微小，即使在防空雷达附近盘旋，也难以被探测到。在空袭阿富汗时，美军装备的无人驾驶飞行器第一次在战场露面就取得了不俗战绩，它在侦察的同时还能攻击地面活动目标，可谓"文武双全"。

(2) 微型机器人。微型机器人可分为厘米、毫米和微米尺寸机器人，有一定智能，可在微空间进行可控操作或采集信息，其最突出的优点是能执行常人无法完成的任务，而且可批量、廉价制造。美国研制的一种可探测核生化战剂的微型机器人，只有几毫米大小。还有一种构想中的"黄蜂"微型机器人，只有几十毫克重，可携带某种极小弹头，能喷射出腐蚀液或导电液，攻击敌方装备的关键电子部件。

(七) 非致命武器

非致命武器是指为达到使人员或装备失去功能而专门设计的武器系统。按作用对象，非致命武器可分为反装备和反人员两大类。目前，国外发展的用于反装备的非致命武器主要有超级润滑剂、材料脆化剂、超级腐蚀剂、超级粘胶以及动力系统熄火弹等。

（1）超级润滑剂。是采用含油聚合物微球、聚合物微球、表面改性技术、无机润滑剂等做原料复配而成的摩擦系数极小的化学物质。主要用于攻击机场跑道、航母甲板、铁轨、高速公路、桥梁等目标，可有效地阻止飞机起降和列车、军车前进。

（2）材料脆化剂。是一些能引起金属结构材料、高分子材料、光学视窗材料等迅速解体的特殊化学物质。这类物质可对敌方装备的结构造成严重损伤并使其瘫痪。可以用来破坏敌方的飞机、坦克、车辆、舰艇及铁轨、桥梁等基础设施。

（3）超级腐蚀剂。是一些对特定材料具有超强腐蚀作用的化学物质。设想一下，对坦克手来说，刀枪不入的复合装甲在这种腐蚀剂的作用下变软该是多么可怕的事情！

（4）超级粘胶。是一些具有超级强粘结性能的化学物质。国外正在研究将它们用作破坏装备传感装置和使发动机熄火的武器，以及将它们与材料脆化剂、超级腐蚀剂等复配，以提高这些化学武器的作战效能。

（5）反人员非致命性武器。它可使敌方战斗减员，使敌方造成沉重的伤员负担。目前国外正在研究的反人员非致命武器主要有化学失能剂、刺激剂、粘性泡沫等。

化学失能剂分为精神失能剂、躯体失能剂，它能够造成人员的精神障碍、躯体功能失调，从而丧失作战能力。最近，国外又在研究强效镇痛剂与皮肤助渗剂合用，它能迅速渗透皮肤，使人员中毒而失能。严格说来，这也是化学毒气的一种，不过不取人性命而已。

刺激剂是以刺激眼、鼻、喉和皮肤为特征的一类非致命性的暂时失能性药剂。在野外浓度下，人员短时间暴露就会出现中毒症状，脱离接触后几分钟或几小时症状会自动消失，不需要特殊治疗，不留后遗症。若长时间大量吸入可造成肺部损伤，严重的可导致死亡。

粘性泡沫属于一种化学试剂，喷射在人员身上立刻凝固，束缚人员的行动。美军在索马里行动中使用了一种"太妃糖枪"，可以将人员包裹起来并使其失去抵抗能力。它可以作为军警双用途武器使用，目前美国已开发出了第二代肩挂式粘性泡沫发射器。

第十节 新军事变革

一、新军事变革的主要内容

（一）历史上的几次军事变革

人类历史上发生过的新军事变革，往往与技术社会形态或兵器时代的演变密切相连。目前对历史上发生过的军事变革的划分有两种观点，一种观点认为：在人类历史上曾经出现过三种技术社会形态，即游牧社会、农业社会和工业社会。在游牧社会向农业社会过渡和农业社会向工业社会过渡的两次技术社会形态转型中，也出现了两次全面军事变革，即冷兵器军事变革和热兵器或机械化军事变革。现在，人类技术社会形态正在发生第三次大变革，世界处于由工业社会向信息社会的过渡时期。相伴着这次技术社会形态大变革的，便是第三次全面的军事变革，我们称之为新军事变革。

第二种观点认为：人类历史上发生了四次大的军事变革。第一次是从徒手及木石兵器发展到金属兵器的军事变革；第二次是从冷兵器发展到热兵器的军事变革；第三次是从热兵器发展到机械化兵器的军事变革；第四次即目前进行的由机械化兵器向信息化兵器发展的军事变革，也即新军事变革。

（二）新军事变革的实质

新军事变革即是把工业时代的机械化军事形态改造成为信息时代的信息化军事形态的过程。这就是新军事变革的实质。军事形态，一般指战争过程、军事理论、武器装备、军事组织、军事人员、军事训练、军事制度、战争动员等所有军事表现形式的总和。军事形态是技术社会形态的一部分。新军事变革，是以工业社会向信息社会转型为根本动因，以高技术特别是信息技术的飞速发展为直接动力，以信息为核心，以信息化军队建设为重点，以打赢信息化战争为目标的不断改革和建设的过程。

（三）新军事变革的基本内容

新军事变革是一个内容丰富的系统工程，主要包括以下方面：

（1）武器装备由机械化向信息化转变，最终实现信息化兵器主导战场。

（2）机械化军队向信息化军队的转型，建设新型的信息化军队。

（3）机械化战争的作战手段向信息化战争的作战手段转变，创新以信息资源争夺为主要内容的新作战手段。

（4）机械化战争的作战理论向信息化战争的作战理论转变，构建信息化战争的理论体系。

（5）最终完成由机械化战争形态向信息化战争形态的转变，驾驭信息化战争，取得信息化战争的胜利。

二、新军事变革的特征

恩格斯在《反杜林论》中指出："一旦技术上的进步可以用于军事目的，并且已经用于军事目的，它们便立刻几乎是强制的，而且往往是违反指挥官的意志，而引起作战方式上的改变甚至变革。"概括起来，这场新军事变革主要具有五个特征，即武器装备智能化，编制体制精干化，指挥控制自动化，作战空间多维化，作战样式体系化。

1. 武器装备智能化

武器装备智能化的重要标志是各类精确制导武器逐步成为战场的主角。在历时14年的越南战争期间，美军使用的精确制导弹药只占使用弹药总量的0.2%，当时使用的只是命中精度较高的灵巧炸弹。到了1991年海湾战争，美军使用的精确制导弹药占使用弹药总量的比例增至8%，当时主要使用的是"战斧"式巡航导弹。而这一比例在1999年科索沃战争和2001年阿富汗战争期间更分别上升到35%和60%。

2. 编制体制精干化

提高质量、减少数量已成为当今世界各国军队建设的普遍趋势。据伦敦国际战略研究所统计，1985年全球兵力总额为2794.66万，1999年降为2187.59万，减少607.07万，减幅达22%。通过裁减数量、调整编制体制、优化军兵种结构等措施，军队规模更趋精干，战斗力普遍增强。

3. 指挥控制自动化

自20世纪60至70年代起，为使指挥控制实时高效，世界主要国家军队纷纷着手开发C3I系统（Command，Control，Communication，Intelligence），把情报系统获得的信息通过通信这条生命线用于指挥部队和控制武器装备。80年代后，随着计算机的广泛使用，C3I加上了Computer（计算机）。90年代后又进一步发展为C4ISR系统，增加了Surveillance（监视）和Reconnaissance（侦察）。目前这一系统又发展为C4KISR，增加了"Kill"（杀伤）。指挥控制自动化之所以能发展到今天这样一个水平，要得益于Data Link（数据链）的发展。它是整个指挥自动化的"神经中枢"。

4. 作战空间多维化

随着科学技术在军事领域内的广泛运用，作战领域正逐步由传统的陆、海、空三维空间向陆、海、空、天、电（磁）五维空间扩展。海湾战争和科索沃战争表明，谁拥有制信息权，谁就能掌握高技术战场的主动权。而制信息权又离不开制天权。据统计，美国等国在海湾战争中共动用军事卫星33颗，在科索沃战争中共动用军事卫星50多颗，在阿富汗战争中也先后动用军事卫星50余颗。

5. 作战样式体系化

近期几场局部战争表明,高技术条件下的战争是系统与系统之间的对抗,诸军兵种的协同作战已发展到诸军兵种的联合作战。在机械化战争阶段有陆、海、空的协同作战,但它只是协同。随着信息化战争阶段的逐步到来,"空地一体战"、"空地海天一体战"便向着真正的体系对体系的"联合作战"发展,这其中的关键是信息技术的发展越来越成为诸军兵种之间形成完整体系的粘合剂。

三、新军事变革的影响

1. 新军事变革极大地冲击了传统战争理念

新军事变革改变了现代战争面貌,促使各国重新审视安全环境和战略策略,依据客观环境和主观需求积极主动地进行战略调整。20世纪90年代以来,美国出于维护其霸权的需要,已进行过三次军事战略调整:1992年布什政府首先提出"地区防务"战略;1995年,克林顿政府制定了"灵活选择和参与"战略;1997年,又提出"塑造、反应、准备"战略。俄、英、法、德、日等国不甘落后,为谋求在国际舞台上的有利地位,积极顺应世界新军事变革发展的潮流,纷纷进行战略调整。一些发展中国家基于维护自身安全的考虑,在战略上也作出了必要调整。可以预见,随着新军事革命的深入发展,各国还会进行新的战略调整并促进国际战略格局进行新的整合。

2. 新军事变革有可能加剧战略力量对比的失衡

新军事变革使各国已经存在的差距不仅不容易缩小,反而有可能扩大。可能会诱发新一轮军备竞赛,甚至导致发达国家和发展中国家军事系统特别是武器装备的新的更大的"时代差",从而对世界和平、发展和安全构成新的威胁。

3. 新军事变革使军事手段的地位和作用明显上升

新军事变革刺激新干涉主义进一步抬头,给世界和平与地区安全带来新的威胁。新军事变革为运用军事手段达成政治目的,提供了低风险、高效能、多样化的可能选择。如一枚导弹携带228枚精确制导反坦克子弹,攻击敌坦克群的能力与1000吨当量的核弹相当。现在,高新技术使战争的可控性显著增强,也使军事手段的运用空间进一步拓展。据统计,冷战时期发生的局部战争和武装冲突年均为4次,而冷战后年均却达10次之多。以美国为首的西方发达国家认为,拥有绝对军事优势是处理国际危机的前提。自1990年以来,美国对外出兵达60次,占二战后对外出兵总数的一半以上。

4. 发展中国家战略选择的难度进一步增大

新军事变革对发展中国家的国防建设也有一定的促进作用。比如,可以吸收和运用世界军事科技的成果,推动本国国防科技事业的发展;可以借鉴发达国家军事变革的经验,使本国的军事改革少走弯路。但是,世界军事发展的强劲势头是一把双刃剑，发展中国家在战略选择上面临两难困境：如果不顺应世界潮流，积极推进本国的军事变革，大力提高国防实力，与发达国家军队存在的差距就会越来越大，国家安全就没有保障；如果把主要力量用在军事发展上，就会影响国家经济建设，从根本上削弱国家的综合竞争能力。面对世界新军事变革的挑战，发展中国家何去何从，怎样决断，是一个关系重大、非常复杂的战略难题。

思考题

1. 军事高技术分为哪几大技术群？
2. 信息技术包括哪些技术？
3. 军事高技术的特点是什么？
4. 军事高技术的基础技术主要包括哪几项技术？
5. 军事高技术的应用技术主要包括哪几项技术？
6. 精确制导武器对作战的影响如何？
7. 集成电路产品的生成主要包括哪两项关键技术？
8. 当前，军事高技术前沿领域主要包括哪几项技术？
9. 在军事领域应用的新材料主要包括什么材料？
10. 军事高技术对现代战争行动带来了哪些影响？

第五章　信息化战争

第一节　信息化战争概述

一、信息化战争的内涵

信息化战争是建立在社会信息化基础上的新型战争。具体而言，信息化战争是指在信息时代，交战双方或一方以信息化军队为主要作战力量，以信息化武器为主要作战工具，以信息战为主要作战形式进行的战争。信息化战争是信息时代的基本战争形态。

信息化战争的内涵包括以下五个方面：

（1）信息化战争是信息时代的产物，是信息时代经济、科技、生产力水平和生产方式在战争领域的客观反映。

（2）战争工具决定战争形态，有什么样的战争工具，就有什么样的战争形态。信息时代战争工具的信息化、智能化和综合化，信息武器装备体系的形成，必然导致信息化战争的出现。

（3）信息化战争首选的、直接打击的目标是信息获取、信息控制和信息使用的系统及其基础，剥夺敌方信息控制权、使用权和对己方信息系统的威胁，建立己方的信息优势，进而实现己方的意志。

（4）信息化战争将主要在三条战线进行，即在军事战线、政治战线和经济战线上，以有形（暴力）和无形（非暴力）两种方式进行。

（5）信息化战争的核心资源是信息和知识，以及在信息控制下的物质和能量的综合对抗。

二、信息化战争的产生与形成

战争形态的产生与形成与人类社会的发展有着密切的联系，自战争产生以来，已经经历了游牧社会的徒手战争、农业社会的冷兵器战争、工业社会的热兵器或机械化战争。当人类进入信息社会时，信息化战争也必然会产生。20 世纪 70 年代以后，世界上所发生的局部战争，尤其是第四及第五次中东战争、美国空袭利比亚、马岛战争、海湾战争、科索沃战争和伊拉克战争，由于大量高新武器装备的使用，使战争面貌发生巨大变化，战争形态开始从传统的机械化战争向信息化战争转变。特别是20世纪90年代初的海湾战争及其之后的科索沃战争，使我们明显看到了信息化战争的雏形。战争中大量高技术武器装备广泛使用，战争规模突破了传统的有限战场的时空概念，作战行动在一体化的陆、海、空、天、电、网多维空间同时展开；以电子战为基本表现形式的信息领域对抗贯穿于战争始终，并对战争进程产生了巨大影响。武器装备的信息化和智能化程度大大提高，使战争面貌焕然一新。

（一）信息化战争的主要表现形式

1. 电子战成为战场信息领域对抗的主要形式

海湾战争中，为确保夺取战场主动权，多国部队在"沙漠风暴"行动前5个小时，动用了EF-111A、EC-130、TR-A、F-4G、EH-60等各型电子战飞机及其他电子对抗设备，在电磁空间开始了代号为"白雪"行动的战场信息领域对抗，大面积、长时间地干扰伊方的电子通信系统和军队C3I系统，致使伊方的指挥控制系统完全瘫痪，通信系统失灵，雷达屏幕一片雪花，广播电台也一度完全失常。当多国部队空袭行动开始时，伊军甚至不知道空袭来自何方，飞机无法升空迎战，导弹、高炮找不到打击的目标。空袭过程中，多国部队使用AGM-88A反雷达导弹准确地摧毁伊方防空火力，只要伊方的雷达一开机，数秒钟之内，反雷达导弹就可以准确地加以摧毁。以电子战为主要形式的战场信息对抗，使多国部队始终保持着战场上的主动。

2. 精确制导成为战场火力摧毁的主要手段

海湾战争中，多国部队大量地使用了带有战场信息处理功能的精确制导弹药，极大地提高了火力摧毁效果。因此，从一个侧面改变了传统的作战方式。"战斧"巡航导弹、"飞毛腿"地对地导弹、"爱国者"地对空导弹、"哈姆"空对地导弹、"海尔法"空对地反坦克导弹、"响尾蛇"空对空导弹、"霍克"地对空导弹等，将海湾战场变成了导弹格斗场。

1981年6月7日以色列8架F-16掩护各带2枚2000磅炸弹，由5架F-15空袭伊拉克核反应堆，2分钟使价值4亿美元、即将运转的反应堆完全破坏。

3. 军队C3I系统和多维空间力量一体化联合作战开创先例

海湾战争中，多国部队方面参战国之多、力量构成之复杂、使用的武器种类之繁多，都是"二战"以来少有的，然而，其各种行动的指挥协调程度却大大提高。在空袭阶段，多国部队平均每天出动飞机2000多架次，这些飞机分别从不同的基地起飞，沿不同的方向袭击不同的目标，但无一因协调控制不周而造成事故发生，这不能不归功于战场上强有力的自动化指挥控制系统。

（二）信息化战争产生与形成的主要标志

（1）数字化军队的出现。数字化军队，是指装备了数字化武器装备的武装力量。它主要是以计算机为支撑，以数字化信息网络为沟通信道，武器、装备通用化，指挥、控制、通信一体化，各个作战单位高度协调，从而最大限度地提高战斗力，发挥出最佳作战效能的整体作战力量。

（2）天军的出现。天军即航天部队，是运用航天兵器和航天技术在外层空间实施作战行动，或从外层空间向地面或中低空目标实施攻击的作战部队。

（3）信息化战场的出现。20世纪60年代以来，一大批新技术群迅速形成，如信息技术、生物技术、新材料技术、新能源技术、空间技术、海洋开发技术等。这些新技术群应用于军事领域，最终导致了七大军事高技术的出现，即远程突击技术、监视和指挥技术、人工智能和精确制导技术、电子战技术、空间战技术、核战技术和训练模拟技术。这些高技术渗透到武器装备中去，就使战场范围由陆地、海洋、空中扩展到外层空间和电磁空间，形成了信息化战场。

（4）新的作战理论的出现。在信息化战争中，联合作战理论将不断推陈出新，并走向深入，联合作战的军兵种增多，指挥层次减少，指挥系统趋向扁平化，联合作战中联合的模式更多、更复杂，联合作战中的各个单位的积极性、主动性将得到充分的发挥等；在信息化战争中，非线式作战理论将得到广泛应用，战场范围大大拓宽，部队的机动范围也越来越大，甚至在战争中始终保持机动，在机动中对敌实施攻击，在机动中实施防御，作战双方的战线变得复杂多变，甚至没有明显战线，形成双方部队犬牙交错的局面。在信息化战争中，传统的作战原则、歼敌原则将会发生改变，超视距打击将成为主要的打击方式。

（5）智能兵器的出现。在信息化战争中，武器装备与信息的结合程度将进一步提高，最后出现能够直接对信息进行处理的武器装备，即智能武器，它主要有能自动识别目标并实施攻击的智能导弹、能自动按照道路或航线行驶或飞行的智能车辆或智能飞行器、能对信息进行分析的智能传感器、能预先埋设并能自动识别目标的智能地雷，最高级的智能武器当属能体现人的作战能力的智能机器人。

（三）信息化战争的构成要素

传统战争有两大构成要素，一是人，二是武器。而信息化战争将紧紧围绕争夺制信息权展开，信息进攻与信息防御的攻防对抗将成为敌我双方较量的焦点，信息化武装力量、信息化武器装备和信息化指挥系统成为信息化战争力量构成的基本要素。信息化武装力量是决定因素，信息化武器装备是重要因素，信息化指挥是关键因素。

1. 信息化武装力量——人

信息化武装力量由信息化现役部队、信息化预备役部队、信息化武装警察部队和信息化民兵等力量组成。

（1）信息化现役部队

信息化现役部队是信息化战争武装力量的主体和骨干。

第一，信息化现役部队是以计算机技术为支撑，通过数字通信技术联网，使部队从单兵到各级指挥员，能够适时获取、传输和处理各种战场信息，保证作战行动协调有序、精确高效地进行。

第二，信息化现役部队广泛采用传感技术、定位和识别技术，具有先进的信息探测与获取能力，将侦察情报系统与数字通信系统、指挥控制系统相结合，各级指挥员能够清楚地掌握交战双方作战部署和作战企图，使战场呈现高度透明，可为集中优势力量打击敌要害及薄弱部位提供条件。

第三，信息化现役部队采用以先进的软件系统为核心的指挥控制系统和完善的数字通信系统，能够建立起可靠的战场指挥信息网络，从而把战斗、战斗支援和战斗保障力量联成一体。

第四，信息化现役部队的数字通信网络可实时传递"声、像、图、文"协同动作，以最快的速度形成战斗力。

第五，信息化现役部队利用数字通信系统和后勤技术指挥控制系统，可以提高后勤技术保障的时效性和灵活性，使繁重、复杂的作战保障变得简单、便捷。

（2）信息化预备役部队

信息化预备役部队是信息化现役部队的后备力量，用于补充、加强信息化现役部队或接替信息化现役部队实施作战任务。一般情况下，信息化预备役部队拥有一定数量的信息化士兵、信息化武器装备和 C4ISR 系统，但是，信息化预备役部队并不一定保持完整的编制，而是以少量的信息化现役部队为骨干，以预备役信息化士兵为基础，临时动员、编组起来的后备信息化武装力量。一旦遇有战事，经过快速、精确动员，信息化预备役部队可迅速转服现役，遂行作战任务。

（3）信息化武装警察部队

信息化武装警察部队是维持国内社会稳定和国家安全的一支不可缺少的力量。信息化武装警察部队由信息化武装警察部队、国家信息安全部队、信息化警备部队、信息化治安部队等构成。信息化战争不仅仅是国家间武装力量的暴力对抗，而且是国家间综合国力的较量。一个国家的社会稳定程度对于其能否赢得信息化战争具有极大的影响作用。在一般情况下，信息化现役部队和信息化预备役部队的主要任务是抵御侵略，捍卫国家主权和领土完整，而大量经常性的维持国内稳定的工作，需要由信息化武装警察部队来担负。通过发挥信息化武装警察部队的有效作用，可以为打赢信息化战争、保证国家信息安全发挥重要作用。

（4）信息化民兵

在信息化条件下，战争将逐步趋向于全民化，民众不上战场却可以直接参与战争。信息化民兵是开展信息化条件下人民战争的重要力量。信息化民兵具有一定的直接参加信息化战争的能力，其主要任务是对信息化现役部队的行动进行支援和保障。比如，为信息化现役部队直接提供兵源，担负各种信息化武器装备、战争物资的保障任务，为信息化现役部队提供其他物质和精神上的支持。更为重要的是，随着武器装备技术含量的增加，信息化民兵的主要任务将集中于为信息化现役部队提供技术保障，以确保信息化武器装备能够发挥出最佳作战效能。由于信息化战争具有无疆无界、全民皆兵的特点，信息化民兵可以通过网络袭击、特种作战等行动给敌人以沉重打击，有力地配合部队作战。

2. 信息化武器装备——武器

信息化武器装备主要由信息化弹药、信息化作战平台、军用智能机器人、单兵数字化装备等组成。

（1）信息化弹药

信息化弹药，即精确制导弹药，主要包括制导炸弹、制导炮弹、制导子母弹、制导地雷、巡航导弹、末制导导弹、反辐射导弹、钻地炸弹和激光制导炸弹等精确制导武器。目前，战役战术制导弹药的命中精度，近程的已达 $0.1 \sim 1m$，中程的小于 $10m$，远程的为 $10 \sim 50m$。例如，"铜斑蛇"近程制导炮弹，命中精度为 $0.3 \sim 1m$，只要发射 $1 \sim 2$ 发就能击毁一辆坦克，F-117A 战斗轰炸机使用激光制导炸弹，攻击伊拉克空军总部和电报大楼，达到了"直接点命中的最佳效果"；美军新研制的末制导子母弹，可装 6 个子弹头用于反炮兵和反坦克作战；英国的"阿拉姆"第三代反辐射导弹，采用新式微型电路和微处理机等软件控制技术，自主能力强，具有"发射后不管"的能力，一旦发现目标，导弹就自动寻的，如未发现目标，导弹会爬升到 1.2 万米高空，继续搜集辐射源。伊拉克战争中，美英联军发射了大量的精确制导武器，有效地攻击和摧毁了伊拉克的防空系统、指挥中心、战略资源等目标。如"战斧"巡航导弹的命中精度可达 $10m$；美军的 GBU-n 激光制导钻地炸弹可穿透 $30m$ 深的泥土和 $6m$ 厚的混凝土建筑；"联合直接攻击弹药"采用 GPS 复合制导和末制导后，攻击精度大大提高。精确制导弹药技术的发展已经经历了三代，目前正在向灵巧型和智能型方向发展。

（2）信息化作战平台

作战平台主要包括坦克与装甲车、火炮与导弹发射装置、作战飞机与直升机、作战舰艇等武器载体。信息化作战平台装有大量的电子信息设备，与 C4ISR 系统联网，是该系统的节点。它们不仅装有多种信息传感设备，以便探测敌方目标，为实施精确打击提供信息，还有足够的计算机系统及联网能力，为各种作战行动及时有效地提供辅助信息。信息化作战平台除了能充分利用己方和敌方信息外，还有拒敌利用己方信息的能力，有侦察、干扰、欺骗功能。目前，发达国家的军队已装备了多种信息化作战平台，如智能坦克、RAH-66"科曼奇"武装直升机、"百人队长"攻击型核潜艇等。

（3）军用智能机器人

军用智能机器人是指能代替士兵遂行各种军事任务的机械装置。军用机器人的战场用途十分广泛，既可驾驶坦克，操作火炮，直接遂行战斗任务，也可进行侦察、观测和监视；既可携带地雷、炸药攻击重要军事目标，也可运送弹药和物资，保障部队作战；既可完成排雷、布雷等危险任务，也可清除障碍，维修装备，护理伤员。军用智能机器人按用途分主要有战场突击机器人、战场侦察机器人、战场三防机器人、扫雷机器人等。如美军正在开发的"罗伯特"机器人，它可以随装甲部队一起行动，当接近敌方雷场时，便发射火箭，将直列装药射向敌人的布雷区，引爆附近的地雷，每引爆一次可清理长约90m、宽8m的一条通路。

（4）单兵数字化装备

单兵数字化装备是从头到脚，从攻击、防护到观察、通信、定位，能实时地侦察和传递信息，具有人机一体化等多功能特点的21世纪士兵在数字化战场上使用的个人装备。近年来，西方发达国家十分重视研制单兵数字化装备，如美国制定了"21世纪地面勇士"规划，英国推出了"未来野战军人系统"计划，法国已着手开发"未来士兵系统"，俄罗斯正在实施"巴尔米察实验设计工程"，澳大利亚则已开始执行"温杜拉工程"计划。

这些国家研制的单兵数字化装备主要由一体化头盔分系统、单兵计算机和无线电分系统、武器接口分系统、防护服分系统和微气候冷却分系统等五个分系统组成。

一体化头盔分系统能为士兵提供所有的视听信息。它的关键部件包括：高分辨率平板显示器，一体化夜视系统，完全一体化的微电子系统，以及多功能头盔。

单兵计算机和无线电分系统是"士兵系统的大脑"。这个分系统包括：计算机硬件单元，计算机软件单元（用于绘图和指令控制），一个与单信道地面和机载无线电台兼容的部件，一个用于班内通信的士兵无线电部件，话音识别部件，视频画面捕获部件，以及许多其他接口部件，如个人状态监控器、战斗识别分系统、化学检测分系统、地雷探测分系统等。

武器接口分系统能与一些武器瞄准系统连用，其中包括AN/PAS-13热成像瞄准仪，以及陆军下一代单兵武器。它们均装有红外探测器和高效瞄准具，集观察、瞄准、射击于一体，能完成昼夜监视、跟踪、精确射击等任务。

防护服分系统包括护身甲、背负装备和制式服装，可以使士兵防化学和生物武器，防轻武器与弹片，可减少被敌发现的红外特征。

微气候冷却分系统是一种重约10磅、能在4小时内连续生产300W代谢冷气的制冷机。这种制冷机能使士兵在高温条件下穿着核、生、化防护服执行作战任务，保持身体凉爽。

3．信息化指挥控制系统——信息

以计算机技术为基础建立起来的战场指挥控制系统，将使数字化部队更迅速、更精确地处理各种信息，简化指挥程序，提高指挥效率，灵活、及时、准确地实施作战指挥控制。

C4ISR系统是指挥、控制、通信、计算机、情报、侦察、监视系统的简称。C4ISR系统是军队的"神经和大脑"，它能把军事力量中的各个要素、战场上的各个作战单元充分地粘合在一起，使其动作协调，发挥出最佳的整体效能。C4ISR系统由传感系统（情报系统）、导航系统（控制系统）、指挥中心和通信系统四大部分组成。传感系统的主要任务是监视敌方行动，如部队调动、导弹发射、飞机起飞和舰艇出航等，主要依靠探测卫星、预警卫星、雷达、无线电监听、高空侦察机等获取有关情报。导航系统通过导航卫星与导航雷达向地面部队、海上舰艇和空中飞机通报它们与目标的准确位置。指挥中心是C4ISR系统的中枢神经，其核心设备是大型电子计算机。它将收集到的各种情报自动进行综合分析，并将敌我双方的态势显示在屏幕上。通信系统用来完成情报和命令的传输，主要由传递信息的各种信道、交换设备和通信终端设备组成。英军正在研制平台综合指挥控制系统、联合战术信息分发系统、作战数据自动化指挥系统等。俄罗斯、日本、印度等国也投入大量资金开发各种C4ISR系统，以适应信息化战争的需要。

三、信息化战争的基本特点

随着信息时代的到来和信息技术在军事上的广泛运用，以信息为基础的信息化战争，作为一种新的战争形态正在逐步取代机械化战争。信息化战争是信息起主导作用的战争，是使用信息、信息化武器装备进行的战争，它具有与以往任何战争形态所不同的显著特点。

1. 战场空间多维化

伴随着战争形态的不断发展，战场空间维数也在不断增加。冷兵器时代的战争中，战争手段较为简陋，作战方式简单，作战双方往往以密集方阵形式进行"点对点"的对冲。这时的战争在空间上表现为一维性。热兵器时代的战争中，交战双方在较宽的正面和较大的纵深进行作战，战争在多方向进行，战场呈平面二维性。机械化战争中，随着坦克、飞机、军舰的出现，军队的成分发生了变化，除陆军、海军外，空军应运而生，将战场空间一下子由平面二维扩展为空间立体三维。而信息化战争中，作战行动不但充斥于正常的三维物理空间，同时信息领域的对抗也将异常激烈，空中的较量还将拓展到太空领域，于是，人们借用物理空间中"维"的概念，将信息化战争称为空间多维性战争。

（1）陆地。陆地是人类战争有史以来的主战场。随着技术的进步，人类逾越空间的手段增多、能力增强，地面战场的地位与作用有所下降。但是，这并不意味着陆战场在信息化战争中就无足轻重。因为人们不可能从根本上否定自己长期赖以生存的场所，战争不可能只停留于空中、海上或是太空，信息化战争的最后角逐仍将在地面进行。

（2）海洋。随着时代的发展，越来越多的国家开始意识到海洋的重要经济价值，海洋的权益观不断加强，再加上技术的发展为各国加强海上力量建设奠定了物质基础。可以预见，在未来信息化战争中，海战场的地位与作用还将上升，成为主战场之一。

（3）空中。空战场也一直是人类现代战争的主战场之一。今天，现代信息技术不断物化于空中力量中，改变了传统的空战方式，让人们最先感受到了信息化战争形态的到来。在未来信息化战争中，空战场将与陆战场、海战场一样，也是敌对双方激烈较量的"舞台"。

（4）太空。太空战场将成为信息化战争中的第四维有形战场。随着航天技术的发展及其在军事领域的广泛应用，太空战场日益成为继陆、海、空战场之后的第四维有形空间。近年来，世界主要军事强国已越来越重视太空武器在战争中的运用。可以想见，太空必将成为未来信息化战争的又一个制高点。

（5）电子。无形的电子信息对抗充斥于有形战场空间中。军事领域的信息对抗自古以来就有。然而，电子信息领域的激烈对抗却是信息化战争所特有的，是大量武器装备信息化的必然结果。电子信息领域是信息化战争的重要组成部分。电子信息领域的较量最早出现在20世纪80年代的一些战争，最初表现为电磁频谱范围内的较量。随着数字技术的发展，战场图像、声音等原先的模拟信息也逐步实现数字化，战场通信逐渐走向信息的数字化、手段的网络化。因此，计算机领域的对抗也已成为目前信息化战争中电子信息战场的重要组成部分。

（6）网络。网络对抗是网络进攻和网络防御的总称，是指最大限度地破坏敌方计算机网络系统，并有效防止己方计算机网络系统遭敌破坏而采取的信息作战行动，是信息对抗在计算机网络空间的具体体现。目前网络战的范围不仅是军队的网络系统，而且还包含国家的网络系统，其具体目标是网络中的数据库、网站、节点、信道以及用户计算机等。其采取的主要手段包括：网络袭扰、病毒攻击、数据轰炸、预置陷阱、信道干扰和节点破坏等网络攻击手段，以及防网络渗透、防病毒攻击、防电磁泄漏和防数据失窃等网络防护手段。随着计算机网络的发展和人类社会对信息网络依赖性的增强，以及战场的日益网络化，网络已成为国家和军队赖以生存和正常运转的基本条件，正因为如此，网络已成为现代作战的重要目标，而网络对抗也就成为现代战争的一种全新的、不可或缺的信息攻防手段。社会政治、经济、文化、军事对网络的依赖性越大，网络攻击的效果就越显著，网络防御的重要性也就越突出。

2. 作战力量一体化

武器系统的信息化和智能化，带来了作战力量的一体化。这也是信息化战争区别于机械化战争的重要标志。作战力量一体化是指分布在信息化战场所有空间相互独立的作战单元，通过数字化通信网络联结为一体，形成具有新的或更高层次的整体性质或状态的作战系统。这种新的作战系统能围绕一个统一的意图，自觉地协调行动，形成整体合力。

（1）信息化战争是多种战争力量在多维战场空间的一体化联合行动。其参战力量的一体化与机械化战争中的诸兵种力量合成化有着根本性的区别。机械化战争中的诸兵种力量合成化强调的是具体兵种兵器的搭配与组合，是一种外在的、形式上的"无机合成"，而信息化战争作战力量一体化则通过各力量成分、作战单元的有机组合，将各自的作战效能凝合为一个整体，是一种内在的"有机整合"，而绝不是各种力量成分、各组成部分的简单相加、松散组合。如果用现在较为流行的"鸡蛋理论"来打比方，我们可以将信息化战争各参战力量视为若干个鸡蛋，当这些鸡蛋放在同一个篮子里时，它们只是相互间的简单叠加，系统功能未发生质变；当将这些鸡蛋打破在同一个碗里时，它们则是貌合神离的"无机合成"，系统功能仍未发生质变；当将碗里的蛋清和蛋黄充分搅拌后，它们已经是相互融合的"有机整合"，系统功能就发生了质的飞跃。同样的道理，一体化的作战力量就如同将各子力量充分"搅拌"，使其相互交融，形成真正的有机整体。

（2）横向一体化技术是实现作战力量一体化的关键。过去武器装备的发展主要是走纵向一体化发展道路，使各武器系统呈现单项家族化、系列化、专业化和功能化。这种发展模式主要局限在单项武器系统的发展上，武器系统之间的关系并没有实质性的改变，它最多只能引起战场局部范围或作战行动的某个环节的战斗力提升，很难使整体战斗力发生质的跃升。现在，随着以数字融合技术为核心的横向一体化技术在军事领域的广泛运用，作战力量的性质与过去相比发生了巨大的变化。横向一体化技术着眼于战场上各种武器装备系统间的融合和协调，通过引入数字信息系统和网络技术，使用同一技术标准和规定，从而打破了各军兵种之间严格的任务界限，将广大战场空间内不同作战地域紧密地联结在一起，最终实现作战力量的一体化。

（3）实现作战力量由"以平台为中心"向"以网络为中心"的转变是实现作战力量一体化的标志。横向一体化技术只是为信息化作战力量一体化创造了基础性条件。要真正实现作战力量一体化，还需对力量的结构和行动方式进行彻底的变革。1997年4月，美军提出的"网络中心战"概念就是对信息化作战力量一体化进行的有益探索。美军认为，机械化战争作战力量构成及其行动方式都是以作战平台为中心的，作战平台主要依靠自身的传感器和武器形成战斗力，平台所装载的传感器的种类和探测能力决定和限制了平台的作用，平台之间只能通过有限的几种方法共享信息。而未来信息化战争中，所有的通信系统、传感器和武器系统将组成以计算机为核心的网络。这一网络可以实现真正意义上的信息一体化，各级指挥员可以利用网络交换共享大量的图文信息。一方面，上级指挥员可以指挥控制各作战力量围绕总的意图统一行动，统一调配战场资源；另一方面，各作战力量通过网络即时感知整个战场基本态势，自觉执行作战命令，使各作战力量实现"自主协同"。

3. 战争过程短暂化

以往战争有一个共同特点，即规模较大，持续时间较长。然而，随着信息技术的发展，战场信息传输与处理的时间极大地缩短了，作战行动节奏大为加快，战争持续的时间呈短暂化趋势。

战争的胜负往往在几个月、几周甚至几天、几小时、几分钟即成定局。如1978年第四次中东战争打了18天，1982年英阿马岛战争打了74天，1991年海湾战争打了42天，其地面交战不过100小时，1999年科索沃战争打了78天，2003年伊拉克战争大规模作战行动只持续了20天。美国入侵格林纳达作战行动只有4天，美国袭击利比亚行动只有18分钟，以色列空袭叙利亚贝卡谷地只有12分钟。

战争持续时间短暂化的主要原因：

（1）战争目的有限。战争的军事目的必须服务于政治目的。信息化战争中，指挥员不再谋求攻城略地式的军事征服，而是打击、削弱和瘫痪对手，动摇其政治、经济基础。信息化战争有限的战争目的，决定了它的持续时间不可能太长。为了有效地控制战争的规模，达成有限的战争目的，尽量不使战争升级，拥有信息化武器的国家往往在战略上力求速战速决。

（2）战争的高消耗。信息化战争是经济高消耗的战争。这是因为信息化战争中使用的各类武器装备，不仅杀伤破坏力大，而且打击精度、战场摧毁力相当高，这无疑会使交战双方的战场物资消耗与武器装备的损耗大幅增加。而且，技术含量极高的信息化武器装备，其研制、开发过程复杂，难度大，造价与平时的维护费用高。信息化战争在经济上的高消耗客观上限制了战争的持续时间。

（3）战争的高效率。信息化武器装备在构成上由于增加了战场信息处理技术，其战场目标发现效率高，目标打击精度高，力量投送速度快，指挥决策近实时，因而带来了信息化战争的高效率。战争无需经过较长时间的作战行动和战争力量对比转化，就可以迅速达成战争目的。

4. 作战行动实时化

作战行动实时化是指部队在战场上反应敏捷、行动迅速，实时地根据战场态势的最新变化，在极短时间内做出决策，制订计划，以最快的速度将战斗效果直接投放到新出现的战场态势上，迅速达到行动目的，而不是像以往战争那样，实施一次战役或战斗，往往需要提前几天至少需要数小时，进行多方筹划，尔后才按部就班地采取行动。

（1）战场信息获取能力是作战行动实时化的基础。目标发现效率的高低直接影响着战斗行动效率的发挥。高度信息化的侦察设备大大扩展了战场信息获取的范围，缩短了对目标的侦测反应时间。这种高精度、大范围、近实时的战场信息获取能力，使得拥有信息化武器的一方，能及早获取信息，迅速做出决策，近实时地采取行动。

（2）战场信息网络化是作战行动实时化的保证。过去，侦察得来的战场态势、目标信息要经过由下至上的逐级传递，才能到达指挥控制中心，而指挥员在参谋人员的辅助下对情报信息处理分析后定下的决心，在转化为作战命令、作战计划后，又要由上至下地逐级传达到最底层的战斗人员。在这种纵向式、多层次接力式信息传递过程中，每一个环节都会花费一定时间，容易贻误战机。而在信息化战争中，战场的信息传递、处理实现了网络化。互联网络不仅保证了同一距离上信息传递速度大为提高，而且实现了各网络用户的战场信息共享。战场目标信息一旦获取，指挥中心、有关部（分）队、战斗单元都可以同时共享，而作战命令和作战计划的相关内容则可以通过网络同时传达给各下级单位甚至战斗员。这样，从获取信息到采取行动的时间大为缩短了，由过去的几天、几小时缩短到几分、几秒，基本做到了实时化。

（3）指挥手段自动化是实现作战行动实时化的关键。指挥手段自动化是信息技术进步带给军事领域的又一重大变化。指挥手段的自动化集中体现在战场信息处理的计算机化上，即由计算机数据自动处理代替繁琐的手工作业方式，从而大大加快了战场信息的处理速度。据有关资料显示，在以往的战争中，运用手工作业方式，指挥员要把85%的时间用于大量的信息处理和复杂的信息数据计算上，而真正考虑战役战术问题的时间只有15%，而信息处理实现自动化后，指挥人员至少可用85%的时间去进行创造性的决策活动。当战场信息传递到指挥中心后，计算机就自动地对各种信息数据进行综合、分类、存贮、更新和计算，协助参谋人员拟制作战预案，并可快速地运用有关数学方法对各种方案进行运筹分析、评估选优，选出最佳方案，供指挥员决策参考，一旦定下决心，计算机就可迅速地以文字、表格、图形、图像等形式输出作战计划，从而省去了大量的时间，使定下作战决心与作战进程几乎同步进行。

5．作战样式多样化

作战样式是战争形态的具体表现，有什么样的战争形态就必然会出现什么样的战争样式。信息化战争除拥有机械化战争原有的一些作战样式外，还增添了新的作战样式，使其作战样式呈现多样化。

（1）"网电一体"。网电一体战将成为未来信息化战争新的作战样式。微电子技术、计算机技术和通信技术的飞速发展及在军事领域的广泛应用，使得战争形态正由物质和能量主导型变成信息主导型，围绕制信息权而进行的作战活动在军事领域全面展开。电子信号和网络媒介是目前信息传输的主要载体,要取得制信息权,最有效的办法莫过于在控制和破坏敌方的电子设备和网络的同时,保护己方电子设备和网络免遭敌方破坏。因此,围绕电子设备和网络的控制与反控制、破坏与反破坏的电子战与网络战将成为未来信息化战争的"主旋律"。随着信息依赖的载体正由分离式电子设备向网络化电子设备发展,针对某一个电子设备实施干扰压制,取得的效果将极其有限。必须借助网络战手段,才能对网络化电子系统实施整体上的攻击,取得整体效果。同时,由于敌方网络难以物理接触,网络战手段必须借助电子战手段,才能以无线的方式达成网络攻击效果。这样网络战和电子战逐渐向一体化方向发展,"网电一体战"这一信息化战争中才有的作战样式应运而生。"网电一体战"不是网络战和电子战两种作战样式的简单组合,它要求在信息化战场上,将网络战和电子战有机融合,以破坏敌方战场网络化信息系统及其运行并保护己方战场网络化信息系统及其运行。我军在未来作战力量建设、武器装备发展以及人才的培养上都应适应这一作战样式的要求。

(2) "软硬结合"。情报战、心理战和实体精确摧毁等是信息化战争的重要作战样式。围绕信息的获取权、控制权和使用权的争夺而展开的信息对抗将贯穿信息化战争的始终。其中,以信息获取权为目的的情报战既是信息化战争不可或缺的组成部分,更是展开其他信息对抗与争夺的基础。也就是说,情报战是信息化战争中实施其他作战样式的前提条件,没有情报战,就不可能有效地实施心理战、网电一体战和实体精确摧毁等其他作战样式。心理战是运用心理学的原理,通过宣传和其他活动从精神上瓦解敌方的一种作战样式。心理战是一种特殊的作战样式,其特殊之处就在于它具有与时代发展密切相关的特殊的作战理论和作战手段。心理战的理论基础是心理科学。在信息技术高速发展的今天,心理学与哲学、社会学、自然科学等其他科学相互渗透、相互交融,为心理战理论的发展注入了新的生机和活力。同时,心理战的作战手段发展异常迅速,特别是电视等宣传媒体以及互联网在军事上的广泛运用,使得高科技手段越来越多地融合到心理战之中。实体精确摧毁,是信息化战争一方借助智能化武器弹药,对敌方的指挥控制系统和战场有生力量进行毁灭性的打击。它作为信息化战争的基本作战样式之一,改变了以往"粗放型"的火力打击模式,而将打击点聚焦于敌方的重心,比如 C4ISR 系统等,用较小的代价即可达成最佳作战效果,这是信息化战争所独有的。

6. 作战效果精确化

战争是交战双方通过多种渠道、以各种形式凝聚能量,并以一定方式在战场上释放能量的竞赛。信息化战争中,信息技术不断融合到武器系统之中,战争能量将是机械动能、热能、信息能三者之和,各种能量将是在信息控制下的有限精确释放。这就带来了信息化战争的效果精确型形态特征。

（1）精确动员。精确动员是其他"精确"的基础。在以往的战争中，为了确保实现战争目的，往往强调最大限度地动员、调集战争力量。信息化战争强调的是局部动员、精确动员，"以质代量"，"量锅下米"，争取做到不浪费一兵一卒。

（2）精确选择。要想作战效果精确化，首先打击目标的选择要精确。拥有信息化武器装备优势的军队，为了更有效地利用战争手段，不使战争无限升级、规模扩大，必然要在战前精心测定并科学选择攻击目标，以便实施精确打击。

（3）精确使用。信息化战争中，过去以量取胜的用兵观将被精确用兵观所取代。依据这一原则，美军提出了"力量投送"、"兵力投送"概念，即在战场上，根据作战任务种类与大小，充分估计到可能的伤亡，精心选用与组合作战部队。能用一个连解决问题的不用两个连，能用一架飞机解决问题的不用两架飞机。

（4）精确打击。可从两个方面理解，一方面火力打击的位置要精确。自从火药用于战争之后，火力摧毁一直是战争双方进行物质摧毁的主要手段。但过去用于火力摧毁的弹药没有信息处理功能，火力摧毁的效率不高。比如，在越南战争中，美军为炸毁一座桥梁，要出动600余架次的飞机，投掷上千枚炸弹。而在信息化战争中，各种具有信息处理功能的弹药制导技术的应用，极大地提高了火力打击的精度，基本上实现了点对点的打击。另一方面火力打击的力度要精确。打击行动由自动化指挥控制系统严格控制。没有附带损伤的远程精确打击，将成为信息化战争中的基本火力突击样式，而地毯式轰炸、大面积射击将退出历史舞台。

（5）精确评估。精确评估是指对作战效能的准确评估。作战效能评估，是指按照统一的标准和规则，对武器或武器系统在作战中发挥作用的有效程度和部队的作战能力进行的量化和评价。通过对采集的作战效果信息进行科学精确的量化、分析和评价，掌握作战的效果，尔后反馈给作战指挥中枢，对作战方案和作战决心进行修正、完善，对作战行动进行更有效的协调控制，继而进一步提高作战效果。精确评估是检验作战方案科学性、部队作战能力和作战效果的重要途径，主要包括作战方案评估、指挥控制效能评估、机动效能评估、打击效能评估、保障效能评估、防护效能评估等等。

四、信息化战争的基本作战样式

不同的战争形态，有不同的作战样式。信息化战争也不例外，也有其特定的作战样式，主要有精确战、网络战、电子战、情报战和心理战等。

1. 精确战

信息化战争的目标毁伤机制可归纳为两大类型：一是有形的物理毁伤或硬杀伤；二是无形的非物理毁伤或软杀伤。精确战则是以有形的物理毁伤或硬杀伤手段实施的作战样式。精确战是在信息的支持下，运用精确制导武器对敌人实施精确打击的一种作战，如伊拉克战争开始的斩首行动等。

伊拉克战争中，美海军一架 A-6 攻击机发射 2 枚英国产的"斯拉姆"导弹飞向伊拉克的一座发电站，首先发射一枚命中发电站正面护墙，炸开一个大洞，随着另一枚导弹接踵而至，非常精确地穿洞而进，在发电站内部爆炸，彻底摧毁了这座发电站。

2. 网络战

网络战的出现是信息化战争的一个根本性标志，在信息化战争中处于特殊的地位，发挥着特殊的作用。网络战是以计算机和计算机网络为主要目标，以先进信息技术为基本手段，在整个计算机网络空间上各类信息攻防作战的总称。成功地实施网络战，可以使军队的作战能力倍增。同时，网络战还是国家及社会集团间信息冲突的主要内容，涉及政治、经济、文化、外交等领域。它是一种和信息系统紧密关联的斗争，包括保持己方信息及信息系统安全，并寻求否定对方信息，瓦解、破坏、欺骗对方信息系统安全的对策，涉及舆论、宣传、文化颠覆以及经济制裁、外交斗争等多种行动。

在科索沃战争中，南通社专门开设了以"科索沃危机"为题的网址宣传南联盟进行反侵略战争的正义行为，发动电脑专家以互联网为媒体，攻击北约的计算机网络系统。3 月 29 日，美国白宫网站因受"黑客"攻击而无法工作，北约轰炸行动中气象保障所依赖的英国与西班牙气象局网站，也受到"黑客"攻击而损失严重；3 月 31 日，北约的互联网址及电子邮件系统同样遭到"黑客"的攻击，部分计算机系统受重创；4 月 4 日，北约军队网络通信一度陷入瘫痪，美海军"尼米兹"号航母上有的计算机系统也遭到病毒攻击瘫痪 3 个多小时，这一切都给北约造成了心理上的打击。

3. 电子战

电子战是指利用电磁能和定向能以控制电磁频谱，为削弱和破坏敌方电子设备的使用效能，同时保护己方电子设备正常发挥效能而采取的措施和行动。电子战主要包括电子侦察、电子进攻和电子防御三个部分。电子战不仅是信息化战争的一种基本作战样式，而且在信息化战争中具有特别突出的作用，是实现信息化战争战略目标最有力的保证之一。

1982 年 6 月，以色列空军对叙利亚的战略要地——贝卡谷地的空袭就是一例。6 月 9 日，叙利亚的贝卡谷地突然响起了警报声，叙利亚军队的雷达发现了大批以军的飞机。当叙利亚的指挥官下令用导弹实施攻击时，他们却没有想到，以色列派出的竟然是遥控无人飞机，这些遥控无人飞机去干什么了？是通过上面装备的雷达波增强器来引诱叙利亚军队发射导弹，叙利亚果然中了圈套，"萨姆"系列地空导弹的雷达开机了，导弹也相继发射了。

然而，当飞机被导弹击落后，叙利亚的士兵却突然发现，在以军被击落的飞机中，竟然没有一名飞行员跳伞逃生。更令他们吃惊的是，被击落的以军飞机竟是塑胶制成的。待叙利亚的指挥官意识到中计后，已经为时太晚了。叙利亚防空导弹阵地的警戒雷达、火控雷达和导弹制导系统的电磁波信号，早已被在附近上空飞行的以军 E-2C 预警机的电子侦察系统接收到了，并迅速通过机载指挥控制系统进行分析后，通报给了正在空中待命的 F-15、F-16 突击机群。14 时 12 分，以军出动飞机 96 架，仅仅 6 分钟的时间，叙利亚的 19 个萨姆导弹阵地（2 个萨姆-2、2 个萨姆-3 和 15 个萨姆-6）全部被摧毁。第二天以军再次出动飞机 92 架，又摧毁了叙军的 7 个地空导弹阵地，使得叙利亚人苦心经营多年、耗资巨大的防空体系毁于一旦。这个战例充分说明了，成功地实施电子战，并取得战场控制权，对于赢得空袭作战的胜利是至关重要的。

4. 情报战

情报战是指一个国家或集团为满足战争需要，采取各种手段，有意识、有目的、有组织地搜集和窃取敌人情报，为其制定战争政策、方略、计划和行动方案提供依据而展开的活动。情报战之所以能飞速发展，成为信息化战争中一种独立作战样式，并进而成为一个不可缺少的组成部分，关键就在于现代科学技术特别是信息技术的飞速发展和广泛应用，为情报作战创造了条件，提供了手段。如雷达、光学探测装置（可见光遥感装置、红外遥感装置、多光谱遥感装置、微光夜视器材、激光探测装置）、电子侦察设备、声学探测设备、地面传感器等。与传统的情报战相比，信息化战争中情报战的对抗更加激烈，形式更加多样。海湾战争期间，为获取更多的情报信息，用于侦察的卫星 34 颗，同时还使用了 15 颗国防通信卫星；出动 300 多架电子侦察与监控飞机和直升机；设有 39 个无线电监听站；启用 8 个电子侦察营和 5～7 个电子情报连、11 个航空和装甲侦察中队约 13 000 余人，致使伊军陷入了雷达迷茫、通信中断、指挥失灵的混乱状态。伊拉克在遭到空袭 10 分钟后才有还击枪声，近 1 小时后才拉响空袭警报，实行灯火管制。在首次空袭中伊军有 100 部雷达开机，由于遭到反雷达导弹和精确武器打击，4 小时后只剩 15 部。

5. 心理战

心理战是研究如何利用人的心理规律，按照己方的目的，通过有效的信息去影响和改变对方心理的行动。心理战不仅包括对敌人实施心理打击，动摇和瓦解敌方的民心士气，还包括巩固己方的心理防线，激励本国军民的士气，使其始终保持旺盛的斗志和敢打必胜的信心。心理战最基本的手段主要有心理宣传、心理欺诈和心理威慑。海湾战争中，美军为涣散伊拉克的民心、动摇伊军的作战意志，精心炮制了许多谣言和广泛实施了心理战。在伊拉克境内散发了大量的录音带和录像带，偷运和空投了 9 000 多个专门收听美国电台广播的微型单频收音机，散发了2900万份传单，投放了10 000多个内装传单的漂流瓶。其内容主要是：告诉伊拉克官兵，如果投降，将受到善待，如果抵抗，则面临死亡，还详细说明了向联军投降的方法。

结果7万名伊军官兵成建制地向美军投诚。这些舆论宣传起到了关键作用。据战后美军统计，在向美军投诚的7万名伊军官兵中，承认看过传单的占98%，而相信传单内容的就达88%，70%的人承认正是传单帮助他们下定决心放下武器，80%的战俘承认曾定时收听美军电台的广播。

第二节 信息化武器装备

一、信息化武器装备的作战运用

信息化武器装备主要是指作战平台和有效负载以计算机和信息技术为主导，以系统集成和信息控制为手段，通过对目标进行精确打击、实时控制、信息攻防等进行瘫痪作战。

（一）C4ISR系统

发现目标就意味着打击目标，而打击目标就意味着摧毁目标。因此，及时准确地发现目标，是精确打击目标的基础和前提。发现目标，主要通过侦察监视和预警系统实现。美军的侦察、监视和预警体系基本覆盖了所有维度、所有空间、所有频段。对地面目标的侦察、监视和定位，主要是依靠空天一体的C4ISR系统。美国的全球定位系统提供军码和民码两种信号，具有全球、全天候、全天时无源三维连续定位能力，具有很高的定位精度。全球导航定位系统广泛应用于各种作战平台，以及巡航导弹、战术导弹、精确制导炸弹等武器装备。

电子信息装备在作战中的运用效能，主要是看信息化和一体化程度的强弱。所谓信息化和一体化，核心是C4ISR系统，目的是发挥粘合剂和力量倍增器的作用。这些作用主要表现为三大特点：技术融合，系统集成；结构优化，固强补弱；横向一体，效能可控。

（二）信息战装备

信息战是C4ISR系统与C4ISR系统的对抗，是信息优势的争夺，主要目的是确保己方信息系统正常运行，免遭敌方利用、破坏以致瘫痪；同时，设法利用、破坏敌人的信息系统，使之处于瘫痪、迷茫状态。信息战包括战略信息战和战役信息战两大部分。

战略信息战是一种不必宣战、不受任何国际法规约束、不受国界限制、不必耗费大量资金和武器、效费比非常高的一种新型作战样式。其主要特征是范围广泛，涉及国家政治、经济、科技、军事等各个要害部门和特殊领域；方式特殊，涉及心理战、舆论战、欺骗战、媒体战等特殊手段；目标特殊，主要是通过诱骗战、心理战、信息威慑等攻击敌人的认识体系和思维体系；危害巨大，能使整个国家的经济、政治或军事陷入瘫痪，甚至能使其发生政权交替；人员特殊，参战人员不一定是军人，计算机专家、国际犯罪集团、别有用心的黑客或恐怖组织等都可能成为参战人员。

战役信息战是发生在战斗空间内的信息战，是指为准备和进行一场战役，综合运用信息技术手段和各种信息化武器、信息化作战平台和C4ISR系统，在侦察探测及预警、信息处理与传递、武器控制和制导、作战指挥与控制、伪装欺骗与干扰以及军事谋略等方面展开的全面对抗和斗争。战役信息战是通过干扰或打乱敌方决策程序，使敌方无法有效采取协调一致的行动。因此，要先影响敌人决策，然后再影响其行动，即先赢得空中电磁优势，再取得空中优势，最后使用常规部队采取作战行动。夺取了制信息权，就夺取了战斗空间的主动权，而且为争夺制陆权、制空权、制海权和制天权奠定了一个良好的基础和必要条件。

战役信息战的基本作战力量和手段是数字化部队及信息化武器装备，主要内容包括作战保密、军事欺骗、电子战、心理战和火力摧毁，核心目的是争夺战斗空间的信息获取权、控制权和使用权。战役信息战是信息体系的对抗，它直接影响到整个战斗空间、整场战争的进程和成败。战役信息战的主要作战样式是电子战和网络战。电子战是战役信息战的一个重要组成部分，主要是针对敌人通信、雷达等电磁辐射源进行的诱骗、干扰、破坏和摧毁活动。海湾战争中，电子战不仅首次大规模使用，而且正式作为战争中的一个战役阶段和特定战役行动。科索沃战争中，北约使用了大量电子战装备，并首次使用了电磁脉冲炸弹。网络战是在计算机网络空间，利用因特网进行的一种网络对抗活动，在科索沃战争中首次使用。北约网络战的措施包括网络宣传、黑客攻击、袭击金融网络等。南联盟网络战的主要特征是人民战争模式，网迷、电脑迷和计算机爱好者自发地进行了大量网络作战行动：如开展网上宣传，攻击北约网站，利用网络传递情报等。

伊拉克战争中，信息战主要体现在战略信息战和战役信息战两个方面。开战之前，美军进行了心理战、网络战和电子战。心理战是采用信息手段对伊方思维观念和认知体系发动进攻，主要目的是使之丧失心理防御能力，从精神上、心理上、意志上、信仰上使对方彻底瘫痪；网络战是在因特网上进行的，主要包括网络宣传、黑客攻击、发送电子邮件进行心理战等行动；电子战主要针对伊军通信、雷达等电磁辐射源进行诱骗、干扰、破坏和摧毁等行动。战争中，美军使用了大量电子战装备，并使用电磁脉冲炸弹袭击了伊拉克广播电视系统及伊军各类电子辐射源。

（三）对地攻击武器

海湾战争之后，经过三四年新军事变革的大讨论，陆海空三军走向联合，于是，出现了三个新趋势：一是三位一体战略核打击能力进行大幅度削减，同时抽调部分装备用来进行常规作战，目前所有战略轰炸机、AGM-86C和"战斧"巡航导弹等都经过改装参与到常规作战中来；二是武器携载平台数量比海湾战争时期削减了40%～60%，取消了大量武器种类，陆军装备开始强调以轻型快速为主；三是对地作战能力得到空前的重视，无论哪个军种和兵种，一律把对地攻击作为重中之重。现役作战飞机中取消了单一用途战斗机和攻击机，保留下来的作战飞机，必须全部改装对地攻击导弹或制导炸弹，所有飞机必须具备抗干扰能力、超低空突防能力、全天候作战能力。各军兵种精确制导武器的发展不能各行其是，必须统一型号、统一标准、统一制式。绝大多数常规弹药都开始改装激光制导和卫星制导装置，从而使精确制导武器的拥有量剧增。

随着C4ISR系统的不断完善，以及从传感器到射手的实现，发射后不管、无人武器、智能武器等武器自主能力的提高，打击更加精确，弹药消耗大量减少，作战效能呈指数增长。信息与火力进行必要的融合之后，把面杀伤与点摧毁结合起来，从而使火力更加威猛，作战效能大幅度提高。从科索沃战争开始，精确制导武器的使用比例开始增加到35%以上，战争爆发第一周达到90%以上。伊拉克战争中开始阶段精确制导武器的使用量达到100%，以后逐渐下降，平均使用比例60%～70%。

二、信息化武器装备的作战样式

1. 控制

控制的基础是信息，一切源于信息，没有信息就没有机动，就没有快速，就没有精确，就会失去控制，也就形成不了震慑。

控制是信息化武器装备的精髓，信息传输到哪里，网络联通到哪里，控制就能够在哪里发挥效能。根据这个原理，如果武器实现了信息化，就能够对武器进行控制。控制的结果是精确打击。如果平台实现了信息化，就能够对平台进行控制。控制的结果是全球感知、全球机动、全球作战。

控制的目的是把握战争，就像水龙头一样有效，开则水流畅通，关则滴水不漏。由于信息的实时化和控制的有效性增加，战争变得更加可控，更好驾驭。在信息化战争中，战争进程、战争节奏、作战样式、打击方式、战争开始和结束的时机等都能有效控制。

2. 快速

快速的物理特征主要体现在武器装备的信息化。快速是信息化战争的重要标准，快速的基础是武器装备的信息化和网络化，是系统集成、技术融合。信息化和网络化是对分散配置的兵力兵器进行互联、互通、互操作最起码的要求，只有联通网络，才能实现信息传递，才能实现快速和实时。

快速的时间特征主要体现在信息传递的实时化。信息化战争对快速的基本要求是从发现目标到打击目标的反应时间必须快速实时。当传感器发现目标之后，应能自动跟踪目标，同时对目标进行敌我识别、自动分类、威胁判断、提供指挥员进行快速决策并对目标实施精确打击。伊拉克战争中美军创新的"精确闪击战"和"快速决定性作战"的理论都是快速性特点的具体体现。

快速的空间特征主要体现在全维空间的一体化。在实现信息化、网络化的基础上，陆海空天电全维战场变得单向透明，因而能够实现信息获取、处理和传递的快速性，能够实现兵力兵器自身机动的快速性，能够实现兵力协同和指挥控制的快速性，无论兵力部署在哪个维度、哪个空间、哪个地域，都能实现对预定目标的准确打击。在这种情况下，地理、气象、距离都不再成为实现快速性的障碍。

快速的层次特征主要体现在上下贯通的扁平化。信息化战争中实现了网络化和扁平化，上下指挥层级越来越少，传统的战略、战役、战术概念变得十分淡漠，战略性战斗应用更加广泛，某些战术性战斗也更具战略性价值，战略性决战和战役性决战的概念逐渐淡漠。这些特征，在四场战争中表现得非常充分，尤其在伊拉克战争中表现得就更加突出。战争实践表明，快速是信息化战争的重要标准，快速的基础是武器装备的信息化和网络化，是系统集成、技术融合。伊拉克战争中，快速是美军追求的主要目的，在速战速决方面，比前三场战争都有进步，而且幅度很大。对于海空军而言，由于信息化水平较高，快速已经不成问题。对于地面部队而言，快速虽然曾经遇到很大困难，但也已基本实现，主要是在情报侦察和指挥控制方面实现了互联互通，加之伊军没有电子干扰能力，所以使之能够充分发挥机械化部队的高速性特征进行快速机动，同时又能发挥信息化特征进行准确机动和多方向、多角度机动，从而能够在战场上快速穿插、快速分割、快速包抄、快速打击，游刃有余。

3. 精确

信息化战争在某种程度上就是精确化战争，其主要特点是侦察预警精确，机动定位精确，指挥协调精确，信息传递精确，目标打击精确，毁伤评估精确。

侦察预警精确，是指情报要准确不能有误，这是实现精确打击的基础和源头，如果情报不准确，打击再精确、反应速度再快也没有任何效能。

机动定位精确，是指在发现目标之后，应能对目标进行准确定位，只有确定了目标的方位距离及特征之后，才能选择武器使用方案。武器运载平台在向目标进行机动的过程中，如果实现能够掌握准确的目标定位信息，就会以最快的速度到达最准确的位置，做到先敌使用武器，将目标摧毁。

指挥协调精确，是指不同兵力兵器在完成某些共同任务过程中应能精确协同。

信息传递精确，是指传递的信息不能模糊、失真或模棱两可，否则将直接影响打击的效能。

目标打击精确，是指对目标进行打击的武器命中概率不应低于50%，圆概率误差应在1m以下。打击精确能节省弹药，提高效能，缩短作战时间。

毁伤评估精确，是指在实施目标打击之后，必须使用无人机或地面特种部队侦察力量对目标毁损情况进行判定，以便确定目标毁损的程度。目标毁伤评估极为重要，由于战场情况复杂，受敌情、气象、地理及烟雾等条件的限制，任何一场战争中毁伤评估都不能令人满意。

随着武器精度的提高，作战效能大幅度提高，附带损伤逐渐成倍减少。

伊拉克战争中，前10天的空袭就使用了2000多枚精确制导弹药，据称达98%以上。从几场战争来看，美军始终把精确制导武器作为主导型武器使用，从而首次实现了非对称作战、非接触作战和非线式作战。除对目标进行精确打击之外，陆海空天电协同一体，使信息优势转化为战场优势，使指挥员能够通观战场全局，控制战场态势，把握战局走向，从而实现了精确机动。精确机动主要体现在空中精确遮断和地面精确穿插两个方面，即配合地面作战进行空中遮断、近距空中支援和应召空中支援；同时小部队穿越城市，空中伞降机降，进行越点突袭作战。

4. 震慑

震慑的本意是震撼与威慑，其核心是不战而胜，即源于孙子"不战而屈人之兵"的威慑理论。震慑的主要方式为心理震慑、实战震慑、斩首震慑。"震慑"理论是1991年海湾战争后由7名美军退役军官提出来的。1996年，他们提交了一份题为《"震慑"：迅速取得支配地位》的研究报告，得到拉姆斯菲尔德的赏识，将其要点纳入2002年《美国国防报告》，并作为美军21世纪信息化军队建设和信息化战争指导的重要理论基础。

第三节　信息化战争与高素质人才

军事竞争，说到底是人才的竞争。建设信息化军队，打赢信息化战争，关键要靠人才。军事人才的能力素质是中国特色军事变革成败的关键。必须高度重视信息时代高素质复合型军事人才队伍建设，培养和造就大批德才兼备的高素质人才，为我军现代化建设和未来作战提供强有力的人才和智力支撑。当前，中国特色军事变革正处在起步阶段，我们要把吸引和培养造就大批高素质新型人才作为积极迎接世界新军事变革挑战，努力推进中国特色军事变革最根本、最紧迫的任务突出出来，抓紧抓好，抓出成效。因为创新军事理论、发展信息化武器装备体系、改革军队体制编制、建设信息化后勤等都要靠人去做。在这种大背景下，如何培养信息战争需要的高素质复合型人才？其能力素质结构如何？这些都是我国人才战略工程迫切需要解决的现实问题。

一、信息化战争呼唤高素质新型军事人才

毛泽东同志说："武器是战争的重要因素，但不是决定的因素，决定的因素是人不是物。"在信息化战争中，信息的获取、传递、处理、控制和利用，都要通过人去做，计算机也要人去操作和控制。无论信息化武器如何发展，其威力如何巨大，人是战争的决定因素这一真理是不会改变的。因为在人和武器相结合的统一体中，人始终处于主导地位，武器则处于从属地位。信息化武器的发展，只不过是人的能力的延伸，丝毫也没有降低人的因素的作用。相反，武器装备越是信息化，对人的素质要求也越高，人的因素就越重要。美国国防部关于海湾战争致国会的最后报告中指出："高质量的人才是美军第一需要。没有能干的、富有主动精神的青年男女，单靠技术本身是起不到决定性作用的，优秀的领导和高质量的训练是战备的基本素质。只有训练有素，部队才能对自己的指挥员和武器装备充满信心。"

适应信息化战争需要，不仅要普遍提高全体军人的素质，而且要下大力培养关键人才。信息化战争需要的关键人才，主要包括指挥人才、信息网络管理人才和高层次科技人才等。指挥人才必须是具备扎实信息知识和驾驭信息化战争能力、善于利用信息技术组织指挥作战的复合型人才；信息网络管理人才，是信息网络系统的具体组织者、指挥者，他们应当是既通晓信息技术、熟悉信息技术装备和信息网络，又精通信息化战争特点和战法，有较强组织指挥能力的指、技合一型人才；高层次信息科技人才，是信息化战争需要的各类信息技术手段的设计者、管理者，他们必须通晓信息化战争的特点、战法和对技术保障的要求，善于利用信息技术手段支撑信息侦察、信息进攻和信息防御作战，能使己方信息技术手段效能得到最大限度的发挥。

二、信息化战争对人才素质的基本要求

信息化战争需要的人才，既包括一般军事人才的共性要求，也包括体现与信息化战争相适应的特殊要求。这些特殊要求主要包括：在人才类型结构上，应着力建设好指挥控制、信息系统管理、信息技术运用、信息装备维护保障等各类人才队伍；在人才培养模式上，应注重人才的科技性、通用性、综合性、超前性特征；在人才素质要求上，应熟悉信息化战争理论，掌握信息化战争知识，熟练运用信息网络系统和信息化武器系统；在人才文化层次上，应注重高学历和复合型人才培养。这些要求具体体现在政治思想素质、科学文化素质、军事专业素质、开拓创新素质、身体心理素质等方面。

1. 优秀的政治思想素质

战争永远与政治结伴同行。提高军人的政治素质，是取得信息化战争的重要保证。第一，要牢固树立马克思主义的战争观、人生观，坚持国家利益高于一切的原则，在任何情况下都能坚定不移地为捍卫祖国的安全而斗争；第二，要坚决听从党的指挥，自觉贯彻党中央、中央军委的军事战略方针和各项指导原则，坚决执行命令，一切行动听指挥；第三，要充满必胜信念，具有敢于压倒一切敌人和克服一切困难的大无畏精神，不怕疲劳，不怕牺牲，勇敢战斗，顽强拼搏。

2. 较高的科学文化素质

提高军人的科学文化素质，历来是军队建设特别是人才建设的重要内容。信息化战争，是知识的较量，是技术的较量，对军事人才的科学文化素质提出了极高的要求。在指挥、管理、技术军官中要形成占适当比例的硕士、博士群体；每个军人应具有扎实的科学技术知识、扎实的计算机和网络知识，对高科技领域特别是信息技术的基本原理及其军事应用比较熟悉，能够熟练使用各种信息化装备器材，具有较强的文字和语言表达能力，比较熟练地掌握一门以上外语等。

3. 过硬的军事专业素质

军事专业素质，是军事人才必须具备的基本素质。信息化战争对军人的军事专业素质的基本要求主要包括：具有丰富的军事理论知识，熟悉信息作战的思想、原则；具有扎实的军事高科技知识和军事专业知识，熟悉侦察与监视技术、隐形与反隐形技术、夜视技术、通信技术、电子对抗技术和指挥自动化技术，熟练掌握和使用信息化武器装备；具备较强的组织指挥能力和管理能力，熟悉信息化战争的特点和规律，善于运用信息化武器系统和信息网络系统组织攻防作战，有较强的决策能力、协调能力和应变能力。

4. 扎实的开拓创新素质

在信息化战争中，谁拥有更多具有开拓精神和创造能力的人才，谁就能在竞争中稳操胜券。比如，指挥员要具备创造性思维能力，能够跳出旧的思维模式，探索新思路；善于依据敌我双方的客观实际创造出新的战法，灵活制敌；善于使用最新的技术和科学理论，提高创造性谋略运筹能力；对信息作战起关键性作用的战场信息系统能够熟练运用和创造性开发，增强信息系统的攻防作战能力。

5. 强健的身体心理素质

军事领域不仅充满危险，而且充满艰辛。军人在信息化战场上必须具备高强度的负荷力、耐久力、适应力和抗病力，具有良好的心理素质。比如，具备必胜的信念，牢固树立以劣胜优的决心和信心，以敢打必胜的信念能动地运用现有装备去争取胜利；具有坚强的意志，能经得起各种艰难困苦、残酷激烈的痛苦折磨、生死关头的考验；具有稳定的情绪，无论遇到何种危急和意外情况，要镇定自若，处变不惊，思维理智，紧张而有秩序地处理各种情况；要有敢于压倒一切

敌人的英雄气概和攻如猛虎、守如泰山的无所畏惧精神。

三、大学生是打赢信息化战争的后备力量

大学生是当代社会的重要组成部分，也是最生动最具有活力的群体。知识时代，尤其是信息化时代，社会的各个阶层归根到底，无一不是来自青年学生，未来的社会将是新一代大学生的社会。因此，大学生素质能力的高低，将对社会起到巨大的"辐射"作用，也会对打赢未来信息化战争产生直接影响。

大学生作为社会精英，不仅肩负着建设祖国的重任，而且还担负着保卫祖国的光荣义务，这在我国的法律法规当中均有明确规定。大学生作为国防后备力量的重要组成部分，必须要注重培养适应信息化战争需要的综合能力和素质，以高度的责任感投入到国防和军队建设当中。随着军事高科技的飞速发展，战争形态和作战样式发生了质的变化，未来战争是技术的抗衡，是人才的较量。大学生应自觉融入武装力量建设体系当中，从而保证武装力量的总体建设水平不断提高。

军队干部的主要来源，除每年从战士中招考少量学员外，其主要渠道，一是应届高中毕业生直接考入军校深造；二是地方普通高校的国防生；三是招收地方优秀大学生、硕士、博士直接入伍提干；四是军队院校招收地方高校毕业生攻读硕士、博士深造后提干等。

随着我国社会的发展和进步，社会公民绝大多数将会受到高等教育，因此，在未来信息化战争中，无论是常备力量还是后备力量，其主体将会由受过高等教育的大学生占据，培养大学生良好的军政素质、顽强的战斗作风，关系着国家的发展和民族的振兴，关系着未来信息化战争的胜利。这就要求广大学生在认真学习专业文化知识的同时，要积极参与军事训练，掌握一定的军事知识和军事技能，为打赢信息化战争打下扎实的基础。

第四节 信息化战争的启示与思考

美军在四场战争中有针对性地对新军事变革的阶段性成果进行了验证，以加速军队信息化建设的进程。

一、信息化战争实例

1991年的海湾战争是后机械化时代的战争，是机械化战争向信息化战争过渡的一个重要转折点和里程碑。海湾战争以机械化战争形态为主导，大规模机械化作战发展到极致，信息化作战初露端倪，信息化武器装备在战争中发挥了重大作用。战争中，主要依靠数量、规模、机动与火力制胜。主要特点：一是首次验

证了"空地一体战"理论;二是首次使用了"战斧"式巡航导弹、隐身战斗机、防区外发射空地导弹等一系列新型武器装备,把火力毁伤与电子信息有机地融合起来,显露出战役信息战的雏形;三是精确制导武器巨大的作战效能改变了以核武器为重点的思维模式,武器装备的发展重点开始转向常规精确制导武器。

1999年的科索沃战争出现了本质性变化,信息化战争形态首次出现,夺取信息优势、控制机动、精确打击成为这场战争的主要特征。主要特点:一是首次使用了C4ISR系统,使盟军从侦察监视、导航定位、指挥控制到目标摧毁实现了实时化和一体化,信息化装备充分体现出粘合剂和力量倍增器的作用;二是首次使用了电磁脉冲炸弹、计算机病毒攻击武器、石墨炸弹等心理战、网络战、控制战、信息战武器,验证了大规模信息化作战及信息化战争条件下盟军联合作战理论;三是首次使用了B-2隐身战略轰炸机、"杰达姆"卫星制导炸弹、联合远程攻击武器,验证了全纵深精确打击作战和不对称作战理论。

2001年的阿富汗战争,首次尝试小规模联合作战,着重对"先发制人"战略理论进行了验证。主要特点:一是首次使用了侦察攻击型无人机、全球信息栅格,验证了网络中心战理论,首次实现了C4ISR系统为主的全球一体化作战模式;二是首次使用了单兵数字通信系统、掌上电脑、光电侦察设备、地面传感器和GPS接收机等信息系统,验证了信息化战争中的特种作战理论;三是首次使用了GBU-28钻地炸弹、BLU-82巨型炸弹、BLU-118B燃料空气炸弹、传感器引爆武器、风力修正子母弹、斯拉姆ER空地导弹等新型武器,验证了大规模毁伤性武器的可控性理论。

2003年的伊拉克战争(第二次海湾战争),是美国为验证"先发制人"战略和"震慑"理论专门设计的一场信息化战争。主要特点:一是依托C4ISR系统,验证网络中心战理论;二是依托信息化武器装备,验证精确闪击战、快速决定性作战、全纵深精确打击和并行作战,以及震慑理论;三是依托数字化改造后的新型地面作战力量,验证信息化战争中地面部队快速推进和越点突袭的新战法,以确认地面部队在信息化战争中的地位和作用;四是在总结以往三场战争经验教训的基础上,将作战理论和战法聚焦在控制、快速、精确、震慑四个方面,从而为未来的信息化战争确定了新的模式。

美军主导了世界新军事变革,打赢了四场战争,促使战争形态从机械化向信息化一步步逼近,打一仗,进一步,快速转换,不断创新,有许多经验教训值得认真研究和汲取。

二、信息化战争的启示与思考

(一)注重把握信息化

四场战争是美国伴随新军事变革的发展和创新,军队建设从机械化向信息化转型过程中的一系列新型战争，每场战争的诱因、手段和目的各不相同，各种矛盾犬牙交错，因而在总结战争经验教训的过程中，需要进行冷静、客观、全面、系统、辩证的分析。如果对信息化战争的战略性判断出现偏差，就会在军队建设和战争准备过程中出现失误，所以，牢牢把握信息化战争的特点和规律是非常重要的。

1. 信息化战争的特点

与机械化战争相比，信息化战争具有四个明显的特征：一是在战争规模上，不再是数量规模型，而是质量效能型，呈现出规模较小、效能较高的特征。伊拉克战争，美军使用比海湾战争少一半以上的兵力和装备，用了只有一半的时间就打赢了战争，推翻了一个国家政权。二是在战争进程上，不再逐次作战，而是并行作战，呈现出快速、突然的特征。从科索沃战争和伊拉克战争来看，信息化战争不再划分战争时期、战争阶段和作战层次，不再有战争初期后期之分，也没有战略战役战术之别，更没有战略性决战和战役性决战的概念，一竿子插到底，直捣中心，从头至尾都是空袭、小部队快速穿插和精确作战。三是在作战实施上，不再是摧毁性交战和消耗式作战，而是呈现出控制的特征。从科索沃战争和伊拉克战争来看，美军在整个战争进程中都能够对战争开始、战争进程、战争样式、战争节奏、打击目标和战争结局进行控制。控制的基础是信息，一切源于信息，没有信息就没有机动，就没有控制，也就没有快速。夺取信息优势是信息化战争的基础、核心和支柱，也是一个重大的战略问题。四是在作战力量运用上，不再是各自为战，而是陆海空天电融为一体，呈现出联合作战的特征。从科索沃战争和伊拉克战争来看，主要是依靠战争实力，战争中主要是打储备，虽然战略预备队、战争潜力和战争动员依然非常重要，但由于战争的快节奏，致使这些传统的做法难以发挥作用。战略预备队多成为摆设（如第四机步师），战争动员多是预备役战前动员和武器装备快速动员。在战争实力的力量运用上，美军的优势主要体现在空中力量和信息优势，地面力量尽管进行了数字化改造，但力量相对较弱。

2. 信息化战争的规律

从四场战争来看，信息化战争有两条规律可循：

第一，信息化战争是信息化武器装备发展到成熟阶段，新军事变革发展到高级阶段的必然产物。

为什么美军能够进行信息化战争，原因主要有两点：一是信息化武器装备建设水平；二是新军事变革的进程。没有信息化武器装备就不具备打信息化战争的基础和资格；如果仅仅拥有信息化武器装备，而没有与之相配套的作战理论和编制体制，也难以发挥应有的作战效能。

从伊拉克战争来看，美军新军事变革取得三大成果：

一是创新了一批信息化战争理论。这些新理论从战略理论到作战理论和战法都是相互衔接和配套的，比如从遏制战略到先发制人战略，从空地一体战到联合作战，从接触战到非接触战，从平台为中心到网络为中心，从前沿部署到前沿存在和全球机动、全球力量，等等。理论创新在新军事变革中发挥了先导作用，指导了军队建设和战争实践，统一了思想，转变了观念，产生了巨大的综合效益。

二是组建了一批信息化部队。美军信息化部队的建设思路是从上到下进行顶层设计，自下而上进行数字化建设。

三是发展了一批信息化武器装备。信息化武器装备重点是用C4ISR系统、信息战装备、精确制导武器改造传统的机械化作战平台，使之实现网络化和一体化。

第二，机械化战争与信息化战争并非两种截然不同的战争形态，从机械化战争向信息化战争的转变是一个相当漫长的历史阶段。

机械化时代从18世纪开启，西方国家目前已经进入后机械化时代，美国则率先进入到信息化时代初期，但世界上绝大多数国家则仍处于半机械化和机械化时代，尽管信息化战争代表着时代潮流，但机械化战争恐怕在未来50年内不会销声匿迹，机械化武器装备在未来100年内也不会全面淘汰。应该看到，武器装备的更新换代是相对的不是绝对的，是递进关系不是替代关系。发展信息化装备并不意味着淘汰机械化装备，以信息化为主，并不意味着不需要机械化辅助。信息化和机械化的关系是主从关系不是替代关系，是相互融合不是相互分离。

（二）注重缩小武器

以劣胜优、以小胜大、以弱胜强，以正义战争战胜非正义战争，不仅是历史的必然，也已经被一系列战争实践所证明。当战争进行到20世纪90年代以后，这些特有的战争规律发生了巨变，优胜劣汰、弱肉强食、强权政治在战争中的作用越来越明显，伊拉克、南联盟和塔利班政权，不仅在战争中遭到惨败，而且都轻易丧失了政权。四场战争都出现"一边倒"，有政治、外交、军事等多方面的原因，仅就军事层面而言，这样三个问题不容忽略：武器装备相差几代将难以获取战场主动权；武器装备、编制体制和作战理论不能融为一体，将难以打赢信息化战争；不能与时俱进的军队，势必被信息化时代所抛弃。

1. 武器装备相差几代将难以获取战场主动权

从四场战争来看，交战双方武器装备的代差十分严重：一方处于信息化时代，另一方却仍然处于半机械化和机械化时代；一方实现了武器装备的互联互通互操作，实现了信息化和网络化，另一方却仍处在单机单控阶段，武器装备之间无法联通，只能各自为战，人自为战。从武器装备的先进性、可靠性、可用性等多种指标综合评估，交战一方比另一方先进至少30年以上，在这种情况下，战争的胜负结局已无悬念，处于绝对劣势一方的军队根本无法获取战争的胜利。这样的结论，似乎与传统的以劣胜优理论有些相悖，为什么在过去的抗日战争、解放战争中能够以劣胜优，为什么在朝鲜战争、越南战争、阿富汗战争、中东战争中能够创造以劣胜优的奇迹，而在四场战争中却不可能？其根本原因在于战争形态的变化，即信息化战争形态已经出现了与机械化战争形态根本不同的某些特征。

20世纪80年代以前的战争，由于交战双方同处于相同形态的机械化战争之中，尽管交战双方武器装备有先进落后之别，甚至存在严重的代差，但战争形态是相同的，双方追求的火力、机动力、防护力目标是相同的，空间、时间、物质和能量在战争中发挥着关键性作用，这些要素之间存在着价值交换的关系。地道不是高技术设施，但利用地下空间可以与优势之敌进行周旋；地雷不算是高技术武器，但袭击敌人车队却十分有效；在陷阱中埋竹签是土法儿上马，可围剿美军突击队却屡屡获胜……用时间来换空间，或者用空间来换时间，在过去都能做到，可以通过时间差、空间差打胜仗，可以用十年八年的持久战和消耗战来拖垮对方。这些传统战法在信息化战争中遇到了麻烦，拥有空天优势和信息优势的美军，开始用信息化战争的一套来打速决战、精确战、非线性战。信息化战争的物质基础主要是武器装备的信息化和作战空间的网络化，信息成为主导，物质和能量降为辅助。在这样的战争中，不再强求各军兵种自行夺取制空权、制海权、制陆权和制电磁权，而是着重夺取信息优势，争夺战场上的信息控制权。在信息化战争中，如果没有信息优势，不能对战场进行控制，无法获取战争的自由权和自主权，即便是拥有这权那权，最终也是没有任何作用的权。夺取信息优势，主要是在信息占有量、获取信息与信息鉴别能力、利用信息的能力和信息对抗能力四个方面拥有绝对优势，并掌握控制权。

由此可见，两个时代、两种战争形态，各自强调的重点有所不同：在机械化战争时代，强调物质和能量主导，以数量规模和大规模杀伤破坏为主；在军事技术和武器装备方面强调坦克、飞机、舰艇等作战平台；在作战样式上强调机动力和火力优先，强调线式作战。在信息化战争时代，强调信息和网络主导，以质量效能和瘫痪作战为主。在军事技术和武器装备方面强调信息化、网络化和一体化；在作战样式上强调系统集成，非线式、非接触作战。

2. 不能与时俱进的军队，势必被信息化时代所抛弃

伊拉克战争是美军新军事变革发展到成熟阶段，军队建设从机械化向信息化完成转型之后的一场信息化战争。这场战争的速战速决，将在多个层面对今后军队建设和战争发展趋势产生重大影响。首先，在军队建设上，美军将进行重新整合，在总结四场战争经验教训的基础上，加大军队改革的力度，着力建设一支更加精干顶用的信息化军队；其次，在战争形态上，今后美国主导的战争将全部是信息化战争，战争持续时间将更短，打击节奏将更快，速战速决将成为主要样

式；最后，在作战对象上，美国单边主义倾向将加剧。

（三）加速信息化

过去美军进行了三次理论突破、三次战略调整，发动了三次局部战争。美军走出了一条通过军事变革，加速信息化军队建设，打赢信息化战争的新路子。从国际形势来看，信息时代的发展、新军事变革的挑战、科学技术的不断进步、军事装备的加速更新，以及发达国家军事改革步伐的不断加快，对军队建设带来一系列新的挑战。

美军新军事变革和军事改革的成果有三个：一是形成了一套完整创新的信息化战争作战理论和战法体系，这些理论和战法基本上都经过实验室模拟和战场实战验证，对未来10～20年战争实践和军队建设具有现实指导意义；二是军事装备建设基本完成了从机械化向信息化的转变，海空军现役装备中数字化程度基本达到80%～90%，陆军和海军陆战队装备的数字化程度也达50%～60%，军事装备总体信息化水平达到70%～80%，基本实现了信息化和一体化，具备了遂行信息化战争的物质基础；三是根据作战理论的变化和军事装备的发展，通过裁减、重组、新建等方式完成了一系列重大调整和改组，基本形成了以空天、海军和信息化作战部队为核心力量，以地面作战部队和本土防卫部队为辅助力量的兵力结构体系，部队快速反应能力、战时重组能力、跨国界、跨军种、跨兵种、跨战区联合作战及协同能力有本质性提高，基本上满足了新军事变革对编制体制的要求。

信息技术是信息化武器装备发展的基础，信息化武器装备是体制编制改革、军事理论创新和新军事变革的基础。积极推进中国特色军事变革，建设信息化军队，打赢信息化战争是未来相当长一个历史阶段内军队建设面临的历史性使命。

思考题

1. 什么是信息化战争？
2. 信息化战争的基本特征是什么？
3. 信息化的武器装备系统由哪三部分构成？
4. 信息化战争作战行动的精确化主要体现在哪三个方面？
5. 如何加速培养国防信息化人才队伍？
6. 信息基础建设的重点应放在哪三个方面？
7. 机械化战争和信息化战争的制胜理念有何不同？
8. 信息化战争中的信息作战样式有哪些？
9. 海湾战争中，多国部队发射的精确制导弹药占发射弹药总量的比例是多少？
10. 诺曼底战役、海湾战争、阿富汗战争，哪个作战空间最大？

参考文献

[1] 杨泰,张跃辉. 大学国防教育教程[M]. 沈阳:辽宁大学出版社,2006.
[2] 吴温暖. 军事理论教程. 2版[M]. 厦门:厦门大学出版社,2008.
[3] 宋时轮,等. 中国军事百科全书[M]. 北京:军事科学出版社,1997.
[4] 张长顺. 兵员动员学[M]. 北京:国防大学出版社,1987.
[5] 黄涛. 国防现代化[M]. 北京:科学普及出版社,1983.
[6] 中华人民共和国兵役法.
[7] 中华人民共和国国防法.
[8] 中华人民共和国国防教育法.
[9] 中国军事百科全书编审委员会. 中国军事百科全书[M]. 北京:军事科学出版社,1997.
[10] 中国大百科全书编辑部. 中国大百科全书简明版[M]. 北京:中国大百科全书出版社,2006.
[11] 托夫勒. 力量转移[M]. 北京:新华出版社,1991.
[12] 林佳木. 党的军事指导理论的创新成果[N]. 光明日报,2013-7-22(1).